美国特许学校运动研究

杨梅 著

人民出版社

图书在版编目（CIP）数据

美国特许学校运动研究 / 杨梅 著. —北京：人民出版社，2014.1

ISBN 978-7-01-013090-3

Ⅰ.①美… Ⅱ.①杨… Ⅲ.①中学教育－研究－美国 Ⅳ.①G639.712

中国版本图书馆CIP数据核字(2014)第011281号

美国特许学校运动研究

MEIGUO TEXU XUEXIAO YUNDONG YANJIU

著　　者：杨　梅

责任编辑：陈鹏鸣　韩　悦

出版发行：人 民 出 版 社

地　　址：北京市朝阳门内大街166号

邮政编码：100706

印　　刷：三河市嵩川印刷有限公司

版　　次：2014年1月　第1版

印　　次：2019年1月第2次印刷

开　　本：710毫米×1000毫米　1/16

印　　张：16.75

字　　数：237千字

书　　号：ISBN 978-7-01-013090-3

定　　价：34.00元

发行电话：(010) 65257256　65245857　65276861

销售中心：(010) 65250042　65273937　65289539

目　录

导　言

一、研究目的及意义

众所周知，20 世纪不仅是现代科技与生产力空前发展的时期，也是世界各国教育改革频繁与剧烈运动的时期。为了适应整个人类社会生活的飞速发展和知识的快速更新，各国教育界都在通过频繁的自我改革不断地调适教育与其他社会领域的密切关系，从而确保教育对快速发展的社会与科技领域的跟进。因而，20 世纪教育改革的涉及面越来越广、越来越宽，教育与政治、经济、文化、科技的关系愈来愈密切；同时教育自身的各个构成元素之间的互动与交流也愈来愈强、愈来愈深。在世界各国的众多教育改革中，由于公立教育自身的特殊性，往往受到教育界、学术界的高度关注。之所以锁定美国，并选择美国公立教育改革中的特许学校运动作为研究对象，便是基于上述的学术考虑与学术掂量。

（一）对美国教育改革的研究具有教育案例选取的典范性

美国作为当今世界强国，无论是经济实力，还是军事实力都位居世界第一。2000 年，美国的国民生产总值已经占到全球国民生产总值的 30% 以上；而到了 2002 年，美国国民生产总值已增加到 10.5 万亿美元，其富庶程度是其他国家难以望其项背的。美国不仅经济实力雄厚，科技创新能力也是名列世界前茅，美国的发明与申请的专利数量、诺贝尔获奖人数是全球最多的。美国国力的强盛与其教育的发展与改革密不可分，是美国快速发展的核心因素之一。纵观历史，美国历来是一个对教育非常重视的国家，立国以来就从未停止过。让全体美国人能够接受良好教育一直是“美国梦”的一个重要部分，为了这一梦想的最终实现，美国经历了一轮又一轮的教育改革，特别是 20 世纪 80 年代以来，教育改革更是频繁更替，旧的改革尚未最终完成，新的改革又接踵而至。显然，良好的国民素质和高质量的人才的支持不仅是美国立国之本，而且也是推动美国教育改革的根本动力。

美国的教育向来以世界教育改革的“博物馆”和“实验园”自居。这是因为美国的教育不断吸纳和融合世界各地的教育思想和教育模式，美国的教育学者善于在借鉴的基础上结合本土教育实践进行创新，在美国与世界的教育交融中不断产生出新的教育思想和形式多样的办学模式。因此，梳理、审视和探查世界教育改革领域中的这一奇葩具有十分典型的教育案例意义。

（二）有助于外国教育史学科研究领域的拓展

选定特许学校运动（The Charter School Movement）作为研究对象，主要是由于特许学校运动在美国当代教育史上起着承上启下的作用，直接连接着美国现代教育的发展和当代教育的改革。作为美国的一种新学校类型，特许学校和自由学校、磁石学校、家庭学校、契约学校一起同属于20世纪60年代末兴起的美国学校选择运动的一部分。它的演化和发展不仅是美国现代教育发展的一部分，而且还代表着美国当代公立教育革新的主流。因而，对特许学校运动的研究可以更加具体地了解现代以来美国教育史的发展，特别是从微相学角度详细呈现现代美国教育的改革情况，为全面考察当代美国教育改革打下坚实的基础。

另外，对特许学校的系统研究可以弥补国内教育界对特许学校研究的不足。可以说，对特许学校的研究一直是国外学者较为关注的领域，研究著作、研究报告和专业论文非常丰富。其中，既有以特许学校运动为研究对象的学术专著；也有从历史角度对特许学校运动进行个案研究的博士论文；甚至还有美国国家教育改革研究中心一年一度出版的，将各个特许学校的信息资源公布于网上的年度报告；而其他相关研究就更是不胜枚举了。特别是在特许学校经历了十几年的发展后，随着知名度的日益提升以及作为公立教育实验和变革工具的特殊性质，更是激发了国外学者研究特许学校的无限热情。显然，如此的研究热情与数目繁多的著述昭示着特许学校运动在美国的勃兴以及在教育改革中不可替代的特殊地位。与此相反，面对这样一个在美国居于显赫位置的教育改革运动，国内教育界给予的关注似乎并不尽如人意。从资料检索的情况来看，国内除了4篇研究特许学校运动的硕士学位论文和部分学术期刊论文研究特许学校以外，没有任何其他形式的研究专著（包括专题研究专著或者整体研究专著），相关的特许学校研究也只是散见于一些当代美国教育改革研究的著作中，容量十分有限。因此，本书将系统研究美国特许学校运动，在一定程度上使外国教育史研究在微相学研究上得到拓展。

（三）对中国教育改革实践具有借鉴意义

自20世纪80年代以来，世界各国的公立学校因效率低下而受到社会各界不同程度的批评。在这一严峻形势下，各种公立学校的教育改革运动应运而生，并逐渐形成气候。20世纪90年代以来，美国出现了一种充满活力的公立学校的改革——特许学校，它是建立在对传统“工厂式”模式的批判基础上的，可供选择的独立自主的公办教育模式。它不受政府传统管理规则的约束，但是要为教育绩效等结果负责。在经历了艰辛的探索后，特许学校不仅逐渐趋于成熟，深受公众欢迎，而且还凸现出自己的独特价值和意义，特别是在重新认识公立教育的内涵、模式、管理等方面取得了世人瞩目的成果，成为美国教育改革领域中一个新的亮点。

与世界公立教育改革潮流相一致的是，我国公立学校的发展也出现了少许的局促与不安。从20世纪80年代颁布《义务教育法》后不久，由于经济体制、社会结构等发生了深刻的变化，传统的公立教育模式已经不能适应社会的发展，这必然要求公立教育在结构形态上做出与经济改革相适应的调整。于是，在一些经济比较发达的地区出现了不同程度的择校问题。这种情况与美国的情况十分相似，特别是与美国在公立学校运动一个多世纪以后出现的学校选择问题相差无几。更有甚者，学校选择逐渐上升为我国经济发达地区公立学校改革的共同话题，并大有向全国扩散之势。

中国公立学校将往何处去？国有民办及民办公助等学校的出现意味着什么？公立学校的性质是不是在发生变化？公立学校是否需要重新理解和界定？对于这些问题的讨论，一直困扰着我国教育界和教育学术界。毫无疑问，以特许学校为代表的美国公立教育改革的研究可以为发展我国公立教育提供参考和答案，特别是能为我国的公立转制学校的改革提供巨大的参考空间。在我国，所谓转制学校，是指一种由国家提供校舍、教师编制和开办费，由家长支付学费，由校长和董事会承办，接受社会资助，效率优先，资源多元的混合型学校。它具有“特色化”“公办化”“发展不平衡性”和“严格管理与人本思想结合”等特征。目前，在我国能选择转制学校的学生虽然仅占极少数（主要是有经济能力和社会地位的阶层），择校还被限定在极小的范围内，但是它却暗含着中国教育选择所具有的市场潜力。可以说，只要择校方对教育的需求未被满足，择校现象就会以各种形式（或明或暗）存在着。我们与其动用行政命令，强制禁止择校或不许公立学校转制（实践证明这种做法无法取得预期的满意效果），还不如认真研究国外相关改革的经验和教训，从教育发展的内部元素入手，抓住择校改革的关键问题，积极引导疏通，正确规范择校行为。通过美国特许学校运动的研究，能为我们调适和解决公立学校的运作模式与私人经营方式二者之间的矛盾提供一定的依据。

另外，特许学校运动是在公立教育系统内部针对教育体制本身进行的一场变革。特许学校有着许多传统公立学校不具备的优势，例如，学校拥有更多的自治权，受到更少的限制，创办者的积极性高涨，创造性能充分发挥等等。因此，在一定程度上可以说，特许学校实现了用最少的钱办最多的事的教育改革愿望，直接实现了教育资源的优化组合与配置。这不仅是美国公立教育要解决的问题，而且也是我国公立教育革新的主要目标和努力方向。

二、研究对象

作为本文研究对象的“特许学校”，国内外学者从不同的视角作出了不同的界定。其中，较为全面和具有代表性的有两个，即1996年美国教育委员会给出的界定和华盛顿州哈得逊学院（Hudson Institute）所作的定义。

按照1996年美国教育委员会（Education Commission of the States，简称ECS）给出的定义，“特许学校”（Charter School）是指“特许状”或“合同制”下的以绩效责任制为基础的公立学校。显然，这样的定义主要是围绕着“特许状”“公立性质”和“绩效责任制”这三个关键词展开的。“特许状”本质上是学校开办者与特许学校授权机构之间讨价还价后签署的一份责权分明的合同。在合同内容的规制上，特许状主要说明学校运行方式、教授内容、监控和评价手段、学生来源等。从授权机构的立场上看，任何希望开办特许学校的个人或组织，都必须得到地方学区（或赋权批准特许学校的州实体）的“特许”，即由公立权威机构授予家长团体、教师、学校管理人员、非营利性机构、组织以及那些希望在公立学校系统内制造选择的商业团体，并与之签订合同或者特许状。这样，特许学校就具有了法律的约束力，双方在特许合同期满后，需要对合同履行状况进行评估，如果能达到州和学区规定的教育绩效目标和教学标准的话，可以再续合同，如果未能达到则解除合同，取消特许权。另外，就特许学校的公立性质而言，特许学校接受公共资金，对公众负有责任，不能歧视或者拒绝接纳任何学生，否则视为违法。① 就绩效责任制而言，特许学校以社区为办学基础，以摆脱州法令法规的束缚为目标，打破传统公立学校工厂式的育人模式，脱离繁复的教育行政和官僚管理体制，从而寻求有创新性的教学方法，最终提高学生的成绩。②

哈得逊学院则通过自己的研究，对“特许学校”做出了如下的划定。首先，特许学校的办学理念是简单而强有力的。它提供的不是受官僚机构所操控的传统式公立教育，而是基于教学绩效之上的高效的学校运营模式。其次，特许学校除了保证家庭在公立学校系统内的选择外，还面向大多数公众开放，是由国家公共税收支持的独立学校。另外，特许学校还对学生的学习成绩和其他结果负责，尤其是接受公立权威机构的相关监控，特别是有关教育管理对学生基本健康、安全和非歧视条例等的约束。当然，虽然特许学校是合法的公立学校，但它也并不是完全独立于授权机构之外的办学实体，它同时也接受其他教育团体的监督，诸如家长委员会、教师团体、当地学生俱乐部（男孩和女孩俱乐部）、营利性公司等等。③

从上述定义可以看出，不论是美国学者还是中国学者，都认为特许学校应该具有公立性、非宗教性、选择性、自主性、开放性和绩效性等特征。作为公立学校系统的一个组成部分，特许学校以公开注册为运作基础，除去不接收那些因为违法或者纪律原因而被其他学校开除的学生以

---

① Danny Weil, *Charter Schools: A Reference Handbook*, California: ABC – CLIO, 2000, p. 6.

② Danny Weil, *Charter Schools: A Reference Handbook*, p. 1.

③ Hudson Institute, *Charter Schools in Action Project: Final Report*, Washington, D. C., 1997, pts. 1 and 6.

外，有义务接收任何学生而不必考虑他们居住区域的限制。申请注册特许学校的学生人数如果超出学校承受能力的话，那么将启动随机选择的程序，但也遵循优先原则，即将注册机会优先给予重新返回的学生、居住在当地学区的学生以及少数民族学生。① 公开注册的特许学校在很大程度上将不受传统公立学校的规章制度的束缚，但是它作为公立学校系统的一部分，仍然必须服从那些规定公立学校属性的最基本法规，诸如不能收费，不能在接收学生上有任何歧视行为，保证学校的非宗教性质，② 遵守班级规模、毕业和绩效的相关要求，不能回避与双语教育、特殊教育、财政、健康、安全和公民权相关的法律。③ 显然，通过对特许学校的考察，它的基本情况已经非常明晰了。首先，特许学校的属性是公立学校，它必须接受公共资金的支持，而支持标准以学区内其他公立学校生均经费水平或者接近这一水平为准。其次，特许学校实施绩效责任制，这种绩效责任制必须在提交的特许状中给予交代，即描述和解释学校的运作方式，提供的课程以及课程的内容，学生最终取得的收获，各个州对这些管理结果的评估标准等等。因此，所有特许学校都必须在各个州的法律的严格指引下运行，即使特许学校法在州与州之间有着巨大的差异，但是，特许学校最终都必须通过绩效责任制的方式来评估学生是否达到了预期的知识和技能水平④。

三、国内外文献综述

（一）国内文献综述

从文献检索情况来看，我国目前尚未有一本专门以特许学校运动为论题、从宏观层面把握其动态运动变化过程的研究性论著。现有的以特许学

---

① Bruce S. Fusarelli & E. Vance Randall, *Better Policies, Better Schools: Theories and Applications*, Pearson Education Inc, 2004, p. 277.

② Jonathan Schorr, *Hard Lessons: The Promise of an Inner City Charter School*, New York: Ballantine Books, 2002, p. xvii.

③ Bruce S. Fusarelli & E. Vance Randall, *Better Policies, Better Schools: Theories and Applications*, Pearson Education Inc, 2004, p. 278.

④ Danny Weil, *Charter Schools: A Reference Handbook*, p. 7.

校为研究对象的主要是少量的论文，而这些论文往往关注特许学校的两个方面。一个方面是针对特许学校运动中的某一个核心问题进行深入挖掘，阐述自己的观点，这样的研究虽有一定深度，但由于其研究范围的限制，对特许学校的全貌有所忽略。另一个方面是对特许学校进行的整体研究，由于研究的目的与性质的不同，这样的研究多见于一些学术期刊，而论者的目的也仅是把特许学校作为一个新兴事物向国人推荐，此方面的相关研究则散见于美国当代教育改革的部分著作和教材中。这些著作或教材往往把特许学校置于美国当代教育改革的大背景中来诠释，以整个教育改革为研究对象，特许学校仅仅作为教育改革运动不可分割的一部分或个案材料来佐证其他教育改革的成果，例如，美国教育改革中的学校重建运动、择校运动等。因为这类著作并不是以特许学校本身为研究对象，所以，由于篇幅的限制，其选择的话语以及话语关注的层次都较为片面，即使稍微存在部分论述与分析，其研究的深度也有待提高。本书正是想在上述研究的基础上，试图将宏观研究与个案研究相结合，试图拓宽特许学校的研究领域，结合美国的文化流变、政策制定与当代教育改革的宏观背景，呈现特许学校运动这一教育动态的全景，努力解读特许学校运动所渗透出来的公立教育改革的种种信息和发展迹象。

1. 硕士学位论文的研究

对特许学校运动核心，特别是绩效责任制的关注，也是国内学术关注的重点。这方面主要是以硕士学位论文为主。其中，华东师范大学丰继平的硕士学位论文《美国特许学校教育绩效责任制初探》[①] 和华南师范大学陈建莹的硕士学位论文《美国特许学校绩效研究——从特许学校法角度所作的分析》[②] 是从绩效责任制的角度来对特许学校进行研究。丰继平从绩效责任制的角度展开论述。该文首先从美国教育绩效责任运动和美国特许学校运动两方面介绍美国特许学校教育绩效责任制产生的背景；然后通过

① 丰继平：《美国特许学校教育绩效责任制初探》，硕士学位论文，华东师范大学教育系，2004 年。

② 陈建莹：《美国特许学校绩效研究——从特许学校法角度所作的分析》，硕士学位论文，华南师范大学教育系，2005 年。

特许学校教育绩效责任制与传统公立学校教育绩效责任制的对比，通过教育绩效责任制与学校组织发展的关系比较，阐释了以市场控制为绩效模式的特许学校教育绩效责任制模式；最后还从学校层面、学校主管部门层面、州政府层面以及内、外教育绩效责任制的发展关照特许学校教育绩效责任制的运行，并以此得出结论。作者认为，从特许学校教育绩效责任制的经验出发，现代学校制度建设应注意以下五点：一是加强教育责任管理，引进效益理念；二是建立有效教育责任机制，增强教育透明度；三是转变政府职能，建立合理的政权关系；四是扩大学校办学自主权，形成法人治校结构；五是建立真正意义上的家长与社区参与学校教育机制。该论文视角独特，对特许学校教育绩效责任制的史实也进行了较为全面的梳理，具有一定深度；其不足之处在于缺乏对特许学校教育绩效责任制背后的深层机制的理论分析。陈建莹的论文则从特许学校立法的角度，分析了美国特许学校绩效责任制，旨在加深对以市场为导向的教育改革的认识，并为我国的基础教育改革提供可资借鉴的经验。作者认为，美国传统公立中小学不尽如人意的办学水平，20 世纪 60 年代兴起的择校运动方兴未艾，教育市场化思潮的兴起以及校本管理理论的提出，这些因素的综合作用催生出了美国的特许学校，而特许学校立法最终成就了特许学校的绩效责任制。

四川大学英语语言文学专业的潘岭岭用英语完成的硕士学位论文“What decide Charter Schools?”[①]，从美国人维护个人主义、自由与平等的美国传统价值观念的角度，论述特许学校的产生，不仅是解决公立学校自身存在问题的需要，而且和维护美国的传统价值观念息息相关。该论文首先介绍了特许学校的概念、发展状况及研究现状，同时分析其核心理念。接着通过回顾美国殖民时期的历史，指出个人主义、平等与自由的观念是由移民带入美国并得以传承的，当这些传统价值观念受到威胁的时候，美国人民采用了多种方式来维护它们。然后通过追溯美国公立教育史中的重要改革措施，证明历次重大的教育改革为维护上述传统观念所做出的努力。最后从个人主义、自由和平等的价值观的角度分析美国公立学校现存

① 潘岭岭：“What decide Charter Schools?”硕士学位论文，四川大学外语系，2005 年。

的与这些价值观相背离的问题。该论文角度新颖，论述也较为深入，只是由于时间跨度太长，使得问题较为分散，不能很好地紧扣主旨。

河北师范大学韩伏琳的硕士学位论文《美国特许学校研究》[①] 从宏观角度对特许学校进行了整体研究。作者首先从不同的角度对特许学校的产生背景进行了探讨，如校本管理思想、择校制度等；其次从特许学校立法、学校申办、学校经费等七个方面勾勒出特许学校的基本轮廓；然后列专章对特许学校的绩效责任制进行介绍；最后指出特许学校存在的发展障碍。该论文是对特许学校整体研究的初步尝试，但研究的深度还有待加强。

西北师范大学冯惠的硕士学位论文《美国特许学校教师专业发展研究》[②] 基于特许学校教师对于特许学校改革的成功与否关系重大，又鉴于特许学校教师专业成长有其独到之处，论文从特许学校教师的组成、教师资格认证、经济待遇、养老保障体系等方面对特许学校教师的专业发展进行了梳理，并提出了对我国中小学教师专业发展的借鉴意义。

四川师范大学胡蓉蓉的硕士学位论文《美国特许学校研究》[③] 从美国政府对特许学校政策支持的角度来研究特许学校。全文围绕特许学校产生的政治、经济、教育背景，特许学校的具体发展及存在问题，特许学校法的作用以及运用公共政策的相关知识探讨美国四届政府在执政时期对特许学校发展的政策支持四个方面展开论述，最后提出了特许学校政策支持对我国正在进行的中小学教育改革的启示。该论文试图从政策的角度分析特许学校这一改革现象，但是在政策分析方面却是浅尝即止，缺乏分析的具体角度和深度。

2. 学术论文的研究

从维普期刊网和全国期刊网的检索情况来看，从 1995 年到 2013 年的 16 年时间里，国内以特许学校为研究主题的论文共有 350 篇。数量非常丰

---

① 韩伏琳：《美国特许学校研究》，硕士学位论文，河北师范大学教育系，2003 年。

② 冯惠：《美国特许学校教师专业发展研究》，硕士学位论文，西北师范大学教育系，2006 年。

③ 胡蓉蓉：《美国特许学校研究》，硕士学位论文，四川师范大学教育系，2012 年。

富，涉及的领域包含特许学校政策、特许学校法、特许学校教师、特许学校绩效与评估、特许学校运营机制、特许学校经费、特许学校改革与教育公平等方方面面，呈现出多样化的特征。但是，在众多研究特许学校的文章中，多为介绍性质的文章，而在研究性方面仍显不足。

华东师范大学赵中建教授一直很关注特许学校这一问题，他在2000年《教育发展研究》的第7、8、9三期上发表了连载论文《今日美国特许学校》[①]，全面详细地介绍了特许学校的发展、创办目的、特征、办学成效、已有的经验和存在的问题，最后提出了自己的几点思考。他认为，作为公立性质的小型特许学校只是美国教育改革中的一种做法，就其目前的发展规模来看，特许学校本身不会对美国的公立学校系统构成"严峻"挑战，也很难成为目前我国公立或民办学校的学习样板。2004年赵中建和冯大鸣在《美国学区管理体制改革的第三里程——特许学区的产生原因、运作特征及经验评析》[②]一文中对特许学校运动中出现的新现象——特许学区进行了分析与评价。他们指出，特许学区产生的原因有四：特许学校总量的迅速增长、特许学校质量受到一定的肯定、联邦政府的政策推动以及传统学区并未给特许学校提供适宜的生长环境。在这样的情况下，特许学区开始以把门者、中介者、供应者和半个评估者的身份运作，并成为了加速推进学校自主管理的保障、"服务行政"的关键和促进学校教育质量改进的利器。除了赵中建教授以外，其他学者对特许学校的热情也是有增无减的。

早在1997年，马健生、孟雅君就对特许学校予以特别的关注。他们在《九十年代美国教育改革的一个新动向——特许学校运动述评》[③]一文中介绍了特许学校的产生与发展、主要特点，并在自我评价的基础上揭示了特许学校存在的问题。

胡庆芳则特别关注特许学校的现状。他在《美国新兴特许学校的现状

① 赵中建：《今日美国特许学校》，《教育发展研究》2000年第7、8、9期。

② 冯大鸣、赵中建：《美国学区管理体制改革的第三里程——特许学区的产生原因、运作特征及经验评价》，《教育发展研究》2004年第4期。

③ 马健生、孟雅君：《九十年代美国教育改革的一个新动向——特许学校运动述评》，《比较教育研究》1997年第6期。

分析》[①] 一文中不仅简略阐释特许学校的性质、宗旨和建校动机，而且还归纳特许学校法、州特许学校立法的要素特征，并进一步从横向与纵向两个角度，追溯其历史和介绍其发展规模，最终考察和审视了特许学校的自治权力、责任关系、办学问题以及学校与学区的互动关系。

在《特许学校：美国公立学校制度变革的新途径》[②] 一文中，曾晓洁、蒋曦则分析了美国特许学校的产生、发展与特点后，从制度变革的视角阐释了特许学校对美国公立学校制度的深刻影响。他们认为特许学校的出现并不会导致公立学校的公共性失范，甚至它还促使美国公立学校制度从传统的“公立学校国家垄断制度”开始向“公立学校国家与社会共建制度”的转变。

曾晓东则特别关注特许学校改革中政府的作用，他在《“特许”中的“管制”——特许学校改革中政府的作用》[③] 一文中认为，作为美国公立学校体系改革的主要方案，特许学校经过近10年的探索，已获得不同政治派别和利益群体的认可。特许状本质上是学校与政府间的“合同”，但这个“合同”却包含着“特许权设计”的诸多细节，体现了美国各级政府对特许学校的立法、政策、监管等诸多法律和行政行为。通过特许权授予，在解决了直接行政管理中公立学校所存在的低效问题的同时，也实现了行政与市场手段的协调和重新定位，实现了教育资源与效率的优化配置。

黄学军在《美国特许学校政策：论争与走向》[④] 一文中指出：美国特许学校从诞生之日起，就处在不同利益集团的博弈中，两大对立利益集团就特许学校的效能、责任和公平性等方面展开了针锋相对的论争。博弈使特许学校的发展呈现出许多不确定性。但基于美国政府的有力支持、特许学校法的修订和利益集团间的对话等理由，美国特许学校将会有一个比较好的发展前景。

---

① 胡庆芳：《美国新兴特许学校的现状研究》，《外国教育研究》2002年第4期。

② 曾晓洁、蒋曦：《特许学校：美国公立学校制度变革的新途径》，《比较教育研究》2002年第5期。

③ 曾晓东：《“特许”中的“管制”——特许学校改革中政府的作用》，《比较教育研究》2004年第12期。

④ 黄学军：《美国特许学校政策：论争与走向》，《比较教育研究》2010年第12期。

金添在《美国特许学校法解析》[①] 一文中，针对美国各州的特许学校法对特许学校的支持力度差异的不同，以六个典型州为例，对美国特许学校法进行了比较研究。他根据法律支持力度将六大州分为两组，从总量限制情况、合法授权主体、特许合法申请人、类型和期限的限制情况等十个不同角度对特许学校法加以比较，试图呈现法律支持力度的差异与美国各州特许学校发展不均衡之间的密切关系，说明法律对教育发展所起到的至关重要的作用。

张萍在《美国特许学校教师状况研究》[②] 一文中指出：美国特许学校的教师群体不同于公私立学校的教师，在拥有教师资格证和硕士学位的比例、教师待遇等方面居于私立学校和公立学校教师之间，高于私立学校，但低于公立学校。随着学校重建运动的继续发展，不同类型学校之间的竞争会加剧，特许学校的教师由于缺乏集体商谈的合同或其他教师工会的协议，教师队伍的流动性会高于公立学校。在金融危机还没有完全走出困境的情况下，越来越多的失业大学生或持有教师资格的人员会走进特许学校的大门。

陈朋在《美国特许学校办学影响评估——来自美国政策研究统计公司的总报告》[③] 一文中，通过美国政策研究统计公司提供的一份关于特许学校办学影响的最新报告，得出了四点发现：一是被调查的特许学校在改进学生的学习成绩、行为方式和学校进步方面并没有比传统公立中学好多少或者差多少；二是特许学校对于学生学习成绩的影响在被调查的不同学校之间具有显著性差异；三是特许学校对于家庭收入水平不同、学习成绩不同的学生影响也不同；四是特许学校的一些可操作特征对学生的学习成绩有着积极的或消极的影响。范元伟和孙穗在《特许学校“虚拟双胞胎”绩效评价法述评》[④] 一文中，探讨了特许绩效评价方法的问题。论文指出：

---

① 金添：《美国特许学校法解析》，《比较教育研究》2008 年第 3 期。

② 张萍：《美国特许学校教师状况研究》，《教育导刊》2012 年第 11 期。

③ 陈朋：《美国特许学校办学影响评估——来自美国政策研究统计公司的总报告》，《外国中小学教育》2011 年第 4 期。

④ 范元伟、孙穗：《特许学校“虚拟双胞胎”绩效评价法述评》，《外国教育研究》2013 年第 4 期。

绩效评价是特许学校问责制的基础，但是特许学校绩效评价备受争议。传统的“绝对评价法”和“增值分析法”存在评价对象比对不合理的情况；而随机试验法虽然消除了选择性偏差，但也存在内在局限性。为此，美国斯坦福大学教育成果研究中心利用“虚拟双胞胎”解决了评价对象合理比对的问题，是评价方法的重大创新。

平晓丽、刘剑虹在《美国特许学校运营机制初探》[①] 一文中，以“三角协调模式”为基础，围绕政府、市场、学校三要素之间的关系运动深入剖析特许学校的运行机制。文章认为，特许学校的运行实质是在特许学校法的基础上，政府、市场、学校三者之间的一个关系运动。政府与市场的博弈关系、学校与市场的交易关系，学校与政府的契约关系是一个相互影响、相互作用的统一体。特许学校的运行给美国公立教育的改革带来了一种全新的思路。

王淑娟在《解析美国特许学校的经费制度》[②] 一文中指出，特许学校的经费来源有别于其他传统公立学校。她首先分析了造成美国各州之间和一州之内特许学校经费差异的影响因素，并在此基础上，介绍了特许学校收入的组成要素和各州特许学校经费制度的特征。她认为，特许学校的经费制度与特许学校内外部的绩效责任有着密切的联系，它保证了特许学校对财政和经费负起直接的绩效责任。

杜亮、康晓伟在《美国特许学校改革与教育公平研究》[③] 一文中，把特许学校改革作为美国公立教育改革的重要组成部分。文章认为，特许学校自诞生那天起就受到来自各方的争议，人们最大的担忧是特许学校改革可能会造成教育的分化与不公。对此，作者从社会学的视角出发，指出经过近20年的发展，特许学校一方面促成了基于不同教育理念的社会分化，另一方面也更好地满足了不同社会群体的教育需求，特许学校改革具有复杂性和不确定性的特征。

---

① 平晓丽、刘剑虹：《美国特许学校运营机制初探》，《教育与经济》2012年第2期。
② 王淑娟：《解析美国特许学校的经费制度》，《当代教育科学》2008年第4期。
③ 杜亮、康晓伟：《美国特许学校改革与教育公平研究》，《清华大学教育研究》2009年第2期。

3. 学术专著的研究

如前所述，国内论述美国当代教育改革的相关著作往往把特许学校作为其中的一章、一节或者一节下的一个部分来对待，有的甚至连标题都不出现，仅仅作为其中一部分内容来佐证其他教育问题。史静寰所著《当代美国教育》[①] 一书，选取了美国当代教育为研究对象，细述了自20世纪80年代初期《国家处在危机中》的报告发表以来引发的数次教育改革浪潮，特许学校正是作为扩大教育选择自由改革的案例纳入其中的。该文章以特许学校的横空出世为先导，论述特许学校缘何大受欢迎，预测了特许学校前途叵测的未来。

卢海弘著的《当代美国学校模式重建》[②] 一书则将特许学校作为一章置于学校模式重建和择校运动的大背景之下，把它命名为“波涛中的浪花”，通过论述特许学校的性质、含义、起源、发展、特点、理论、优势、效果及问题等诸多方面，来揭示特许学校对基础教育改革的启示，指出特许学校是公民社会从“边缘性”地参与到正规化地介入公立教育的明证。

冯增俊、唐海海主编的《新世纪学校模式》[③] 一书从比较研究的角度出发，在介绍国外学校模式的基础上，把美国学校模式作为其中的一个参照重点，考察了中国新世纪学校模式与美国学校模式的异同，而特许学校仅仅作为美国学校模式分类的一种，分小节作了单独的论述。在这一小节中，作者较为全面地对特许学校运动进行了综述。从产生的背景及其发展状况出发，首先归纳出多样性、自治性和选择性这三大特许学校特征，接着进一步阐释特许学校在五个方面的积极作用，最后指出经费、管理者素质、教师和教学改革仍是特许学校亟待解决的重要问题。

季萍的《美国公立学校的发展研究》[④] 将特许学校置放在20世纪60年代末至今的择校运动大背景中，把它看成是美国的主要择校方式之一，阐释了克林顿政府对特许学校的大力支持，并与教育凭证计划进行了简单

---

① 史静寰：《当代美国教育》，社会科学文献出版社2001年版。
② 卢海弘：《当代美国学校模式重建》，中山大学出版社2004年版。
③ 冯增俊、唐海海主编：《新世纪学校模式》，中山大学出版社2001年版。
④ 季萍：《美国公立学校的发展研究》，高等教育出版社2002年版。

比较，对特许学校的类型（以创建方式分类和以创建者身份分类）和主要特征做了有效的分析与揭示，指出特许学校已经成为了一种能给人们带来希望的择校方式。

在单中惠主编的《外国素质教育政策研究》[①] 一书中，对特许学校也略有论述。研究人员在分析美国教育管理政策市场化取向时，略为提到了特许学校，并在稍后的美国基础教育改革政策实施结果的考察中，以特许学校为个案，说明了了美国教育选择权有所扩大。

翁文艳在《教育公平与学校选择制度》中则通过论证教育公平与学校选择制度之间的关系，揭示出公平在选择学校运动中的地位，并特别关注了美国的学校选择制度。[②]

4. 国外译著的研究

不可忽视的研究成果是与特许学校相关的译著。美国斯坦福大学胡佛政治学院高级访问学者约翰·E. 丘伯（John E. Chubb）和美国教育政策分析专家特里·M. 默（Terry M. Moe）合著的《政治、市场和学校》[③] 一书以500所公立学校和私立学校为分析样本，选取了2万余名学生、教师和校长作为分析对象，搜集了大量的证据，提出了鲜明激进的教育改革观点，极力主张教育市场化，从而将自由原则引入美国教育体系，以私立学校的办学模式改进美国的公立中小学。由于作者是促进美国甚至西方国家展开“择校”运动的积极倡导者，该书也被西方教育理论界公认为20世纪最后10年间最具影响力的教育改革著作之一。正是在该书的理念指引下，择校运动的教育改革蓬勃开展，蔚为壮观。特许学校也是对这种关于教育、政府以及市场理念的回应与实践，从而使得新自由主义经济理论、新公共管理理论在特许学校运动中被大量引用和推广。[④]

英国伦敦大学教育学院院长杰夫·惠迪（Geoff Whitty）、英国教育学

---

① 单中惠主编:《外国素质教育政策研究》，山东教育出版社2004年版。

② 翁文艳:《教育公平与学校选择制度》，北京师范大学出版社2003年版。

③ ［美］约翰·E. 丘伯、泰力·M. 默:《政治、市场和学校》，蒋衡等译，教育科学出版社2003年版。

④ ［英］杰夫·惠迪、萨莉·鲍尔、大卫·哈尔平:《教育中的放权与择校:学校、政府和市场》，马忠虎译，教育科学出版社2003年版。

者萨利·鲍尔（Sally Power）以及英国伦敦大学教育学院教授大卫·哈尔平（David Halpin）合著的《教育中的放权与择校：学校、政府和市场》一书从比较研究的角度出发，聚焦于澳大利亚、英格兰和威尔士、新西兰、瑞士以及美国教育重建的研究报告，并把这些研究报告进行了梳理、分析与评价，紧紧抓住放权与择校这两种将公立学校推向市场的基本途径，不仅对教育重建中的学校、政府和市场的关系进行了考察，同时基于当前出现的各项有关教育重建的研究，适时提出市场经济改革所带来的各种问题和适宜的解决对策。作者力图将“经验性细节”与“理论性大局”（theoretical bigger pictures）很好地结合起来，将个案研究与宏观研究结合起来，使读者在一个更为广阔的社会背景中理解教育重建运动，在方法论上具有指导意义。

加拿大多伦多大学安大略教育学院院长迈克尔·富兰（Michael Fullan）著的《变革的力量——透视教育改革》一书，为一本研究教育改革各要素之间的深层次关系的力作。它探讨了教育改革在社会各个层面上出现的非线性的和无序的本质，阐明我们需要以一种新的思维方式来与变革的动态和持续的实际复杂现象作斗争的缘由。书中从成功的工商机构和教育系统的研究中得出了关于教育改革的基本启示，为我们认识和对待似乎难以解决的教育改革问题提供了明晰的和有洞察力的思想支持和教育实践上的借鉴。本书中关于教育改革的非线性的、无序的以及动态的本质特征的理念有着一定的启发，特别是从一个更为广阔和更为深邃的角度考察特许学校运动。

加拿大曼尼托巴大学教育管理学教授本杰明·莱文（Benjamin Levin）著的《教育改革——从启动到成果》[①] 一书是一部对若干工业化英语国家的大规模教育改革进行政治分析的著作。他指出，政府试图通过立法或其他途径改变教育供给的很多方面，包括课程、考试、管理、教育财政、教学法和教师培训，而这些方面都是政府进行教育改革政策内容之一。因此，该书主要选取了 4 个工业化英语国家的教育政策：新西兰和英格兰的

---

① ［加］本杰明·莱文：《教育改革——从启动到成果》，项贤明、洪成文译，教育科学出版社 2004 年版。

国家政策、美国明尼苏达的州政策、加拿大阿尔伯塔和曼尼托巴的省政策，并关注这些教育改革背后的政治和社会缘起、政治策略的实施、执行过程，特别是几乎每一方面的政策都在很大程度上取决于每一特殊情形下的历史、政治、传统和制度结构，而全球化对政策的影响被人们过分夸大了，政治的关键性动力仍然主要是本国的和地方性的，政治性改革对教育改革还存在着较强的有效性。十分明显，特许学校改革的实践便是这种有效性结果的证明。

（二）国外文献综述

国外直接涉及特许学校运动的研究文献比较丰富。根据所搜集到的资料情况，可以将这些文献分为五类：支撑性理论研究的文献、宏观研究的文献、独立问题研究的文献、个案研究的文献和实证性的调查报告。

1. 特许学校的支撑性理论研究

这方面的研究，主要以美国耶鲁大学心理学者西摩·B. 萨拉森（Seymour B. Saranson）的《政治领导与教育失败》（*Political Leadership and Educational Failure*）[①]、休斯顿大学肯特·L. 特丁（Kent L. Tedin）教授等人的《社会资本、与教育相关的社会资本和选择特许学校》（General Social Capital, Education – Related Social Capital, and Choosing Charter Schools）、哥伦比亚大学师范学院路易斯·A. 惠尔塔（Luis A. Huerta）教授等人的《特许学校的制度理论分析：唤起制度对规模的挑战》（*An Institutional Theory Analysis of Charter Schools: Addressing Institutional Challenges to Scale*）以及美国学者杰弗里·R. 赫尼格（Jeffrey R. Henig）的《反思学校选择：市场隐喻的有限性》（*Rethinking School Choice: Limits of the Market Metaphor*）[②] 为代表。

萨拉森的《政治领导与教育失败》一书从政治领导应在教育中承担什么样责任的议题出发，集中论述了与教育改革相关的责任与绩效问题。作

① Seymour B. Sarason, *Political Leadership and Educational Failure*, San Francisco: Jossey – Bass Publishers, 1998.

② Jeffrey R. Henig, *Rethingking School Choice: Limits of the Market Metaphor*, New Jersey: Princeton University Press, 1994.

者认为，政治领导理所当然地将教育的失败归咎于非政治性团体对改善学校所做的不当努力。这样的指责有失偏颇，政治领导的大多数抱怨清楚地显现出了他们对教育系统和学校文化的陌生，这种不熟悉的状况是十分可悲的。针对这一现象，作者从三个方面提出了自己的质疑与对策。一是揭示总统和其他高级职能部门对教育改革运动本质和教育运动历史的忽视；二是揭示政治领导没有对过去的学校改革失败的原因进行反思，总是毫无建树地重蹈前任的覆辙；三是政治领导，特别是总统有责任和义务弄清教育改革运动举步维艰和毫无进展的原因。

特丁教授在《社会资本、与教育相关的社会资本和选择特许学校》①一文中提到了特许学校优于传统公立学校的诸多优势，特别是随着特许学校家长参与范围与力度的拓展，无形中增加了特许学校与教育相关的社会资本。该文章验证了学校选择对于与教育相关的社会资本的独立影响。学校选择的研究进一步证实，与非择校父母相比，那些择校的父母拥有更高层次的社会资本。学校选择对与教育相关的社会资本的影响虽然微小，但是却具有统计学上的重要意义。一般来说，学校选择对于社会资本的影响要小于父母的受教育程度和家长提供的与学校相连的家庭资源。

惠尔塔教授在《特许学校的制度理论分析：唤起制度对规模的挑战》②一文中用制度理论分析了支撑特许学校运营的两大竞争机构——官僚主义机构和分权机构的政治背景。特许学校的发展得益于三种基本实践理论。当特许学校领导者追求新的与众不同的学校制度时，往往需要接受那些定义学校之所以成为学校的繁琐的官僚主义规则和教条的挑战。

在基础性的理论探讨中，赫尼格的《反思学校选择：市场隐喻的有限性》一书较为特殊，它的最终付梓历经美国三代总统的三个不同的政治历史时期，最早的写作构思是在里根执政时代里就产生了，写作的完成是在

---

① Kent L. Tedin & Gregory R. Weiher, "General Social Capital, Education – Related Social Capital, and Choosing Charter Schools", *The Policy Studies Journal*, Vol. 4, 2011, pp. 609 – 626.

② Luis A. Huerta & Andrew Zuckerman, "An Institutional Theory Analysis of Charter Schools: Addressing Institutional Challenges to Scale", *Peabody Journal of Education*, Vol. 84, 2009, pp. 414 – 431.

老布什总统时代，最终出版发行是在克林顿时代。作者认为，在里根总统和老布什总统执政时期，学校选择在政治议案中被抬到了相当高的位置，这意味着在教育改革中引入市场机制已经成为必然，而到了克林顿当选时期，即使以市场取向为标志的学校重建运动并没有结束，但是总统开始积极采取措施限制市场的作用，倡导在州和地方的政府层面上和公立教育管理官员共商教育改革大计。由此，作者得出一个结论，以市场取向为基础的择校运动，其真正的危险不在于允许学生使用公共资金去上私人经营的学校，而在于它们将会腐蚀破坏以民主作决定的社会生活方式和社会运行原则。

那么，市场和政府在教育改革中究竟应该起什么作用？它们的比例是如何分配的？其结果如何？这些一直是学者们争论不休的敏感话题。对此，大家往往是众说纷纭，难以形成一致意见。为此，美国教育学者丹尼尔·坦纳（Daniel Tanner）指出，引入市场机制的动因对于学校来说是不恰当的，避开那种动用各种力量来保护民主公立教育利益的历史事实不谈，公众首先必须区分商业团体追求最大利益与公立教育团体服务社会之间的本质区别。[①] 对此观点，美国政治分析家乔治·R. 卡普兰（George R. Kaplan）也深表同意。他还补充道，承受公立教育压力的教育集团的构成异常复杂，既包括有共同利益的朋友、毫无利益相关的中立派，也包括有利益冲突的对立面，而市场中的利益冲突又不断地对美国教育的控制权进行影响与干预，公立教育界并不是一尘不染，而是乌云笼罩，即便是得到了两党的坚强支持，如今公立教育中出现的利益追求对服务社会之目的的侵蚀也变得不可救药。[②]

显然，在特许学校核心支撑理论的研究中，这些典范性著述大都聚焦于市场与社会矛盾，详细解析了特许学校在平衡追求商业利益与确保社会公益目的方面的努力，从而从经济学与社会学（更准确地说是伦理学）的

---

① Daniel Tanner, "Manufacturing Problems and Selling Solution: How to Succeed in the Education Business Without Really Educating", *Phi Delta Kappa*, November 2000.

② George R. Kaplan, "Friends, Foes, Noncombatants: Notes on Public Education's Pressure Groups", *Phi Delta Kappa*, November 2000.

视角深化了特许学校在政治、经济等方面的背景性研究。这对深刻了解特许学校有很大的帮助。

2. 特许学校的宏观研究

这方面主要是以美国教育政策分析家安妮·T. 洛克伍德（Anne T. Lockwood）著的《特许学校十年》（*The Charter Schools Decade*）[①]、美国教育学者丹尼·韦尔（Danny Weil）著的《特许学校参考手册》（*Charter Schools: A Reference Handbook*）[②]、美国教育学者约瑟夫·墨菲（Joseph Murphy）和凯瑟琳·邓恩·谢夫曼（Catherine Dunn Shiffman）合著的《理解和评价特许学校运动》（*Understanding and Assessing the Charter School Movement*）[③]、萨拉森著的《特许学校：是另一场有缺陷的改革吗?》（*Charter Schools: Another Flawed Educational Reform?*）[④] 以及美国教育学者布鲁斯·富勒（Bruce Fuller）主编的《特许学校内部：责权下移的基本矛盾》（*Inside Charter Schools: The Paradox of Radical Decentralization*）[⑤]等为代表。

《特许学校十年》从历史的角度全面论述了特许学校运动从产生到发展的全部过程。洛克伍德将特许学校运动的发展分为两个阶段：第一个10年和第二个10年。在对特许学校第一个10年的概括考察中，洛克伍德不仅仅呈现了第一个十年的全貌，而且还在考察特许学校运动历史的基础上，回答了特许学校的出现是历史的偶然还是不可避免的必然等问题，然后分析了特许学校的立法、“完全特许学区”的问题以及特许学校运动中的障碍和阻力。在特许学校第二个10年的研究中，该书对特许学校运动进行了较为全面的展现和分析，是少有的对特许学校整体研究进行得较为全

---

① Anne T. Lockwood, *The Charter Schools Decade*, Lanham, Maryland: Scarecrow Education, 2004.

② Danny Weil, *Charter Schools: A Reference Handbook*.

③ Joseph Murphy, Catherine Dunn Shiffman, *Understanding and Assessing the Charter School Movement*, New York and London: Teachers College, Columbia University, 2002.

④ Seymour B. Sarason, *Charter Schools: Another Flawed Educational Reform?* New York and London: Teachers College, Columbia University, 1998.

⑤ Bruce Fuller, *Inside Charter Schools: The Paradox of Radical Decentralization*, Massachusetts: Harvard University Press, 2000.

面与深入的著作。

韦尔所著的《特许学校参考手册》是一本不可多得的全面探讨特许学校的专著。该书共分 8 章，对特许学校的研究不仅十分周全和严谨，而且涵盖面宽泛，涉及特许学校的方方面面。第一章简要介绍特许学校的出现、特许学校的选择者、特许学校的支持者与反对者、特许学校的定义、特许学校与其他教育改革的区别等等。第二章以时间为序对整个特许学校的发展历程作出一一梳理。第三章介绍特许学校的课程与教学方法，并用归纳法和个案研究相结合的方式考察了特许学校的现状和改革进程。第四章探寻特许学校和立法之间的关系，并一一详述各州法律对特许学校的影响、特许学校的合法绩效制、特许学校的创办过程等等。第五章对特许学校的政治背景进行分析，揭示出政治历史背景给特许学校带来的挑战。第六章着重分析教师工会与特许学校的关系，呈现工会力量对特许学校发展（有促进也有阻碍）的矛盾。第七章列举了与特许学校相关的组织、协会和政府机构。第八章则简单介绍该书收录资料的来源与出版情况，其中也包括公开出版的与尚未出版的资料。

《理解和评价特许学校运动》一书则从特许学校的基本理念、历史进程、构成体系、支持环境、内部逻辑、特许学校的效果与代价、特许效应 7 个方面对特许学校运动进行了全面的总结和评价，试图通过对错综复杂的特许学校现象的呈现来回答特许学校的内涵，特别是在学校改革的大背景下特许学校究竟在什么方面适应了学校改革的潮流、它给学校改革带来巨大活力的原因是什么、特许学校得以发展的背后运作机制何在以及它对公立教育系统究竟带来什么样的效应等问题，从而加深了人们对特许学校的理解，更加有利于人们正确评估特许学校运动。

在《特许学校：是另一场有缺陷的改革吗?》一书中，萨拉森以批判的眼光质疑特许学校的未来与前途。他本着客观公正的原则对特许学校现象进行了辩证地分析。一方面，他承认特许学校运动是二战以来最重要的教育改革运动，并且还是克服公立教育系统自身不能克服弊病的一剂良方。它的产生对于现存的公立教育系统来说是一场根本性的变革。另一方面，他又觉得特许学校并不能拯救教育。自从第一所特许学校创立以来，虽然经过 10 年的发展，特许学校运动已经走过了青年时期进入到了成熟期，但是它在创建新学校的理念上出现的肤浅和不切实际的观点，在教育实践中存在的滥用资金、歧视有特殊需要的儿童等做法，使它不可避免地要走向失败。

《特许学校内部：责权下移的基本矛盾》则是一本汇聚研究特许学校各种问题的论文集。富勒试图从政治背景中的特许学校、密歇根两所特许学校的个案研究、拉美特许学校争取领导权的斗争、新英格兰父母鼓励卖学校以促进改革、特许高中的多元化与不平等性、特许学校的公共绩效问题、明尼苏达州特许学校中的合作问题等八个方面出发展现特许学校全貌，并运用微相学的研究方法通过个案分析考察了不同类型特许学校的绩效、平等、领导权等重要问题，揭示特许学校自身的发展规律。

加利福尼亚大学教授利亚纳·布鲁耶特（Liane Brouillette）在其著作《特许学校：学校改革中的教训》（*Charter Schools*：*Lessons in School Reform*）[①] 一书中从政治经济学的角度，首先将特许学校重新定义为一种"社会契约"；紧接着追溯了特许学校的"史前史"；然后选取了两个个案进行研究，考察了科罗拉多州特许学校的开办情况以及特许学校与大学联盟的相互关系，建构了特许学校自身的理论框架；并最后得出一个重要结论：特许学校不应成为经济和政治的调停机构。

在《新世纪的新学校：城市教育的再设计》（*New School for a New Century*：*The Redesign of Urban Education*）[②] 一书中，美国教育学者露娜·A. 比尔莱茵（Louann A. Bierlein）用一个章节全面阐述了特许学校运动情况。作者一开始便鉴定了特许学校的概念，接着关注其迅猛发展的原因，考察特许学校的立法，并从其组成元素和目前形势两方面分别对其进行了阐释，从而考证了特许学校的实施效果，进一步分析了其面临的阻碍以及反对特许学校的种种力量。著作篇幅虽然不大，但却呈现了一幅特许学校的完整画卷。

---

① Liane Brouillette, *Charter Schools: Lessons in School Reform*, New Jersey: Lawrence Erlbaum Associates Inc, 2002.

② Diane Ravitch & Joseph P. Viteritti (eds.), *New School for a New Century: The Redesign of Urban Education*, New Haven: Yale University Press, 1997, pp. 37－60.

《作为后现代矛盾体的特许学校："去控制"时代对社会阶层形成的反思》(*Charter Schools as Postmodern Paradox*: *Rethinking Social Stratification in an age of Deregulated School Choice*)① 一文则结合经济全球化和学校系统自的"去控制"化的语境，从一个全新的后现代视野揭示与考察特许学校的本质特征。美国学者艾米·司图尔特·韦尔斯（Amy Stuart Wells）等人通过对加利福尼亚10个学区特许学校的近两年半的全面性研究，对特许学校产生了一种全新的解读，认为特定教育政策的实施（特许学校政策的实施）能够折射出广阔的社会变迁情况，包括从现代性到后现代性的转型。另外，作者还验证了不同社会地位的人如何定义地方社会运动，如何看待教育改革所带来不平等后果的潜在威胁性，特别是这种发生在社区内与社区外的教育改革尤其值得反省。

美国教育学者理查德·诺伊曼（Richard Neumann）的《60 年传奇——公立选择学校运动的历史，1967—2001》(*Sixties Legacy*: *A History of the Public Alternative Schools Movement*, 1967 – 2001)② 一书以历史为线索，全面勾勒了公立选择学校运动。全书共分 9 章：20 世纪 60 年代的风景、影响早期选择学校运动理论建构的范式、选择学校运动的产生、选择学校运动走向公立、1973—1979 年走向多样与高质量的教育体制、教育的想象、20 世纪 70 年代公立选择学校运动评价、20 世纪 80 年代和 90 年代的选择学校运动、总结与结论。其中，20 世纪 80 年代和 90 年代的选择学校运动一章主要论述了特许学校运动的基本情况。虽然特许学校在全书中并不占据太多的篇幅，但该研究突出的优势是将特许学校运动的分析纳入到学校选择运动的广阔视野中来完成的，而不是就特许学校谈特许学校，避免了陷入孤立和狭隘的研究境地，拓展了特许学校运动的研究视野。

对于如何评价特许学校运动，学者们的观点往往褒贬不一。美国教育学者乔·内森（Joe Nathan）认为，特许学校运动是灯塔，散发出光和热，

---

① Amy Stuart Wells & Alejandra Lopez, Janelle Scott, Jenniffer Jellison Holme, "Charter Schools as Postmodern Paradox: Rethinking Social Stratification in an age of Deregulated School Choice", *Harvard Review*, Summer 1999.

② Richard Neumann, *Sixties Legacy: A History of the Public Alternative Schools Movement,* 1967—2001, New York: Peter Lang Publishing Inc, 2003.

照亮着其他的教育改革。[①] 美国教育学者切斯特 · E. 芬恩（Chester E. Finn）等人也指出，特许学校不同于其他类型的学校，它有其自身的特点，能给公立教育的改革提供启示。[②] 与此相反，美国学者布鲁诺 · V. 曼诺（Bruno V. Manno）等人则指出，虽然"特许学校的狂热追随者和提倡者将其描绘为一场革命性变革，政策性的大地震，史无前例和难以想象的革新"，但是，他们无法脱离和"他们所描绘的特许学校运动走得太近"[③]的干系，因此，必须给它一种冷静的评述。除此之外，美国亚利桑那大学的教授托马斯 · L. 古德（Thomas L. Good）也持有同样观点，认为特许学校可能是一场失败的改革运动，是否值得政府和私人对其投资还需要讨论。[④]

3. 特许学校运动的独立问题研究

美国学者在特许学校的独立问题研究方面层次非常丰富，内容涉及特许学校的公共性探讨，特许学校法的研究，特许学校教育政策，特许学校绩效考察，特许学校竞争的影响，特许学校中的特殊教育特色，特许学校的组织结构与感观文化探寻等等。

主要以坦普尔大学的伦纳德 · J. 瓦克（Leonard J. Waks）教授的《杜威的民主公共性理论和特许学校的公共性特征》（*Dewey's Theory of the Democratic Public and the Public Character of Charter Schools*）、麦迪逊威斯康星大学的约翰 · F. 威特（John F. Witte）教授等人的《弹性遭遇绩效：州特许学校法和它们对于美国特许学校的塑造》（*Flexibility Meets Accountability: State Charter School Laws and Their Influence on the Formation of Charter Schools in the United States*）、教育学者凯拉 · 斯特林

① Joe Nathan, "Heat and Light in the Charter School Movement", *Phi Delta Kappa*, March 1998.

② Bruno V. Manno & Chester E. Finn Jr., Louann A. Bierlein, Gregg Vanourek, "How Charter Schools Are Different: Lessons and Implications From a National Study", *Phi Delta Kappa*, March 1998.

③ Bruno V. Manno & Chester E. Finn Jr., Louann A. Bierlein, Gregg Vanourek, "Beyond the Schoolhouse Door: How Charter Schools Are Transforming U. S. Public Education", *Phi Delta Kappa*, June 2000.

④ Thomas L. Good & Jennifer S. Braden, "Charter Schools: Another Reform Failure or a Worthwhile Investment?" *Phi Delta Kappa*, June 2000.

斯（Cara Stilling）的《特许学校和“不让一个孩子掉队”：为了绩效牺牲自治》（*Charter Schools and No Child Left Behind: Sacrificing Autonomy for Accountability*）和保罗·斯基尔顿·西尔维斯特（Paul Skilton Sylvester）的《对课程的关注：一所特许学校如何对抗考试驱使的绩效的压力》（*Eyes on the Curriculum: How One Charter School Resisted Test – Driven Pressures*）美国教育学者保罗·T·希尔（Paul T. Hill）等人的《特许学校和公立教育中的绩效》（*Charter Schools and Accountability in Public Education*）[①]、美国学者大卫·M. 韦尔施（David M. Welsch）和密歇根州立大学的罗恩·齐默（Ron Zimmer）教授等人的《特许学校竞争和它对密歇根公立学校雇佣费用的影响》（*Charter School Competition and its Impact on Employment Spending in Michigan's Public Schools*）和《加利福尼亚特许学校的竞争提高了传统公立学校的成绩吗?》（*Is Charter School Competition in California Improving the Performance of Traditional Public Schools?*）、得克萨斯大学伊丽莎白·A. 斯旺森（Elizabeth A. Swanson）博士的《特许学校中的特殊教育服务》（*Special Education Services in Charter Schools*）[②]、美国教育学者珍妮·L. 福克斯（Jeannie L. Fox）的《俄亥俄社区特许学校的组织结构和感观文化》（*Organizational Structures and Perceived Cultures of Community – Charter Schools in Ohio*）[③] 为代表。

瓦克教授在《杜威的民主公共性理论和特许学校的公共性特征》[④] 一文中重新思考了特许学校的公共性问题。他认为，特许学校是通过公关税收资助的，却是由非国家组织经营的，如由非盈利性或者盈利性教育公司以及非政府的公共利益组织来经营。瓦克教授将杜威的民主公共性作为文章的一个分析框架，检验了三个问题：一是由政府出资、而由非政府组织

---

① Paul T. Hill & Robin J. Lake , Mary Beth Celio, *Charter Schools and Accountability in Public Education* , Washington, D. C. : Brookings Institution Press, 2002.

② Elizabeth A. Swanson, “Special Education Services in Charter Schools”, *The Educational Forum* , Fall 2004.

③ Jeannine L. Fox, “Organizational Structures and Perceived Cultures of Community – Charter Schools in Ohio”, *Phi Delta Kappa* , March 2002.

④ Leonard J. Waks, “Dewey's Theory of the Democratic Public and the Public Character of Charter Schools”, *Educational Theory* , Vol. 6, 2010.

经营的特许学校是否契合“民主公共性”的理念？二是如果特许学校符合“民主公共性”的理念，那么区分具有“民主公共性”的学校和不具有“民主公共性”学校的标准是什么？三是公立教育怎样重建才能将特许学校涵盖进去？瓦克教授得出结论认为：杜威的“民主公共性”理论也许在思考特许学校为增进有着广泛民主需求和多种族教育的社区的民主利益方面起着重要的作用。

斯特林斯和斯基尔顿·西尔维斯特分别在他们的文章中探讨了《不让一个孩子掉队》教育法案对于特许学校发展的影响。斯特林斯认为，《不让一个孩子掉队》法案对绩效的追求在客观上会让特许学校因为追求成绩绩效而部分丧失其自治，在自治与绩效之间寻求平衡将是特许学校发展进程中需要很好关注的一个问题。[①] 斯基尔顿·西尔维斯特也认为，《不让一个孩子掉队》法案所赋予的特许学校的优先权势必将学校的目标局限于高的考试成绩，局限于一场仅仅以阅读和数学成绩为底线的竞争，并且局限于急于达成那些和深度学习相关的目标和一些和外部世界有意义的联系。《不让一个孩子掉队》法案对考试成绩的追求必然会导致更狭隘的课程设置，更狭隘的教育学，对自然界的更少体验，对艺术的更少强调，更少的体育活动，更少的孩子坐在不同种族的或者不同社会阶层的孩子旁边，对社会和世界更少的批判性分析。[②]

威特教授等人在其研究文章《弹性遭遇绩效：州特许学校法和他们对于美国特许学校的塑造》[③] 中分析了影响州特许学校法的两大关键价值观：弹性和绩效，并试图回答两个特殊问题：一是在州特许学校法中影响弹性和绩效强度的因素是什么？二是特许学校法的内容以及法律中所鼓励的不同价值观如何影响美国特许学校法的设计？最后，威特教授等人通过研究

① Cara Stilling, "Charter Schools and No Child Left Behind: Sacrificing Autonomy for Accountability", *The Journal of Education*, Vol. 186, No. 2, 2006, pp. 51 – 66.

② Paul Skilton – Sylvester, "Eyes on the Curriculum: How One Charter School Resisted Test – Driven Pressures", *Dissent*, Fall 2011.

③ Arnold F. Shober & Paul Manna, John F. Witte, "Flexibility Meets Accountability: State Charter School Laws and Their Influence on the Formation of Charter Schools in the United States", *The Policy Studies Journal*, Vol. 4, 2006.

得出结论：州的政治背景对于特许学校法中的弹性部分会有一定影响，但是对于绩效却影响甚微。绩效和弹性的程度以及政治背景因素等会影响到特许学校在各州的具体数目。

在特许学校的绩效研究中，《特许学校和公立教育中的绩效》一书从比较研究的角度出发，通过传统公立学校绩效制与特许学校绩效制、特许法与特许政治、内部绩效与外部绩效、绩效与其他四个对比关系的考察，指出传统的以服从规则和避免丑闻为目的的绩效制已不能适应社会需求，它必将会被以重视标准与结果，对自己后果承担责任的新的特许学校绩效责任制所替代。另外，特许学校的绩效结果主要是为三类人服务，即特许学校的支持者（主要是特许学校领导和对创办特许学校感兴趣的人们）、特许学校的管理者（特许权力机构和相关参与特许学校活动的政府官员）、支持特许学校的内部决策层（被选出的官员和慈善家等）。同时，作者希望此项研究能与其他公立学校的改革努力相互呼应，互为促进。另外，美国教育学者桑德拉·弗加瑞（Sandra Vergari）把绩效分成两个方面：机构绩效（公共机构的绩效）和市场绩效（父母、学生和教师的绩效）。他通过对亚利桑那、麻萨诸塞和密歇根的个案研究，从机构绩效出发，论证作为权力机构的州政府在特许学校中的积极作用，从而发现，与强制性服从的监管方式相比，权力机构采取的合作性服从方式更易被特许学校接受。他的研究也提出了公立学校应为其业绩建立一套负责的检测与评估机制。[①] 美国学者格雷格·加恩（Gregg Garn）也关注绩效的研究。他认为，绩效是一个政治领域中频繁出现的专业术语，它含有非常复杂的思想。作者从亚利桑那州的特许学校入手，从权力机构、表现、市场和绩效的专业模式几方面，使用观察法、访谈法和文献研究法，定性地剖析绩效的构成体系。他的研究结果表明，学校绩效的可靠和有效并不是学校选择运动的本质因素，消费者对什么样学校的选择主要是取决于大量确切的、易理解

---

① Sandra Vergari, "The Regulatory Style of Statewide Charter School Authrizers: Arizona, Massachusetts, and Michigan", *Educational Administration Quarterly*, December 2000.

的、宽泛的择校信息。①

韦尔施和齐默教授等人分别从特许学校竞争对于学校教师的影响以及对传统公立学校成绩的影响两个层面探讨了特许学校竞争对于传统公立学校的冲击。韦尔施着重探讨了特许学校竞争对于传统公立学校雇员（包括教师、管理者和教辅人员）的影响，最后得出结论：当学区面临来自特许学校的竞争时，他们往往花费大量的资金在教师身上，而花很少的费用在教辅人员身上。② 齐默教授等人的研究则将重点放在特许学校的竞争对传统公立学校的成绩影响方面。齐默教授等人在文章中主要调查了传统公立学校校长对于学区中特许学校引入的反应以及附近特许学校的竞争是否会影响到公立学校学生的成绩。调查结果显示：传统公立学校的校长仅感到了轻微的特许学校竞争；特许学校的竞争没有提高传统公立学校学生的成绩。综观这两方面，加州特许学校对于传统公立学校的氛围几乎不能产生什么影响。③

以斯旺森为代表的美国教育学者非常关心特许学校中特殊教育的问题。她在《特许学校中的特殊教育服务》一文中指出，由于特许学校在提升学校选择方面起着十分重要的作用，因而它可以更加容易地吸引残疾学生。但是，部分特许学校却无法满足残疾学生的特殊需要。更为严重的表现是，由营利性组织创办的特许学校为了满足他们自己的赚钱愿望，往往忽视特殊教育法，将智力障碍学生看作他们财政的额外负担，拒绝其入学。她还举例说，旧金山一所初等学校的阿伦 · K. 拉门那斯（Arun K. Ramanathan）老师曾指责麻萨诸塞州一些以营利为目的的特许学校，说它们是商业经营特许学校中最为肮脏的一面。作者还就此问题向父母和特许学校提出了一些建议。④

---

① Gregg Garn, "Moving From Bureaucratic to Market Accountability: The Problem of Imperfect Information", *Educational Administration Quarterly*, October 2001.

② David M. Welsch, "Charter School Competition and its Impact on Employment Spending in Michigan' s Public Schools", *Contemporary Economic Policy*, No. 3, July 2011.

③ Ron Zimmer & Richard Buddin, "Is Charter School Competition in California Improving the Performance of Traditional Public Schools? ", *Public Administration Review*, September 2009.

④ Nancy J. Zollers & Arun K. Ramanathan, "For – Profit Charter Schools and Students with Disabilities", *Phi Delta Kappa*, December 1998.

另外一个重要的问题是特许学校的自治。福克斯在《俄亥俄社区特许学校的组织结构和感观文化》一文中强调，从州、学区等官方机构获得的自治将会刺激教师教学和学生学习方式的革新，同时也有助于学生成绩的提高。但作者又指出，假如这种自治权利能够带来改革的理想效果的话，那么主要是建立在对官僚机构所做的坏假设上，而社区特许学校则不一样，它们很容易摆脱坏的官僚体制的束缚。

4. 特许学校的个案研究

特许学校的个案研究其实在前三类的研究中都有所涉及，之所以把它单列出来，主要是想进一步强调特许学校研究中个案研究作为方法论的重要意义，尤其是借助个案研究，我们可以从广度和深度上全面考察特许学校的改革情况。但由于前面的研究已经有所运用，这里只是略微分析。个案研究主要包括两个层面：地方性的特许学校研究和某个具体特许学校的研究。地方性研究涉及面非常广泛，囊括了波士顿、纽约、科罗拉多、旧金山、加利福尼亚、亚利桑那、新墨西哥等十多个州、地区和城市，涉及的问题也多种多样。例如，有聚焦于纽约州的特许学校来透视教育官僚机构的，有选取科罗拉多州的特许学校为案例来研究教育改革中的动力学因素的，有通过密歇根特许学校的研究来论证公立教育复兴的，有探讨加利福尼亚特许学校来透析特许学校的立法程序的，有分析科罗拉多州两所特许学校争取领导权的斗争情况来呈现教育改革中的正反两派的交锋情况的，有从明尼苏达州学校选择情况看特许学校的择校启示的，有通过对加利福尼亚州特许学校的考证来看特许学校的改革是否达到预期效果的，也有通过关注亚利桑那州公立教育对市场机制的引入来探讨特许学校是否是虚假繁荣的，等等。

美国联合机构研究大学哲学的博士论文《克莱顿特许学校的甜蜜生活故事：历史个案研究》（*The Story Sweet Life of the Clayton Charter School: A History Case Study*）① 从历史的视野出发，结合个案研究，考察1994—1997年克莱顿特许学校的发展历程。在充分研究的基础上，作者帕梅拉·

① Pamela K. Harris, "The Short Sweet Life of the Clayton Charter School: A History Case Study", *A Dissertation of the Union Institute Graduate College*, September 2001.

K. 哈里斯（Pamela K. Harris）得出了以下五个结论：一是特许学校创办人应该抱有的哲学观念，即受教师和父母支持的与学区签订的特许合同所折射出与教育的相关性；二是父母必须相信学生在小学校范围内能够学得更好，特别是在教育处于危机边缘的情况下；三是对特许学校成功与否的评价标准应该以支持组织的自身发展为基准；四是与受到支持的特许学校相比，缺少组织支持的特许学校更难生存；五是特许学校还远未达到支持者所期待的效果。

5. 特许学校的实证调查报告

对于实证性的研究报告，主要以美国教育部华盛顿特区教育研究与改进办公室所做的特许学校研究报告（自 1997 年以来已经出了 4 期）以及第 33 届、第 34 届 Phi delta Kappa 所做的关于公众对公立学校态度的民意调查报告为代表。[①] 由于部分特许学校研究报告笔者未能直接接触，这里略去不谈。Phi delta Kappa 所做的第 33 届报告，主要是就美国民众是否听说过或读到过有关特许学校的消息、对特许学校的态度以及特许学校是否应向传统公立学校一样对州负责等等问题，进行了大量的民意调查，并取得了一些有价值的数据。在第 34 届报告中，除了重复调查第 33 届的三个问题之外，还设置了如果在社区兴办特许学校则意味着传统公立学校资金减少这样的问题，来调查民众是否仍然支持特许学校和是否同意所在社区的特许学校采用网络教学。

四、研究思路、方法及特点

（一）研究思路

本书采用叙事研究和问题研究相结合的方法，以时间为主要线索，在历史大背景中全面梳理与考察美国特许学校运动，试图实现对特许学校运动的整体研究。全文分成“特许学校运动的背景”“特许学校运动的兴起”

---

① Lowell C. Rose & Alec M. Gallup, “The 33rd Annuel Phi Delta Kappa/Gallup Poll of the Public’ s Attitude Toward the Public Schools”, *Phi Delta Kappa* , September 2001; “The 34th Annuel Phi Delta Kappa/Gallup Poll of the Public’ s Attitude Toward the Public Schools”, *Phi Delta Kappa* , September 2002.

"特许学校运动的发展"和"特许学校运动的展望"四章。

第一章，从政治经济的制约、新的理论思潮的出现、教育质量危机的爆发以及特许学校运动的前奏四个方面考察了特许学校运动的背景。首先，政治上的新主张和经济滞胀的影响为特许学校教育改革提供了政治经济的宏观背景；其次，新保守主义理论、新自由主义理论以及新公共管理理论的出现为特许学校运动的兴起提供了理论上的强大支持；再次，教育质量危机的总爆发成为特许学校运动的直接导火索；最后，可选择学校运动和校本管理学校运动为特许学校运动的出现提供了广泛的实践基础。

第二章，从特许学校的肇端、第一部特许学校法的颁布和各州特许学校法的制定三个方面论述了特许学校运动的兴起。首先，从历史的视野考察了特许学校概念的形成过程；接着，在概念形成的基础上重点探寻了第一部特许学校法的立法过程；最后通过展现各州特许学校的立法情况，揭示出特许学校运动已经在美国逐步兴起了。

第三章，从推动特许学校发展的力量、特许学校发展的模式、特许学区的萌芽和特许学校法的修订四个方面对特许学校运动的发展展开了论述。首先，特许学校运动能蓬勃发展并不是偶然的，这与联邦政府和代表市场的私营公司的积极推动密切相关；其次，特许学校运动的发展从两种模式中得到体现：一般的特许学校模式和特殊教育的特许学校模式；再次，特许学区的萌芽显示了特许学校运动的发展力度加强了；最后，各州特许学校法的修订揭示出各州对于特许学校运动的反思，并将这种反思以立法的形式规定下来，以确保特许学校运动向着良性的方向发展。

第四章，从特许学校运动的成就、特许学校运动的矛盾和特许学校运动的挑战三方面着手展望了特许学校运动的未来走势。首先，通过展现特许学校运动取得的成就揭示特许学校运动未来发展的有利因素；接着从特许学校运动的矛盾着手分析了特许学校运动未来发展存在的不利因素；最后通过结合特许学校运动的成就与矛盾揭示特许学校运动的挑战，并预测特许学校运动的未来走向。

（二）研究方法

文献法是本书所运用的主要研究方法，可以说，对国内外原始材料和研究文献的研读、鉴别与分析贯穿本书的始终。从最能充分体现文献法运用的特许学校的运动历史到似乎与文献法关系不大的特许学校运动走势预测，无一例外地都留有文献分析的痕迹。此外，也正是借助文献法，才能为特许学校运动过程的梳理、特许学校运动发展的分期等问题的明晰化奠定坚实基础；同时也为预测特许学校未来的发展提供了有力的理论依据。

另外，比较法也是本书研究的主要方法。在论述特许学校运动的前奏和特许学校的两个新亮点时，本书就大量运用了比较法来考察特许学校运动与择校运动、明尼苏达学校选择立法、校本管理运动、私营公司以及特许学区之间的异同与相互关系。同时，也借助比较法，使特许学校概念从模糊变得明晰。因此，比较法对特许学校运动的整体研究起到了铺垫性作用。

最后，个案法虽然是本书的辅助研究方法，但它却点点滴滴地贯穿于特许学校运动研究的始终，具体地描绘着特许学校运动的形态。特许学校中任何一个抽象问题的具体化以及具体问题的展开与阐释，都离不开个案的辅证。在一定意义上，个案的选择对于问题的具体化、形象化起了很大作用，而个案研究的方法则对合理地进行研究起着重要作用。

（三）研究特点

本书研究在研究对象、研究视野和研究结论方面都具有鲜明的特点，提出了一些较为独到的见解。其创新之处主要体现在以下几个方面：

首先，本研究是以时间为序，从历史的角度对特许学校做的一项整体研究，具有过程研究的性质。

其次，本研究将特许学校运动放置在美国各项教育改革运动的大背景中，试图揭示出特许学校运动与这些教育改革运动之间的错综复杂的关系，并通过比较分析的研究方法，对特许学校进行适当定位，以突显其独特的意义与价值，从而加深对研究对象的理解，促使研究进一步深化。

最后，本研究通过分析特许学校与公立学校的关系，力求探讨平等与效益在特许学校中的地位，并以此预测特许学校运动的未来发展趋势，从而得出了一些新的结论。

（四）基本观点

本书试图阐述以下一些基本观点：

一是特许学校运动的兴起并非无本之木，而有其深刻的政治、经济、教育背景以及理论基础，其中新自由主义、新公共管理主义和新保守主义是影响特许学校运动萌芽的思想基础。

二是探寻特许学校运动的源头和前奏须立足于美国的各种教育改革运动。20 世纪 60 年代的选择学校运动是特许学校的源头；20 世纪 80 年代初发表的《国家处在危急中：教育改革势在必行》的报告是特许学校运动的催化剂；20 世纪 80 年代中期兴起的明尼苏达学校选择立法和 80 年代末产生的校本管理运动奠定了特许学校运动的基础。

三是特许学校立法的发展取决于支持派与反对派之间的力量较量。而这两种对抗性力量制衡与博弈的结果导致了各州强弱程度不同的特许学校法的产生。支持力量强势的州常常通过较为强硬的特许学校立法，反之，则通过较为软弱的特许学校法。

四是特许学校的发展成熟主要依赖于政府政策的支持，克林顿政府、小布什政府和奥巴马政府皆对此做出了较为突出的贡献。在美国联邦政府政策的大力推动下，特许学校的发展经历了一个由兴起到成型再到繁荣的发展时期，从而形成了特许学校运动发展的高潮阶段。

五是在特许学校运动的进程中常常是挑战与希望并存。特许学校运动在不断向前推进的过程中并非总是一片光明，其中也存在诸多暗礁与障碍。随着《不让一个孩子掉队》法案的颁布，机遇与挑战同在的局面变得更加明显，特许学校运动只有不断地迎接新的挑战才能向前迈进。

第一章 | 特许学校运动的背景

特许学校运动作为一种新型的有美国特色的教育改革运动，其产生有着复杂的背景因素和强大的动力支撑。首先，特许学校运动的产生必然会受到经济与政治条件的制约。经济滞胀的影响产生新自由主义经济理论，新自由主义经济理论要求重新重视市场的作用，于是教育领域中市场机制的引入也就成为一种克服传统教育体制弊端的潮流；政治上的新主张导致新保守主义的抬头，于是制定统一的国家标准也顺理成章地成为教育改革的热点问题。其次，特许学校运动的兴起直接受到教育质量危机的影响。公立学校教育质量低下以及教育不公平现象严重导致了研究报告《国家在危急中：教育改革势在必行》的发表。《国家在危急中》的发表又加重了美国公众在教育方面的危机感，并直接引发了 20 世纪 80 年代以来的三次教育改革运动。最后，深受《国家在危急中》报告影响的学校选择运动和校本管理运动作为特许学校运动的前奏为其产生提供实践支持。

第一节　经济与政治的制约

美国教育史上的历次改革，都是由经济和社会发展的需要所推动的。20 世纪五六十年代的国家主义主张是与传统公立学校的运行机制相匹配的。20 世纪 70 年代随着市场经济的转型，美国学者开始反思：公立学校制度特有的“垄断”与“官僚”的特性是否会阻碍公立学校的发展？是否应该采用新政策予以改变？政府和市场在对公立学校制度“改进”的过程中究竟应该处于什么地位和起到什么作用？于是，在经济与政治变革的帷幕被拉开以后，国家垄断公立教育的局面被打破，市场机制顺理成章地接替了国家主义的位置。

一、经济滞胀的影响

在西方国家，市场经济的确立和发展已有三百年的历史，通过市场调节社会经济活动、配置社会资源的经济体系已臻于完善和成熟。但是，到了20世纪70年代，西方的市场经济却普遍呈现出一种“转型”趋势。以美国为例，进入20世纪70年代后，美国经济的增长速度变得异常缓慢，出现了所谓的“结构性经济危机”，美国经济学家将此次危机归结于受经济滞涨的影响。进入20世纪80年代后，经济消退的打击又使美国经济雪上加霜，难以自拔，美国社会一度陷入地方税负担日益加重和社会问题日益增多的困境。

为了能彻底摆脱经济滞胀和经济消退的双重困境，共和党提出了减少政府对市场的干预和增强市场机制调节作用的主张。共和党人罗纳德·W.里根（Ronald W. Reagan）对市场机制的转型极力推崇。20世纪80年代初，在他就任总统后，立即宣布放弃凯恩斯主义①，而代之以以供给学派理论为主要依据并兼有货币主义内容的新自由主义经济政策。该经济政策的核心为减少国家干预，实施小政府、低税收及福利制度的改革。在里根执政期间，美国经历了1980—1982年间最严重的一次经济危机。在这场危机面前，里根实施了美国历史上最大规模的减税运动和税制改革；为了给市场机制注入活力，里根政府还推行了一系列措施减少政府作用，包括收缩社会福利、改革社会保障制度以及放宽对企业的控制等措施。里根这一系列的经济改革举措，为美国带来了持续72个月的经济增长局面，使美国基本实现了经济的复苏与再度繁荣。

市场经济的转型、人口以及居民消费需求的不断增长以及教育支出需求的持续攀升使地方政府在公共教育财政上面临着巨大的支出压力。传统

---

① 凯恩斯主义是以凯恩斯的著作《货币、利息与就业通论》中的思想为基础的经济理论，主张国家采用扩张性的经济政策，通过增加需求促进经济增长。凯恩斯主义者认为，对商品总需求的减少是经济衰退的主要原因，因此，维持整体经济活动数据平衡的措施可以在宏观上平衡供给和需求。凯恩斯和其他建立在凯恩斯理论基础上的经济学理论被称为宏观经济学，以与注重研究个人行为的微观经济学相区别。

的市场经济运行机制已经不再能满足教育的增长需求，出现了地方教育经费短缺、设备不足等一系列问题。为了解决教育界的诸多难题，美国政府唯一想到的办法就是削减公共开支，通过市场运作来补充教育经费，以维持教育的发展。里根政府正是推动这一政策的典范。他反对联邦政府直接卷入教育事务，甚至一度计划撤销于 1979 年刚刚升格的联邦教育部。在 20 世纪 80 年代里根的两个任期内，联邦政府并未对教育改革提供全面的方案，而是由一些与联邦政府关系密切的教育专业组织发表许多调查报告，提出种种改革方案。可以说，正是这一转变，构成了 20 世纪 80 年代以来美国公立学校教育改革的背景。

二、政治上的新主张

20 世纪五六十年代，受凯恩斯国家主义思潮的影响，美国在经济政治改革中强化了国家干预。政府通过各种立法和行政手段对社会生活的许多方面实施干预。例如，哈里 · S. 杜鲁门（Harry S. Truman）总统提出的“公平措施”，约翰 · F. 肯尼迪（John F. Kennedy）总统倡导的“新边疆政策”以及林登 · 贝恩斯· 约翰逊（Lyndon Baines Johnson）总统实行的“伟大的社会政策”等等。这些改革举措在一定时期内促进了美国经济及社会的发展。

但是，到了 20 世纪七八十年代，受经济滞胀的影响，美国经济出现了严重的下滑趋势，并由此引发了不少社会问题，公众对政府工作表现出强烈的不满情绪，迫切要求改变这种状况。他们抱怨，强调国家干预的福利国家型经济加剧了美国的财政困难，造成了许多由政府负责管理的公共事业工作效率低下、官僚主义严重和浪费大等缺陷。他们认为，由于福利国家实施的福利政策是以国家的大规模经济干预作为杠杆，人为地刺激消费和投资，并且通过对“有效需求”的扩大以缓和生产过剩和就业不充分等社会经济问题，这样做造成的负面结果必然是财政赤字和信贷膨胀。所以，在福利国家内，通常是高财政赤字、高通货膨胀、高失业率和高利率并存，并且相互制约。在这样一个怪圈里，一方面政府债务日益加重，其干预所产生的刺激作用日渐减弱；另一方面政府为了加大干预的刺激，又进一步累积举债。在这种情形下，福利国家的观念在 20 世纪 50 年代至 70

年代普遍受挫，庞大的公共债务更是成为美国政府沉重的财政负担。这种严峻的经济与财政困境使一些市级政府认识到，仅靠增加税收并不是提高公共事业服务质量的办法。同时，公众对公共事业服务需求的增长也给政府带来了极大压力，迫使官员们不得不谋求改善公共事业服务的新途径。于是，地方和州政府开始考虑转变工作职能，由过去公共事业服务的提供者成为私营机构与公共事业相互合作的筹划者。例如，把社区组织和私人基金会联合起来建立低息房租制；把学术研究与商业、劳务联合起来促进经济变革和提高工作效率等。① 美国政府尝试着放弃过度的政府干预而采取新的市场对策。

从当代世界经济国际化趋势对国家权力的影响来看，经济的国际化必然意味着在具体国家事务上政府会在一定程度上还权于市场。受这种新经济形势变化的冲击，在公立教育制度上引入市场逻辑也就顺理成章地被接受。

第二节　新的理论思潮的出现

正如美国加州大学洛杉矶分校伯顿·克拉克（Burton Clark）教授所说：一种形式的失败使人们转向另一种形式，“国家的失败”引起转向市场，“市场的失败”产生对国家权力的运动。② 20 世纪七八十年代受经济“滞胀”的影响，政府和国家在深深的“挫败感”中急于向市场找寻出路。新自由主义、新保守主义和新管理主义正是在这样一种转向趋势中应运而生。其中，新自由主义者强调“市场价值”，即意味着“私有化”和“去中心化”；新保守主义者则认为应该加强国家控制。体现在教育主张上，新自由主义者认为，如果教育想要拥有充分的发展空间，削弱政府的力量是最有效的途径；新保守主义者认为，政府需要在课程内容和评价标准方

① Peter W. Cookson Jr. & Barbara Schneider, *Transforming Schools*, New York: Garland Publishing Inc, 1985, pp. 535 – 550.

② ［美］伯顿·克拉克：《高等教育新论——多学科的研究》，王承绪等译，浙江教育出版社 1988 年版，第 271 页。

面加大控制，这样才能教授给学生正确的知识，也才能形成学生的正确道德规范和价值观；新管理主义者则强调在教育中遵循“业绩”理论，即学生要不断证明自己做得“不错”的理论。在新自由主义、新保守主义以及新管理主义三股力量的联合影响下，以美国为首的西方国家所进行的教育改革出现了一个鲜明特点：一方面强调竞争和“选择”，另一方面强调对“真”知识的保护和重建，而所有这一切都必须在绩效责任的框架下进行。①

一、新自由主义理论

虽然“自由主义”一词直到19世纪初才出现，到19世纪中叶的时候才被广泛接纳，但自由主义作为一种人类思想和理论却有着悠久的历史。奥地利经济学家、诺贝尔经济奖获得者F. A. 哈耶克（F. A. Hayek）认为，自由主义思想最远可以追溯到古希腊古典时代和中世纪，并在17世纪晚期和18世纪时作为英国辉格党人的政治原则获得其现代形式。辉格党人提供了一个政治制度的范例，19世纪的欧洲自由主义都遵行这一范例。

19世纪欧洲的古典自由主义是在保持一些基本假设，如思想自由、言论自由和出版自由等充分一致的基础上创造出的一种与保守主义和威权主义观点相对立的共同态度，进而作为一场共同运动组成部分的身份出现，而美国从未发展出一种堪与欧洲相比的自由主义运动。② 古典自由主义崇尚消极国家权力的概念，这意味着个体是作为一个需要从国家的干涉中解放出来的救助对象而存在，他被赋予了独立的人格且拥有自由的形象。在古典自由主义的模式中，国家的理论目标是限制和缩小普遍利己主义、即限制“自私的个体”，而宣扬个体的利益。③

新自由主义作为自由主义的现代品种，是西方经济学中的一大流派，

---

① ［美］迈克尔·阿普尔：《市场、标准与不平等》，《教育研究》2004年第7期，第71页。

② 王炎主编：《公共论丛——自由主义与当代世界》，三联书店2000年版，第108－110页。

③ ［美］迈克尔·阿普尔：《市场、标准与不平等》，《教育研究》2004年第7期，第72页。

并且扩展到政治学、社会学甚至哲学领域，形成了一个完整的思想体系，为很多学者和政治家、经济学家所信奉。20 世纪 70 年代中期以后，特别是 80 年代以来，随着经济“滞胀”局面的形成，新自由主义经济学取代了凯恩斯主义经济学，成为时代的主流经济理论。所谓“凯恩斯主义”，即强调国家对经济的干预，既包括国家对经济的宏观调控，也包括国家加大对工人在教育、医疗、住房、选举等方面的福利，凯恩斯主义适应了 20 世纪 30 年代以来西方资本主义国家出现的生产要素完全过剩的现象，但是这种经济哲学却应付不了 20 世纪 70 年代以后的生产要素不完全过剩的现象。在这种情况下，新自由主义应运而生。“新自由主义经济学派”也被称为“芝加哥学派”，主要代表人物有美国经济学家、诺贝尔经济奖获得者弥尔顿·弗里德曼（Milton Friedman）和哈耶克。弗里德曼认为，“新自由主义”是“一种我过去称为 19 世纪的，然而又是从变革思想潮流的观点来看的自由主义”。[①] 广义的新自由主义经济学包括“货币主义”“人力资本”论和“所有权”论等；狭义的新自由主义经济学则只强调市场机制、自由竞争的作用，反对国家过多地干预经济。货币主义学派和供给学派皆属于新自由主义经济学的流派，它们都信奉立足于个人主义的功利主义这一新自由主义经济哲学，以效率性为理想的标准。[②]

与古典自由主义相比，新自由主义主张一个积极的国家概念。这意味着，新自由主义者一方面坚持市场机制的一贯主张，另一方面他们也肯定国家控制的积极作用。新自由主义者相信，社会的所有弊病是由国家干预过多造成的；他们认为，“如果国家干预少一点，竞争就会进一步发展，垄断就会大大减少”；[③] 他们甚至竭尽所能想要恢复市场的自由竞争机制。对于国家的作用，他们只希望国家能够提供必要的条件、法律和机构以创造自由竞争的市场。在这种模式中，国家只需肩负起使所有人把工作做好

① ［美］弥尔顿·弗里德曼：《货币稳定方案》，宋宁、高光译，上海人民出版社 1991 年，第 5 页。

② ［日］大野健一：《市场经济导入的基本问题》，载《社会科学研究》（东京大学社会科学研究所纪要），Vol. 45, No. 2, 1993.

③ ［法］亨利·勒帕热：《我们的弊病在于国家干预太多》，《世界经济译丛》1980 年第 3 期，第 14 页。

的责任即可。在新自由主义“似乎是没有管制的管制中”，国家保证每个人都为大家创下了一个“持续的产业”。①

对于新自由主义的国家观应该一分为二地来看待：一方面，虽然国家在新自由主义中占有一席之地，但这始终是一种弱国家观；另一方面，新自由主义者信奉“市场资本主义是唯一使每个人最可能在社会中得到他所希望的东西的一种制度。”② 因此，新自由主义者鼓动推行国家责任最小化、个人责任最大化的“机构改革”。他们认为，解决问题的最终出路在于把资本主义国家的国有企业私人化。西方社会的经济效率的根源在于资源的有效配置，而资源的有效配置必须由“看不见的市场之手”来调节，因为“只有市场经济才能保证我们尽可能快地降低这种成本”，③ 提高经济效益。如果国家（政府）用人为的方法（如财政手段等）来干预资源配置，其结果必然是降低经济效率，提高产品价格，导致通货膨胀，使经济陷于不稳定之中。为了避免这种局面，国家应该精简政府机构，削减公共开支，推行地方分权化的管理体制，减少政府特别是中央政府对经济活动的干预，鼓励民间和私人企业通过市场化竞争来提高经济运行效率的新自由主义经济路线。

在新自由主义思想的推动下，西方国家开始探索教育的市场化道路。新自由主义者主张将学校置于教育市场之中，以教育服务的消费者为中心，强调“自由”“个性”“选择”和“竞争”。哈耶克坚持认为，对学生进行选择的唯一途径是市场化的竞争。弗里德曼也认为，教育不应该是政府提供的一项服务，而应该是自由市场体系中的一部分。他认为，公共教育的弊端就在于政府的垄断，在于教育的过度集权。弗里德曼认为，作为消费者的家长，无论是富裕还是贫穷，都没有能力为孩子选择满意的学

① ［美］迈克尔·阿普尔：《市场、标准与不平等》，《教育研究》2004 年第 7 期，第 73 页。

② ［法］亨利·勒帕热：《我们的弊病在于国家干预太多》，《世界经济译丛》1980 年第 3 期，第 14 页。

③ ［法］亨利·勒帕热：《我们的弊病在于国家干预太多》，《世界经济译丛》1980 年第 3 期，第 14 页。

校，这主要是由于教育花费的不断加大和教育产出的不断减少造成的。[①]因此，弗里德曼反对20世纪五六十年代美国政府对经济和教育的过分干预，主张通过市场来进行最佳选择，认为即使是在公共服务领域也必须模拟市场机制，因为只有市场能实现自我利益最大化。他说，政府不应同时成为教育资源的供给者和管理者。政府既是"运动员"又是"裁判"的双重身份必然会造成教育垄断，降低教育质量和效率。相反，如果政府仅仅作为教育资源的提供者，而让办学者作为管理者为争取教育资源进行公开、公平的竞争，就会最有效地发挥投资效益，提高教育质量和水平。他认为，政府在教育中的责任应该是对教育的所有权和资助教育，但是拥有教育的所有权并不意味着政府要直接提供这种教育。弗里德曼主张可以通过"教育凭证"的方式使公立学校的办学权和所有权分离，即允许政府之外的个人、团体或企业开办公立学校，打破公立学校制度的国家垄断性。

弗里德曼非常强调政府在教育中的作用。他在《政府在教育中作用》一文中强调[②]：摧毁或削弱现存教育建制的政府权力，是根本改革美国教育体制的先决条件；只有通过私有化之路才能给公立学校带来竞争，而竞争会成为迫使公立学校按照顾客的意愿改革自身的催化剂。他在《资本主义与自由》一书中关于"政府在教育中的作用"的一章中进一步强调[③]：政府具体地操作教育机构，即教育产业的国有化的做法很难根据上述这些理由来加以解释，人们很少明确地来审视这种国有化的可取性。目前政府主要通过直接支付教育机构的成本来支持人们上学。这一做法看起来是支持人们上学的决策所导致的，然而二者实际上是分不开的。政府可以规定儿童应受教育的最低限度，同时给予每一个儿童到认可的教育机构中去的资助。这样，父母就可以自由地选择如何花费这笔资助，以及决定在此基础上他们愿意多花费的部分，从而把孩子送到所选择的被认可的机构中

---

① Kurt R. Leube (eds.), *The Essence of Friedman*, Stanford, California: Hoover Institution Press, 1987, p. 97.

② [美] 弥尔顿· 弗里德曼:《资本主义与自由》, 张瑞玉译, 商务印书馆 1986 年版, 第 88－89页.

③ [美] 弥尔顿· 弗里德曼:《资本主义与自由》, 张瑞玉译, 商务印书馆 1986 年版, 第 86－87页.

去。而教育服务机构可以是营利的私营机构，也可以是非营利机构。这时政府的作用仅限于保证学校满足最低要求，如在教学中至少包含有普遍教育要求的内容。1986 年，弗里德曼在参加加利福尼亚州举行的关于“公共教育私营化”的公开辩论中，主张要用市场方法来改进公共教育。弗里德曼的主张得到了美国政府的采纳。

简而言之，新自由主义的核心教育理念主要体现在四个方面：教育应该效仿企业实行责任制；引进竞争，实行优胜劣汰；赋予消费者选择的权力；实现教育私营化。

二、新保守主义理论

保守主义在不同的语境下或者不同的历史阶段，拥有不同的含义。但它们的本质是一致的：“保守”即意味着坚持传统、反对激进变革。保守主义一般是相对激进而言的，而不是相对进步而言的。保守主义并不反对进步，只是反对激进的进步，宁愿采取比较稳妥的方式。“保守主义”这个名称本身就是对它所提出的议程的一种诠释，即致力于保存。当然，也可能给予其他诠释。但是人们通常喜欢稍带讽刺地说，保守主义就是永远不要做没有做过的事情。[①] 英国政治家伯克（Edmund Burke）这样描绘欧洲的保守主义传统：尊重传统的秩序，维护既有的等级，要求社会各阶层各安其位、服从权威，把平民主义视为洪水猛兽。保守主义特别垂青社会的“传统价值”，重视维护家庭的形象。

保守主义产生于欧洲，实质上是一种欧洲贵族传统在现代社会的延续。美国本土并没有保守主义的传统。保守主义移入美国后，由于受美国社会文化传统的影响，欧洲的传统保守主义发生了质的变化。美国人富有想象力地将保守与革命和进步联系起来，对保守主义进行了全新的诠释，并将其融入世界新保守主义的洪流中。从思想和文化层面来看，美国的“新保守主义”有两个明显特征：第一，将精英的保守主义变成了平民的保守主义；第二，将保守主义变成了一个相信未来、勇于变革的乐观主义传统。特别是在里根总统执政以后，保守主义逐渐从对人性悲观、对变革

---

① Ted Honderich, *Conservatism, Boulder* , C. O. : Westview Press, 1990, p. 1.

怀疑的传统观念中解放出来，被赋予了全新内涵，开始与革新一起出现。

自20世纪70年代末以来，新保守主义作为一种政治思潮已经逐渐在西方各国的政策指导思想中取得了主导性地位。美国和英国的保守主义复兴均以四种倾向为标志：私有化、集权化、职业化和分化。[①] 新保守主义重视传统、秩序、等级和自由价值，倡导国家观，固守国家主义理念和家长制伦理。新保守主义体现的是国家主义的矛盾统一。它一方面强调国家的重要性，一方面却攻击国家的非中立性和福利国家的缺陷，并以此论证限制政府过度干预的必要性。美国经济学家詹姆士·M. 布坎南（James M. Buchanan）在《自由、市场和国家》一书中阐述了国家的这种“非中立性”。他指出，国家的决策过程实质是一种利益的交换过程，政策是各种利益团体相互博弈、相互妥协的结果，因此，国家政策总是具体体现某些人的特殊利益而非一种真正的国家利益和公共利益，国家是“非中立性”的。在谈到福利政策的失败时，布坎南认为，福利国家奉行的平均主义政策助长了人们的惰性，导致了一场“平等革命”。[②] 因此，必须减少政府对社会生活的干预，以恢复社会的市场秩序。总之，伴随着对各种计划功效怀疑的不断增加，政府对这些计划的财政资助能力和政治能力也在弱化，而不断增长的霸权主义更是助长了小政府、低税率和强调个人和家庭自我独立的保守主义观念，这些观念部分确保了保守政治运动的日益成功。从某种意义上可以说，20世纪是见证了保守主义政府在美国取得胜利的世纪。

新保守主义是一种扩张主义的政治哲学，但在某种意义上，也可以说是一种“激进”的保守主义。目前，新保守主义政治在很大程度上是革新的政治。显然，“不要做没有做过的事情”的保守主义定义已经不能充分解释教育界和其他领域内正在发生的一切。[③] 新保守主义在教育上主张提升国际竞争力和利润，重视强化纪律和对必要的教育条件的提供，梦想着能返回

---

① Andy Green, “The Peculiarities of English Education”, *Education Group* Ⅱ, *Education Limited*, London: Unwin Hyman, 1991, p. 27.

② ［美］布坎南：《自由、市场和国家》，吴良健等译，北京经济科学出版社1988年版，第180－188页。

③ Ted Honderich, *Conservatism*, Boulder, C. O.: Westview Press, 1990, p. 4.

被罗曼蒂克化了的过去的“理想”家园、家庭和学校。[①] 随着新保守主义政治生活的建立，整个社会政治、经济政策从政府干预转向了市场调节，市场经济成员在实现自身利益最大化观念的强烈刺激下，纷纷要求学校转变教育政策的方向，于是，市场逻辑开始在教育理论界异军突起。同样，政府受新保守主义政治思潮的影响，也开始采取一系列措施对教育管理权“去中心化”，实施开放的教育选择，让私人力量介入公立学校办学。

三、新公共管理理论

自20世纪80年代初期以来，美国社会开始推行公共部门的改革。公共部门改革的动因源自于公共部门受到的四个方面的批评：[②] 批评之一是对公共部门“规模”的质疑。批评者认为，政府部门过于庞大的规模势必会浪费掉紧缺的资源。批评之二是政府权力的范围过大。批评者认为，政府介入的活动过多，应该多通过合同的方式让私人参与。批评之三是政府采取的“方法”。反对者指出，政府的官僚主义方法造成了政府部门效率低下，政府需要寻求除官僚体制之外的其他形式的组织方法。批评之四是政府对资源的不合理配置。批评者对通过政府机制实现效益最大化缺乏信心。他们认为，政府机制本质上的缺陷势必无法使资源配置达到最佳的效果。

20世纪80年代初，在对公共部门的一片反对声中，西方国家产生了一种新的公共部门管理模式。这种新的模式也被称为“管理主义”“新公共管理”“以市场为本的公共行政”“后官僚典范”或“企业型政府”。尽管名称有所不同，但它们实质上都是在描述同样的现象：“为实现经济（Economy）、效率（Efficiency）和效果（Effectiveness）的‘3Es’作出的决定性努力”。[③]

“新公共管理”理论首先起源于英国、美国、新西兰和澳大利亚。它

---

① 转引自［美］迈克尔·阿普尔：《文化政治与教育》，阎光才等译，教育科学出版社2005年版，第30－31页。

② ［澳］欧文·E. 休斯著：《公共管理导论》，彭和平译，中国人民大学出版社2001年版，第1页。

③ ［澳］欧文·E. 休斯著：《公共管理导论》，彭和平译，中国人民大学出版社2001年版，第2页。

强调政府职能的转变，并以改变政府垄断公共物品供给的局面为目标。新公共管理的理念是：管理是核心；绩效评估和效率是手段；削减成本是生存之道；利用准市场化和签约促进竞争；在用户付费的基础上促进各机构的协调。总之，“新公共管理”以重视产出目标、限期合同、金钱刺激和自主管理为风格。[①] 美国政治家大卫·奥斯本（David Osborne）和特德·盖布勒（Ted Gaebler）在《改革政府》一书中提出了“企业型政府”这一观点。他们认为，“大多数企业型政府鼓励提供服务者之间的竞争”，“宁可采用市场机制而不是官僚机制。”[②] 新公共管理理论鼓励引入竞争机制，主张用市场的力量改造政府，从而实现提高政府工作效率的目标；强调通过重塑政府与社会的关系，增强政府公务员的管理与服务意识；强调引进工商管理领域的管理经验、原则、方法和技术改造传统的行政管理模式。

新公共管理运动呈现出两种发展趋势：一是公共部门的市场化方向，即将公共活动转入私人部门的趋势；二是公共部门脱离官僚体制的趋势。[③] 总之，新公共管理理论的核心是以弹性的、市场为基础的公共管理方式取代传统公共管理的中的官僚主义的组织方式。

正如许多学者所分析的那样，无论是在公共部门，还是在私人部门，“政府失灵”是一个普遍存在的事实。在传统公共管理体制下，政府是名副其实的自然性垄断者。就学校而言，由于教育管理者和教师缺乏竞争的压力，学校的低效管理是一种常态。当然，在公立学校的改革中，政府与市场的选择并非是非此即彼的选择，而是不同组合的选择。

美国公立学校的改革者认为，国家通过民主的方法对公立学校实施管理的理念已经过时了。由公众对学校进行民主管理的方法应该被一种全新的体系所取代，转而由市场进行间接的管理。丘伯和默曾这样阐释市场的作用：对学校实行传统的民主管理不可避免会培养官僚作风，这必然会扼

---

① ［澳］欧文·E. 休斯著：《公共管理导论》，彭和平译，中国人民大学出版社 2001 年版，第 3 页。

② ［澳］欧文·E. 休斯著：《公共管理导论》，彭和平译，中国人民大学出版社 2001 年版，第 11 页。

③ 陈正明：《政府再造：西方“新公共管理运动”述评——公共管理与政治学系列》，中国人民大学出版社 2003 年版，第 30 页。

杀高效学校所必须拥有的自治。而唯一补救的方法是市场通过自身的特性来培养高效学校的自治。这一点可以进一步通过市场作用下消费者不会花钱购买低效学校产品的现象而得以强化。丘伯和默在《政治、市场和学校》一书中指出，集权官僚是公共教育体系低效的祸根。把学校教育从如此低效的状态下解放出来的唯一办法是摧毁旧的教育体制，以自由择校为基础的全新教育体系代替。丘伯和默认为，设计这种择校体系的重要原则是：公共部门对自身体制的超越……在各州建立一种新的体制，把权力直接赋予学校、家长和学生”。① 按照这个原则，丘伯和默设计了一套新的基于选择的教育体制蓝图。在明尼苏达州通过的第一个特许学校法案中就能找到该蓝图的影子。

第三节　教育质量危机的爆发

创办一种更好的公立学校，让学生接受更为理想的教育，是美国社会对公共教育的普遍期望。公立学校作为体现民主、平等的机构，历来被美国民众视为一剂“万能药”予以认同，尤其是在20世纪60年代的经济繁荣时期更是如此。但自20世纪70年代社会政治经济危机爆发以来，很多公立学校教育效率低下、公立学校官僚化和政治化以及教育不公平的现象日渐严重，致使社会公众的教育需求难以得到满足，家长和师生的挫折感日益加深。正是在这样一种情形下，兴起了20世纪80年代以来的三次教育改革浪潮②，特许学校作为教育改革的重要尝试，在90年代初开始出现。总的来说，导致特许学校出现的直接原因有二：一是社会公众对于公

---

① John E. Chubb & Terry M. Moe, *Politics, Markets and Americana's Schools*, Washington, D. C.: Brookings Institution, 1990, p. 218.

② 美国教育改革家博耶（Ernest L. Boyer）认为，自20世纪80年代以来美国兴起了三次教育改革浪潮。第一次教育改革以《国家在危急中：教育改革势在必行》为蓝本，主要想通过教育体制内的修修补补来达到改革教育的目的；第二次教育改革与第一次教育改革几乎同时兴起，该教育改革虽然认可美国国家教育质量优异委员会对教育问题作出的诊断，但是却拒绝它为教育改革开出的药方；第三次教育改革是由形形色色的改革倡议汇聚而成的一场运动，这场教育改革运动没有主流思想，而是以多样性为显著特征。

立学校系统和现状强烈不满；二是满足社会公众多样化的教育需求。

一、公立学校教育质量低下

在美国，有近九成的学生在公立学校接受教育。公立学校教育质量的好坏与美国社会的未来与前途息息相关。然而，公立学校质量低下的状况似乎让其难以担当此重任。它们的表现差强人意，以至于美国社会民众一提到公立学校便会联想到暴力、毒品、帮派和青少年妈妈。

20 世纪 60 年代末以后，公立学校管理体制僵化、教育质量低下等问题日益呈现在美国公众面前。公立学校教育质量低下的问题不仅激发了美国政府的紧迫感，而且也引来了美国公众的强烈不满。《纽约时报》1988 年的一项全美民意调查显示，有 39% 的美国人认为公立学校正变得越来越糟，城市中的公立学校问题越发尖锐，美国人对公立学校的信心处于极度下滑的时期。据美国权威的盖洛普民意调查显示，民众对公立学校的信任度在 20 世纪 70 年代平均能维持到 55.0%，20 世纪 80 年代这一平均率下滑到了 44.4%，到 20 世纪 90 年代初的时候，此平均信任度已经降到了 44% 的波谷。由此可见，美国公众对公立学校的信心正经历着一个急速下降的过程，10 年时间内，从 1973 年高峰期的 58% 跌至 1983 年低谷期的 39%。这种急速下降直接催生了 1983 年国家教育质量优异委员会发表的《国家在危急中：教育改革势在必行》报告。

表 1－3－1　对公立学校的信心：很有信心或者相当有信心的百分比（1973—1991）

年份	百分数（%）	年份	百分数（%）
1973	58	1983	39
1975	N. A.	1985	48
1977	54	1987	50
1979	53	1989	43
1981	42	1991	44

（说明：N. A. 表示该年未作统计。　资料来源：Tom Loveless, "The Structure of Public Confidence in Education", *American Journal of Education*, Vol. 105, 1997, pp. 127－149.）

一般来说，公立学校教育质量低下主要表现在：学生在校学习时间普遍偏少，每年仅为180天；学校教育资源浪费惊人，核心学科教学质量不高，学生的读、写、算的能力较差；学校不能很好地满足学生的兴趣、爱好的发展要求；在美国国内重大考试中学生的分数令人失望，在国际竞赛中学生的表现更为糟糕；少数族裔学生的教育成绩普遍偏低；教育对经济的推动作用不够明显；贫富之间收入差距的加大以及每个学生的开销日益增长等等。这些都使得一些具有新意的教育思想、方法、手段以及课程无法在公立学校体制内施行。

一份又一份的成绩评核报告指出，美国公立学校学生的知识水平每况愈下。在高等学校委员会举行的中学生能力测验中我们发现，1963—1980年公立学校学生成绩在不断下降，语言能力平均下降了50分，数学下降了40分。[①] 1989年，美国联邦教育部的一项对全美140万名中小学生（9—17岁）的基本技能课成绩的调查结果显示，17岁的美国学生的基本技能虽然有所提高，但问题仍然存在。其中，有61%的学生看不懂他们在初中、高中时所学的教科书中的较为复杂的课文和报刊文章；有59%的学生不会运用所学的知识去阐释教科书中较为复杂的课文或段落；有49%的学生对小数、分数、几何及代数的知识一窍不通，他们不能用这些数学知识来解答基本的数学问题。[②]

学生精神与道德危机也很严重。据1989年的调查，在1988—1989学年，全国69万名高中生中有22.3万人，即多于三分之一的人每天或每周吸食一次可卡因，高中生吸毒成瘾的人达4.6%。[③] 暴力事件层出不穷。据统计，在中小学校园中每年平均发生约100起凶杀案、900起强奸案，受害学生高达300万人。[④] 1988年《儿童》杂志的一次民意调查表明，鉴于公立学校质量低下的问题，有51%的家长更愿意将自己的孩子送到私立学校而不是公立学校。特别是在1970—1988年期间，在私立学校入学率增加了1.8%的同时，公立学校入学率却下滑了17%之多。雇主和大学抱怨说，

---

① 商继宗：《中小学比较教育学》，人民教育出版社1989年版，第89页。
② 吴中仑：《当今美国教育概览》，河南教育出版社1994年版，第89页。
③ 吴中仑：《当今美国教育概览》，河南教育出版社1994年版，第83页。
④ 吴中仑：《当今美国教育概览》，河南教育出版社1994年版，第92页。

公立学校学生知识质量与学历水平偏低，高中毕业生中不会读写或者数学学得不够好的人比比皆是，这为这些学生的就业造成了障碍，也阻碍了他们的继续深造。很多大学为了改善这一状况，不得不设立专门的机构为大学生补习中学的课程。

表 1-3-2　私立学校学生注册率的百分比（1960—1994）

年份	私立学校注册率（%）	年份	私立学校注册率（%）
1960—1969	12.6	1980—1989	12.1
1970—1979	10.3	1990—1994	11.2

（说明：百分数代表着每十年的百分比数。　资料来源：美国国家教育统计中心（NCES）1993 年的统计数据。）

据相关统计显示，在波士顿、芝加哥、纽约等拥有庞大公立学校系统的大城市，公立学校的辍学率已经达到了40%，并且常常随着年代、性别、种族的不同而发生相应变化。以公立学校为主体的学生辍学率虽然在总体上呈现下降的趋势，但是就黑人和西班牙裔的辍学率而言，特别是西班牙裔学生，除了百分比明显高于白人以外，还呈现出了逐年攀升的反常趋势。女性辍学率除了在 1967 年、1970 年和 1975 年略高于男性以外，从 1980 年到 1991 年这段时期都略低于男性。

表 1-3-3　中学在 16—24 岁之间的学生辍学的百分比（1967—1991）

年份	所有的人	性别		种族/民族		
		男	女	白人	黑人	西班牙人
1967	17	16.5	17.3	15.4	28.6	—
1970	15	14.2	15.7	13.2	27.9	—
1975	13.9	13.3	14.5	11.4	22.9	29.2
1980	14.1	15.1	13.1	11.4	19.1	35.2
1981	13.9	15.1	12.8	11.4	18.4	33.2
1982	13.9	14.5	13.3	11.4	18.4	31.7
1983	13.7	14.9	12.5	11.2	18	31.6
1984	13.1	14	12.3	11	15.5	29.8
1985	12.6	13.4	11.8	10.4	15.2	27.6
1986	12.2	13.1	11.4	9.7	14.2	30.1

续表

年份	所有的人	性别		种族/民族		
		男	女	白人	黑人	西班牙人
1987	12.7	13.2	12.1	10.4	14.1	28.6
1988	12.9	13.5	12.2	9.6	14.5	35.8
1989	12.6	13.6	11.7	9.4	13.9	33
1990	12.1	12.3	11.8	9	13.2	32.4
1991	12.5	13	11.9	8.9	13.6	35.3

（说明：这里的辍学是指那些不在学校注册和中学没有毕业的人。资料来源：美国国家教育统计中心（NCES）1995 年统计数据的第 101 号表格。）

克服公立学校教育质量低下问题的最大障碍是教育支出与教育成就之间始终难以成正比。据调查，1974 年至 1991 年间美国的教育支出（扣除通货膨胀的因素）以每年 2% 以上的比率递增，共增长了 50%。[①] 而在 1970 年至 1992 年间举行的国家统一测试（the National Assessment of Educational Progress）中，中小学生的数学与阅读两科平均成绩却只取得了很少的进步，并且这些进步主要集中在小学阶段。中学阶段的数学成绩在这 20 年间没有丝毫增加反而呈现出下降的趋势，而科学成绩在中学和小学的所有年级都呈下降趋势。这表明，公立学校系统越来越缺乏效率。据澳大利亚经济学家埃里克·A. 汉纳谢克（Eric A. Hanushek）估算，自 20 世纪 70 年代以来，美国学校的生产性（productivity）以每年 2.5%—3% 的速度递减。[②]

造成公立学校的教育质量低下的原因相当复杂，其中以政治环境对公立学校质量的制约作用最为明显。这里所指的政治环境，包括政策因素以及政客们的官僚化作风和政治化倾向。

就政策因素而言，造成公立学校教育质量低下的原因，首先是传统公立学校受到官僚式科层结构的制约；其次是公立学校普遍缺乏应有的自主权，特别是在培养目标、用人制度、教材安排、课程设置、教学形式和师

① Helen F. Ladd, *Holding Schools Accountable: Performance – Based Reform in Education*, Brookings, 1996, pp. 2 – 3.

② Eric A. Hanushek, "The Productivity Collapse in Schools", *Wallis Working Paper* 8, December 1996, p. 18.

资配备等方面尤为明显；再次是公立学校在“就近入学”政策的庇护下消极度日。传统公立学校几乎是在一种完全垄断的情况下运行的，政府经费每年都会按时下拨，不用担心招不到学生，也不存在被关闭的危险。在花公家钱的心态下，学区职员严重缺乏竞争意识，不注意如何善用资源，也没有改善教学质量的原动力，一切按部就班，按本子办事。理论上，学校对家长负责，但实际上却无法实现。这就造成了教育管理体制僵化和教育质量低下的问题始终没法得到解决，最终导致公立学校面临破产和被接管的命运。

家长、政客和教师大多将公立学校的失败归咎于学区和州教育局的官僚主义管理作风。这种官僚主义作风具体表现为：繁琐的教育条例、州教育委员会的政治化、对州教育委员会的争夺和企图控制公立教育预算等方面。以加利福尼亚州为例，加州的教育条例共 11 册，厚 6000 余页，重达 36 磅，而且每年还不断加添。教师和学校行政人员投诉说，繁琐的条例和诸多的限制令学校变得被动，让他们无法根据实际情况来管理学校和学生。他们认为，庞大的管理机构和政治化的趋势耗费了大部分的教育经费，却对改善学生的素质毫无帮助。

州教育委员会的政治化倾向也令学区不能大刀阔斧地进行改革。教育委员会的委员虽然是民选的，但在他们身后却有利益集团的支持。由于利益集团代表的利益非常多元化，有的代表某一族裔，有的代表同性恋者，有的代表自由开放派，有的代表宗教保守派，这就致使教育委员会的委员们在考虑教育问题时不能以全体学生的利益为依归。他们往往先为某个人的信念和所代表的利益团体着想，鲜能考虑周全。

州教育委员会会议成为政治派系斗争的战场，在这样的制度下想要彼此同意一套教育改革方案的机会是微乎其微的。公立学校校服便是一个很好的例子。每一个老师都知道时下的学生以服饰为帮派的识别记号，穿着欠妥的服饰不光影响美观，而且还极有可能招来杀身之祸，所以，个别州政府开始要求公立学校学生穿校服。但无事不反对的美国自由正义联盟，指责这是侵犯学生的言论自由，并向法庭挑战这些法案，结果推迟了法案获得通过的进程。试想连穿校服这样简单的事情都难以达成共识，更何况教育改革。单是讨论就得花上三五年时间，到最终落实执行又不知是何年何月的事了。所以，美国的教育改革理论虽然比任何国家都要多，但真正能应用到日常学校运作中的却少之又少。

由于公立学校拥有州和地方政府下拨的丰厚预算经费，这令许多政治家垂涎三尺，他们纷纷将目光移向了公立学校。这一点以纽约州的公立学校系统最为典型，年预算达81亿美元的纽约公立学校系统成为政治斗争的角力场。1993年，纽约公立学校前总校长法兰扎因保守派人士指责他支持在公立学校搞同性恋而辞职。接替他的是有着丰富公立学校行政管理经验的旧金山市前学区学监——柯丁尼斯。但好景不长，柯丁尼斯也因不肯配合朱利安尼市长控制学区的无礼要求而在上任不到2年的时间内自动离职。纽约公立学校系统是全美最大的学区，也是最难管的学区。学区急需的是明确的改革方向和有效的行政管理，但因政治斗争，不到3年便换了3次总校长，这使得学区的多项公立学校改革无法贯彻执行，学生成为了无辜的牺牲品。

由于在政治角逐中耗费了太多的精力，公立学校的质量不但没有提高反而逐年下滑。在这种情形下，人们希望能创造一种新型的公立学校以克服传统公立学校的弊端。这种新型学校一方面能为教师积极参与教育改革创造条件，使许多具有创新意识的教育思想和方法能在学校的教学活动中得以实施；另一方面可以让更多的学生接受更为理想的教育，满足人们对教育高质量的需求。绝大多数特许学校正是在这种情形下创办起来的。

二、教育不公平的现象严重

自20世纪七八十年代以来，教育公平在西方发达国家那里被赋予了新的内涵。教育机会均等已经不能满足西方国家对于教育公平的追求，他们在教育机会均等的基础上开始追求教育条件和教育效果的均等，强调教育应该提供适合的教育方式，使每个人都能得到充分发展，使每个人都能发展到最好，教育应该以满足个人多样化和个性化的需求为最终使命。美国传统公立学校显然已经不能够满足社会对教育公平的期望与追求。

导致教育不公平日益严重的原因，主要表现在以下三个方面：

一是教育资源分布的严重不均衡导致的教育不公平。公立学校的资金来源包括三部分：联邦资金、州资金和地方资金，其中地方资金是公立学校资金的主要来源。地方经济发展的贫富不均是造成地方教育经费投入差距的主要原因。这一问题在 20 世纪 60 年代表现得尤为突出，20 世纪 70 年代和 90 年代虽然随着联邦资金和州资金的注入使这一状况有所缓解，资金投入百分比也有所增加，但由于地方资金在公立学校主要资金来源中所占的地位不可更改，使得想从根本上解决教育资源分布不均问题的愿望难以实现。从下表可以窥见一斑：

表 1－3－4　美国公共教育资金来源：联邦、州和地方的权限（1959—1995）

学年	联邦资金和百分比	州资金和百分比	地方资金和百分比
1959—1960	651.639 百万美元（4.4%）	5.768 亿美元（39.1%）	8.327 亿美元（56.5%）
1979—1980	9.504 亿美元（9.8%）	45.349 亿美元（46.8%）	42.029 亿美元（43.4%）
1994—1995	18.582 亿美元（6.8%）	127.720 亿美元（46.8%）	126.836 亿美元（46.4%）

（资料来源：Bruce S. Cooper, Lance D. Fusarelli, E. Vance Randall, *Better Policies, Better Schools: Theories and Applications*, New York: Pearson Education Inc, 2004, p. 242.）

在美国，各地房地产价格差别很大。房地产税作为地方资金的主要来源，加剧了教育资源的分布不均。各州生均教育经费支出最高水平与最低水平之间的差距扩大到了近 2.6 倍。下表展示了经费投入最高的 5 个州和最低的 5 个州之间的差别。

表 1－3－5　美国学生平均经费最高和最低的州（单位：美元）

<table>
<tr><th colspan="2">10 个州和特区</th><th>调整后的 1994—1995 年度学生平均经费</th><th>调整后的 1959—1960 年度学生平均经费</th></tr>
<tr><td colspan="2">全国学生平均经费</td><td>5988</td><td>1920</td></tr>
<tr><td rowspan="6">经费排名前5名的州</td><td>1. 新泽西</td><td>9774</td><td>1984</td></tr>
<tr><td>2. 纽约</td><td>9623</td><td>2875</td></tr>
<tr><td>哥伦比亚学区</td><td>9335</td><td>2207</td></tr>
<tr><td>3. 阿拉斯加</td><td>8963</td><td>2797</td></tr>
<tr><td>4. 康涅狄格</td><td>8817</td><td>2232</td></tr>
<tr><td>5. 罗德岛</td><td>7469</td><td>2116</td></tr>
</table>

续表

10 个州和特区		调整后的 1994—1995 年度学生平均经费	调整后的 1959—1960 年度学生平均经费
全国学生平均经费		5988	1920
经费排名后5名的州	1. 阿肯色	4459	1153
	2. 阿拉巴马	4405	1234
	3. 爱达荷	4210	1483
	4. 密西西比	4080	1054
	5. 犹他	3656	1651

（说明：以 1959—1960 年和 1994—1995 年两次调整后的美元为标准。 资料来源：Bruce S. Cooper & Lance D. Fusarelli, E. Vance Randall, *Better Policies, Better Schools: Theories and Applications*, New York: Pearson Education Inc, 2004, p. 254.）

二是种族歧视与隔离导致的教育不公平。芝加哥大学教授詹姆士·S. 科尔曼（James S. Coleman）认为，在学区基础上建立的美国公立学校事实上比私立学校更隔离。他将此归因于种族和社会经济分层。他指出，大部分低收入家庭和少数民族家庭由于种族和经济的关系，通常只能选择在那些教育资源少、教育质量差的地区居住，如内陆城市和贫困乡村地区。

三是学生接受教育过程中事实上的不公平。这种不公平主要体现为教育不能满足学生日益多样化的教育需求。由于公立学校实行“就近入学”政策，导致大部分学生没有自由选择学校的权利。自由选择学校只是少部分高收入家庭的学生的事，只有他们可以选择私立学校或其他学区的学校，除此以外，大多数家庭的学生一般只能在学区指定的公立学校就读，学生日益多样化的教育需求显然无法得到满足。

三、家长以及师生的挫折感

家长、教师和学生的挫折感是导致特许学校出现的教育背景因素之一。特许学校运动最大动力之一是公立学校中来自不同种族团体、文化和社会经济阶层的学生、家长和教师所经历的挫折。

虽然家长们都渴望为他们的孩子提供可能的最好教育，但对什么是“可能的最好教育”不同人却有不同的观点。在公立学校中，家长的挫折感主要来源于 4 个方面：首先，家长们没有真正感受到他们是教育过程的一部分。相反，他们常常感到自己被排除在教育决策过程之外。他们感觉到自己只是局外人，不能主动与人交流而只是被动地接受别人的交流。其次，家长们没有感受到学校对他们的普遍尊重和受到平等对待。他们常常为不能和教师建立起有效联系而苦恼。据美国教育改革者黛博拉·迈耶（Deborah Meier）的调查[①]，大城市学校管理者和人事人员的冷漠态度颇让家长产生挫败感。另外，城市公立学校的恶劣现状、庞大规模以及在学校内经常发生的非个性化的学习也让家长颇有挫折感。再次，家长们对公立学校的犯罪和暴力场面以及糟糕的安全状况感到忧心忡忡。最后，家长们对公立学校在教学中长期缺乏创新极为不满。迈耶指出，家长在孩子接受的教学类型、核心课程和所获得的知识方面倍感挫折。许多非白人家长指出，许多公立学校使用的教学策略不能在材料上包含多元文化和种族成分的内容，并且在教材的编写中也常常表现出歧视社会低经济收入阶层的思想。

迈耶将传统公立学校比喻为“巨大工厂模式下进行官僚主义控制的机器”，家长所经历的挫折在于官僚机构不愿意把所有权给家长、教师和学生。总之，缺乏教育革新、非人本主义、歧视不同种族和社会经济阶层的人、不充足的教学策略、学校暴力和课程权威输入的缺乏，这一切交织在一起构成了家长对传统公立学校的挫折感。而对于该怎样做才能克服家长的挫折感，美国教育委员会提出了自己的建议。1988 年，美国教育委员会发表一份报告指出：教育改革的努力会提高内城高中学生的学术成绩；有必要“在社区外有目的地建立起与家长、社区组织、私营部门、学院和大学以及社会服务机构的伙伴关系，以便扩展对学校有用的资源，为公共教育建构更广泛的选民群体，赋权给家长和社区以及创造学校外工作和中学后教育的机会。”[②]

许多教师在现行的公立学校系统中经历了深深的挫折感，普遍表现出对公立学校僵化管理体制的不满，他们埋怨大量时间被毫无意义地浪费在会议性事务上。许多教师认为，学校既没有为他们提供教育领导权，也没有明文规定学生应该做什么和教师应该知道什么。许多教师指出，规模庞

---

① Danny Weil, *Charter Schools: A Reference Handbook*, pp. 16 – 18.

② Danny Weil, *Charter Schools: A Reference Handbook*, p. 17.

大的公立学校有着不必要的官僚主义体系和不能对挑战作出回应的教育系统，因而难以接受教育改革和创新。和家长们一样，教师们也认为，班级的巨大规模使教师的教学和学生的学习同时变得困难，并且使之成为不可能实现的任务。[①] 一项国家研究发现，这样的挫折感不仅存在于城市学校中，农村学校也有着同样的情况。尽管农村公立学校有着较小的班级规模，但研究发现，由于在学习中采用官僚主义的管理和思维方式，使得农村学校形成了一种机械化的、非人本主义的氛围。

和家长的看法一致，教师也承认非人本主义的管理和不充足的教学策略同时出现会降低公立学校的效率，使得教师缺乏教育和专业发展的机会。[②] 在相当长的一段时间内，公立学校教师常常哀叹，他们既没有时间和学生一起规划学习，也没办法和其他教师一道探讨合作事宜。

学生们也表达了他们在传统公立学校所经受的挫折感。学生的挫折感主要来源于对学校暴力、学校课程和教师的不满。许多学生认为在巨大的、非人性化的、工厂式的公立学校里，教师既不关心他们，也对他们的学习能力没有信心。对许多学生来说，教师根本就不信任他们。归纳起来，学生对传统公立学校的挫折感集中体现在 8 个方面：教育官员更关心给家长留下的印象，而对公立学校诸如暴力这样的问题视而不见；学校被犯罪充斥着，走廊也被犯罪团伙控制着；学生的文化历史背景不能被认识到；教师不关心学生；管理人员不为学生服务；学业标准需要提高；班级规模太大，太拥挤；课程枯燥且重复。[③]

虽然在传统公立学校中家长、教师和学生的挫折感正日渐增加，但是人们相信，特许学校拥有的小规模、独立于官僚系统、更多自治权等特征，能够抚平教师、家长和学生的挫折感。

四、《国家在危急中》的发表

1983 年 4 月，美国国家教育质量优异委员会起草了《国家在危急中：

---

① Danny Weil, *Charter Schools: A Reference Handbook* , pp. 21 – 22.

② Henry A. Giroux, *Teachers as Intellectuals: Toward a Critical Pedagogy of Learning* , Granby, M. A.: Bergin and Garvey, 1988, p. 42.

③ Danny Weil, *Charter Schools: A Reference Handbook* , pp. 26 – 27.

教育改革势在必行》报告。该报告指出了美国教育的严重问题和面临的严峻挑战，拉开了20世纪80年代美国教育改革的序幕。如果说以前的教育改革都是政治因素促成的话，那么，这一轮教育改革的背景则是全球化、知识经济以及日益激烈的国际竞争。

在经济方面，20世纪80年代以后，美国人警觉地发现自己在经济方面面临着"大萧条以来又一次最严重的衰退时期"，感到国家正"处于危急中"。美国大工业在世界竞争中一个接一个地衰落，工业生产连续15年下降。首先，日本的汽车生产效率超过美国，并且对产品开发和出口有政府津贴；接着，韩国建造了世界上最有效率的钢铁厂；然后，一度被美国人引以为骄傲的机床在世界市场上的份额被德国产品所取代。美国的商业、工业、科学和技术创新这些往日摇摇领先的领域，正受到来自世界各地竞争者的挑战，优势几乎消失殆尽，并有着被竞争者迎头赶上的趋势。

在教育方面，20世纪50年代前苏联人造地球卫星的上天令美国人震惊，他们意识到国家的安全和经济活力正面临着巨大威胁。在这样的情形下，美国于1958年颁布了《国防教育法》，其目的是为了推进提高学业成绩的教育改革。但是在《国防教育法》施行的过程中，紧迫感逐渐减弱，改革的焦点也偏离了学生的学业成绩。学生的学术性向测验成绩（SAT）在1964年达到最高点，随后逐年下降，到1983年《国家在危急中》问世的时候达到最低点。[①] 一些旨在解决种族隔离问题、满足残疾青少年需要、为贫困家庭子女提供补偿教育以及为移民子女提供双语教育等心怀好意的努力逐渐掩盖了学生的学习成绩问题。这些改革措施非但没有使学校走向好的方面，相反却使学校陷于各种繁文缛节之中，使争斗之风盛行。另外，由于教师组织宣称拥有集体谈判和罢课的权利，这让他们拥有了以往没有过的权力，而其他利益集团和僵化的官僚体制也使得公共教育的变革变得更加困难。由此可见，由前苏联人造卫星上天引发的针对教育系统的改革努力明显丢失了促进学生学业成绩提高的重点。

在文化方面，美国向来有着重视教育的传统。美国人从总统到一般民

---

① 吕达、周满生主编：《当代外国教育改革文献（美国卷）》第四册，人民教育出版社2004年版，第335页。

众对教育的重视、慷慨和期望值都很高。在国家教育质量优异委员会首次开会的时候，里根总统就特别指出了教育在美国生活中的极端重要性。他认为，在美国社会生活中，学校和学院对于社会、民众和家庭是至关重要的。里根的看法基本上反映了美国一般民众的看法，据1982年的盖洛普民意测验结果显示，大部分美国人认为，美国未来的实力要建立在教育的基础上。在美国普通大众的眼中，教育是最为重要的事情，它的重要性甚至超过最好的工业体系或最强大的军事力量。84%的被调查者认为，“教育制度是未来强大的美国的最好保证”，而选择工业制度、军事制度的分别只有66%和47%。公众普遍认为，联邦政府应该优先考虑公共教育的追加拨款。在美国公众眼中，教育象征着“美满的生活”；教育意味着“进步”和“文明”；教育是实现国家强大经济和安全的基础。[①]

面对美国教育的日渐平庸和教育梦想的难以实现，美国人从心底发出了“国家在危急中：教育改革势在必行”的呐喊。在这样的背景下，1981年秋，联邦教育部部长T. H. 贝尔（T. H. Bell）发起并组织了“全国教育质量优异委员会”。该委员会由18位美国教育界、企业界和社会知名人士组成，主席是犹他大学校长大卫·P. 加德纳（David P. Gardner）。其主要任务是调查美国教育质量问题，并提出改进建议。经过对美国中小学教育质量的近20个月的调查，该委员会于1983年4月下旬向白宫提交了一封致美国人民的公开信：《国家在危急中：教育改革势在必行》。这是一份宣布美国教育制度未能满足国家需要的报告。

国家教育质量优异委员会评估美国公立和私立中小学、学院和大学的教学质量；比较美国与其他发达国家的学校；研究大学入学标准与中学学习成绩的关系；发现在学术方面取得成功的教育计划典型；评述过去25年里社会和教育的重大变化在多大程度上影响了学生的成绩以及确定为取得优秀教育质量所面临和必须克服的困难等六大主题为调研对象，并围绕着内容、期望、时间和师资这四方面整理调研的成果和提出了自己的合理性建议。

---

① 顾明远、梁忠义主编：《世界教育大系·美国教育》，吉林教育出版社2000年版，第243页。

在教育内容方面，根据1964—1969年间学生修习的各种类型的学程与1967—1981年间各类学程的比较，得出有关课程内容现状的结论如下：[①]

中学课程均匀、浅显、分散，不再有一个中心目标。课程都是自助餐式的，学生容易误把开胃菜和甜点当主菜。修习普通轨学业计划的学生百分比从1964年的12%增加到1979年的42%；普通轨学生修习的学分，25%是体育和卫生教育、校外工作经验、补习英语和数学，以及个人服务和发展学程，如成年生活和婚姻训练等；中学毕业生修完中等代数的人只占31%；修完法语的只有13%；修完地理的只有16%；修完微积分的只有6%。

为此，调研报告提出加强州和地方中学毕业要求的建议如下：[②] 起码应规定所有要得到文凭的学生，在中学的最后4年中要修习下列课程，在5种新的基础训练方面打下基础：A. 英语4年；B. 数学3年；C. 自然科学3年；D. 社会科学3年；E. 计算机科学半年。除此之外，对要上大学的学生，应该再学2年外语。

在教育期望方面，主要指标有：分数、毕业要求、考试、大学入学要求、教材难度等。所谓教育期望，是指学校和学院毕业生应具备的知识、能力及技能的水平。此外，也包括学生取得好成绩所必需的时间、勤奋、行为、自律和动机。在教育期望方面现存的不足在于：[③]

在学生平均成绩持续下降的同时，中学高年级学生家庭作业量却减少了，2/3的学生报告每晚学习不到1小时；其他许多工业化国家中学生学习数学和自然科学的课时是美国学生的3倍；1980年，35个

---

① 瞿葆奎主编：《教育学文集·美国教育改革》，人民教育出版社1990年版，第601页。

② 瞿葆奎主编：《教育学文集·美国教育改革》，人民教育出版社1990年版，第606页。

③ 瞿葆奎主编：《教育学文集·美国教育改革》，人民教育出版社1990年版，第602页。

州只规定中学生修习一年数学，36个州只规定修习一年科学；有13个州规定中学毕业学分的一半或一半以上，可以通过选修课获得；四年制公立学院的1/5必须接受本州内每个中学毕业生；出版商把大量的教科书编写得浅而又浅。过去15年中教科书开支压缩了50%。

调研报告提出的改进建议是：[①] 学校、学院和大学对学业成绩和学生操行应该采取更严格的可测量的标准，提出更高的期望；四年制学院和大学要提高录取要求。

在学习时间方面，调查报告发现：[②]

在英国和其他工业化国家，学术性中学的学生每天在校学习8小时、每年220天；而典型的美国学日是6小时，学年为180天。在许多中学，学生花在烹饪和驾驶课上的时间与花在学术性课程上的时间一样多。在大多数学校里，学习技能的教学是任意的、毫无计划的。结果，许多学生读完中学进入大学时，并不具备训练有素和系统的学习习惯。

因此，调查报告提出建议：[③] 要把更多的时间用于学习新的基础科目，更有效地使用现有学日，延长学日或学年（7小时的学日，200—220天的学年）。

在师资方面，存在的问题主要有：[④]

有太多的教师来自排名在后四分之一的高中毕业生和大学生；在

① 瞿葆奎主编：《教育学文集·美国教育改革》，人民教育出版社1990年版，第609页。

② 瞿葆奎主编：《教育学文集·美国教育改革》，人民教育出版社1990年版，第604页。

③ 瞿葆奎主编：《教育学文集·美国教育改革》，人民教育出版社1990年版，第611页。

④ 瞿葆奎主编：《教育学文集·美国教育改革》，人民教育出版社1990年版，第605页。

新聘用的数学、科学和英语教师中有一半以上没有取得所教科目的执教资格；教师待遇偏低，教师的专业权力很小；教师虽然总体过剩，但是在数学、科学、外语等核心学科却出现了教师严重缺乏或不能胜任的状况。

调查报告针对教育实践中的上述弊病提出了7个方面的改进建议。主要有：[①] 要求新教师达到较高的教育标准（包括教学性向和学科能力）；通过区分新教师、有经验的教师和骨干教师的不同层次，建立合适的教师职称制度；为弥补核心科目教师的短缺，可大量雇用合格的但不一定拥有教师资格证的教师；加大补助和贷款的力度，吸引优秀学生加入教师队伍。

《国家在危急中：教育改革势在必行》这一报告尽管字数不多、新意不够、内容也一般，但由于其权威性以及把教育和工业竞争力、民族精神、国家前途联系起来的方式，一经发表便取得了振聋发聩的效果，被认为是美国教育史上里程碑式的报告。[②]

在《国家在危急中：教育改革势在必行》报告的直接影响下，出现了两派相互对立的学校革新观：一派认为，要在固有的教育体制内部做文章，力图通过制定更加严格的标准，提供更多的资助来实现教育变革；另一派认为，要向现存的教育体制挑战，要以竞争为基础的市场模式驱动更多选择。这两种截然不同的教育革新观相互之间的争斗，给教育实践造成了十分混乱的局面。美国教育学者欧内斯特·L. 博耶（Ernest L. Boyer）认为，由这两种不同的学校改革观造成的混乱和冲突，无论怎样说都不夸大其词。[③]

《国家在危急中：教育改革势在必行》不仅在理论上实现了教育观念的更新，而且在实践上也引发了20世纪80年代开始持续至今的三次教育

---

① 瞿葆奎主编：《教育学文集·美国教育改革》，人民教育出版社1990年版，第611－612页。

② 顾明远、梁忠义主编：《世界教育大系·美国教育》，吉林教育出版社2000年版，第249页。

③ ［美］欧内斯特·L. 博耶：《关于美国教育改革的讲演1979—1995》，涂艳国、方彤译，教育科学出版社2002年版，第46－49页。

改革，特许学校运动也因此催生出来。

第一次教育改革的努力是以《国家在危急中：教育改革势在必行》为蓝本的。这场运动的领导人接受了报告的结论：唯有增强现在的教育制度才有可能取得优异的教育业绩，只有从教育体制内部才能寻找到教育革新的主导力量。在这一理念下，要求更多的基础教育、更多的家庭作业、更优秀的教师、更严格的毕业要求以及更多的资助也就成为这场改革的主旋律。

闻风而动的北卡罗来纳和密西西比两州毫不走样地套用了这个模式，州长詹姆士·亨特（James B. Hunt）和威廉·温特（William Winter）明确地把经济的发展和教育的发展联系起来。随后，迪克·赖利（Dick Riley）、比尔·克林顿（Bill Clinton）、汤姆·基恩（Tom Kean）、拉默·亚历山大（Lamer Alexander），以及其他一些精力充沛、奋发有为的州长也都在各自的州内竞相点燃教育改革的火花，从而形成了一次取得显著成就的教育改革运动。①

20 世纪 80 年代后期，以州为基础的教育改革运动在遭受经济衰退的沉重打击后开始衰落，并导致了学校的经费预算被削减、任期内教师失去工作的最终局面。这次教育改革运动的一个显著特征是由各州州长领导，而这些州长都胸怀一个共同信念，即公立教育尽管存在这样或那样的问题，也依然具有自我恢复的能力。

第二次教育改革运动与第一次教育改革运动几乎同时兴起。但与第一次教育改革运动不同的是，第二次教育改革运动虽然认可国家教育质量优异委员会对教育问题作出的诊断，但是却拒绝它为教育改革开出的药方，认为开出这种“药方”既过于怯懦又过于轻率。

第二次教育改革运动的方针是以里根总统在《国家在危急中：教育改革势在必行》发表后即刻作出的公开讲演为标志。里根承诺，政府将在以后几个月继续力争使国会通过学费税收减免、教育储蓄账户、校内自愿祷告、撤销国家教育部等议案。这些话使参与大会的听众迷惑不解，因为刚

---

① ［美］欧内斯特·L. 博耶：《关于美国教育改革的讲演 1979—1995》，涂艳国、方彤译，教育科学出版社 2002 年版，第 46－49 页。

刚发表的报告对上面的问题只字未提。显而易见，里根总统断定，必须从教育体制外部而不是内部去寻找教育革新的灵丹妙药，强调发挥“看不见的手”——市场竞争和“看得见的手”——政府计划在教育管理中的协调作用。

20 世纪 80 年代以来，美国开展的两次教育改革都是在公众的强烈要求下，在公共事业市场化取得若干成就以及政府的极大关注和支持下完成的。它们为 20 世纪 90 年代至今的第三次教育改革营造了积极有利的外部氛围。第三次教育改革运动实际上是由独立的教育家和社会活动家领导的，并由形形色色的改革倡议汇聚而成的一场运动。这次教育改革运动没有一个主流思想，是以多样性为显著特征的。特许学校运动正是其中的一种改革思路与实践。

第四节　特许学校运动的前奏

特许学校运动作为美国当代公立学校改革的一个重要组成部分，其产生并不是无源之水，无本之木，它的兴起与美国的择校运动有着千丝万缕的联系。从一定意义上可以说，特许学校运动本身就是择校运动的一部分。

美国社会学者布鲁斯·富勒（Bruce Fuller）对择校运动做了一个形象的比喻。他认为，择校运动“来自于一次保守派们对个人私利的追求与改革派对低效的公立学校系统的失望之间的奇怪“联姻”。[①] 他将特许学校改革思想的根源追溯到 20 世纪 60 年代的“民权”运动时期的赋权意识。20 世纪 80 年代后，出现了一种新的更加激进的赋权观念。该赋权观念一出台立刻就引起了教育界的重视，并得到社会主流的认可，该观念认为，赋权的条件为“父母们获许自由退出占主导地位的机构——即他们被分配

① Bruce Fuller, “The public square, big or small? Charter schools in political context”, in *Inside Charter School*, Bruce Fuller, Harvard University Press, 2000, pp. 12 – 16.

去的就近学校之时”。[①] 具体来说，特许学校作为一项教育改革措施之所以能够出现，与美国20世纪80年代兴起的几项教育改革运动密切相关，其中以可选择学校运动和校本管理运动对它的影响最为深远。具体来说，可选择学校运动的充分发展为特许学校运动提供了“选择”这一基本元素，使特许学校得以生存下来；校本管理运动为特许学校运动提供了一种学校内部管理模式，使特许学校想要获得充分自治的愿望成为可能的现实。一句话，可选择学校运动和校本管理运动共同为特许学校运动的产生孕育了良好的氛围和制度环境，成为特许学校运动的铺垫与前奏。

一、可选择学校运动（Alternative Schools Movement）

在20世纪60年代以前，选择在美国公立教育中几乎是不存在的。当时的选择只是对那些天才和成就突出的学生开放，为他们兴办特殊学校以供其选择。但是不管怎么说，这些学校的选择是十分有限的。数量少和入学条件的限制造成了这种有限性。其他的选择学校，则主要包括职业学校和那些雇用未成年人的继续教育项目。但是，那些对职业和训练不感兴趣的普通学生在传统公立学校内或者即使是在职业学校之间却不能进行选择。学生通常只能按照他们的居住地被分配到附近的学校就读，统一采取“就近入学”的原则。[②]

20世纪60年代末，自约翰逊总统提出“向贫困开战”的“伟大的社会计划”后，中小学教育遂成为“伟大的计划”中的一部分。20世纪六七十年代中等教育改革的中心议题均围绕着实现教育机会均等和消除贫困而展开。随着这一议题讨论的不断深入，可选择学校运动逐渐兴起，“选择”这一词汇也开始在公立教育的字典里建立起来，成为美国家喻户晓的教育改革运动。

可选择学校运动的发展经历了4个阶段：20世纪60年代的自由学校

---

① Bruce Fuller, “The public square, big or small? Charter schools in political context”, in *Inside Charter School*, Bruce Fuller, Harvard University Press, 2000, pp. 12–18.

② Vernon Smith & Robert Barr, *Daniel Burke, Alternatives in Education: Freedom to Choose, Bloomington*, I. N.: Phi Delta Kappa Foundation, 1976, p. 36.

运动时期、20 世纪 70 年代的磁石学校运动时期、20 世纪 80 年代的学校选择运动时期和 20 世纪 90 年代的特许学校运动时期。这 4 个阶段既相互独立，又相互关联；既有各自的特点，也有共同之处。一般来说，前一阶段往往是后一阶段的基础；而后一阶段则是前一阶段的发展延续。无论是自由学校运动时期、磁石学校运动时期还是特许学校运动时期都有一个共同特征，即都是以当时的一种主要选择学校类型来代表这一时期的选择学校运动，起到从“特殊”见“一般”的效果，但它们都不能完全代表可选择学校运动。唯一不同的是，学校选择运动时期可以完全代言可选择学校运动。实际上，学校选择运动是可选择学校运动自 20 世纪 80 年代以后的发展形态，它们是同一个概念，只是不同时期的不同称谓而已。另外，除了自由学校运动时期是在私立学校之间的选择外，其他三个时期都是在公立学校之间的选择。

（一）自由学校运动（Free School Movement）

可选择学校运动起源于 20 世纪 60 年代后期，受到当时处于混乱状态的在公立学校制度中创造多样性和选择思潮的鼓舞。所谓“选择”，强调的不只是公立学校内部的革新或改革，更重要的是要创造出另一种学校来，让人们能在这类学校与公立学校之间任意挑选，二者择一。这样的选择学校，是要提供一个新的学习环境，或者是完全独立自主的，或者是与大的学校系统——学区在一起的特殊安排。[①] 可选择学校运动自产生之日起，就有着多种表现形式，在 20 世纪 60 年代主要是以自由学校运动为代表。在自由学校运动中，主要产生了 2 种学校类型：自由学校（Free School）和可选择学校（Alternative School）。

20 世纪 70 年代初，支持小政府大市场的观点明显增强，关于将权威从公共组织中转移到个人和家庭的争论也日益激烈，加之受学校改革流行的观念——家长们更应积极地参与教育决策过程的影响，家长们有机会和改革公立学校的教育者一起参加设计有特色的教育选择或者学生选择的项目，创办公立教育之外的“自由学校”或者“可选择学校”。创办“自由

① 马骥雄主编：《战后美国教育研究》，江西教育出版社 1991 年版，第 41 页。

学校”和“可选择学校”的人形形色色，除了家长之外，还包括社会各界人士，如激进的学生运动者、郊区的富人、教师、校长、杂志编辑、记者、教育工作者、慈善家、政界人士等等。部分家长还在“自由学校”这一点上结成了政治同盟。例如，一些“自由学校”就是由一些具有相同兴趣爱好和志向的家长创建起来的，有时他们自己也担任部分教学工作。

所谓“自由学校”，也被称为“可选择学校”，是指一种新型的为学生和家长提供自由选择的学校。自由学校倡导的是一种合作的、民主的和无结构的教育。① 一般来说，自由学校与公立学校并存，它们在办学方式上呈现出多样化的特点，不会受任何形式的约束，为学生和家长提供选择。这种学校可以没有校园，没有教室，也可以没有围墙，完全不必拘泥于固定的场所，不必受环境条件的限制。在美国，随处都可以见到这类学校，如在城市商店前面、旧车房、往日的兵营、废弃了的教堂，甚至家长和教师的家宅。② 例如，芝加哥的地铁高中、纽约的城市学校、费城的公园大道学校（费城林荫道学校）、明尼阿波利斯市的马西山开放学校和圣保罗市的圣保罗开放学校就是这样的学校。“自由学校”给了公立学校教师创办对不同学生有意义的新型学校的机会。社区的实习期和学徒期、以地点为基础的决定以及广泛的家长参与是这些革新学校的特征。自由学校没有录取要求，对各类学生开放。这些学校由家长团体、教育者和社区成员设计，而不是由中心学区办公室设计。一般来说，它们以和其他传统学校一样的生均费用来运作学校。③ 可选择学校常开办一些针对有特殊需求的教育消费者的项目，例如，满足辍学学生、天才学生、需要特殊辅导的学生和亟须为孩子提供开放式学习环境的家长所需求的一些学习项目。学生可以选择（或者是被分配到）一所可选择学校，而不像以往那样被安排去上

---

① John I. Goodlad , *A Place Called School: Prospects for the Future* , New York: McGraw – Hill, 1984. p. 251.

② 顾明远、梁忠义主编：《世界教育大系·中等教育》，吉林教育出版社 2000 年版，第 397 – 411 页。

③ Danny Weil, *Charter Schools: A Reference Handbook* , p. 33.

某所学校。[①]

许多家长喜欢这两种类型的学校，但是，他们又担心孩子在读、写、算和社会科学等方面学习不到什么东西，因为这样的学校根本不教这些知识。20 世纪 70 年代早期开始，虽然大多数自由学校遇到了资金困难的问题，但是自由学校的数量仍处于上升趋势。到 20 世纪 70 年代中期的时候，自由学校运动出现了衰落的势头。自由学校不得不寻求转型。这种转型遵循两个方向进行：一是转型为公立选择学校；二是融入私立教育的领域。[②]

激进自由主义观念影响下的自由学校运动是对 20 世纪 50 年代末精英教育、学术性教育和命令主义教育的反抗，它在形式上虽然是创立与原有的公立学校相对立的另一种学校的问题，但实质上仍是课程即学生应学些什么的问题，是以追求学业优异为主的课程改革 不适应广大学生需要的产物。[③] 有学者认为，自由学校运动虽然有着进步主义教育实验的优势，但是其结果却直接导致了美国中学管理的松散；学生掌握基本知识技能能力的下降；青少年缺乏基本的纪律观念和道德观念；学生的学术水平呈下降趋势。

（二）磁石学校运动（Magnet School Movement）

长期以来，美国儿童所就读的公立学校局限于本学区或本社区所指定的学校，由于学校经费在很大程度上取决于所处地区经济条件的差异以及居民人种和居民地区的对应关系，从而易于造成种族隔离。20 世纪 60 年代以来，为了促进各种族学生之间的融合与平等，美国政府出狠招消除学校的种族隔离。政府积极推行强行用公共汽车接送白人学生到黑人学校的维护少数族裔平等权利的民权运动。但过后不久，却遭到了社会公众的强烈反对，导致了白人学生飞走的状况。法庭和政治领袖面对公立学校学生高缺席率和高退学率的威胁，不得不敦促国会筹集资金去创建一种能消除

---

① ［美］约翰·E. 丘伯、泰力·M. 默：《政治、市场和学校》，蒋衡等译，教育科学出版社 2003 年版，第 217 页。

② Richard Neumann, *Sixties Legacy: A History of the Public Alternative Schools Movement*, 1967—2001, p. 2.

③ 马骥雄主编：《战后美国教育研究》，江西教育出版社 1991 年版，第 44 页。

种族差别待遇的新型学校。在这笔雄厚资金的保证下，各州的大都市地区开始出现了一种允许学生跨学区就读的学校——磁石学校。

所谓“磁石学校”，顾名思义，即是以办学特色吸引学生就读。简单地说，磁石学校是以特殊课程设计吸引来自指定学区内的特殊学生的公立学校。它们提供特殊的、有时甚至是提高课程以吸引多样化的学生种族成员。磁石学校不像公立学校那样，对所有学生开放，入读磁石学校得通过考试和达到入学的基本要求才行。当然，磁石学校人为地设置入学条件是为了实现废除种族隔离的目的。[①] 磁石学校作为危机学生[②]（at risk）项目的一部分在城市学区建立。设立磁石学校的目的是为了让不同种族和文化背景的学生在一起以分享共同的教育经验。[③] 磁石学校的一个显著特征是地方学区花费在磁石学校上的资金比其他公立学校要多得多。以芝加哥、费城、波士顿和纽约州为例，这些地方的磁石学校接受的资金远远超过了其他公立学校的资金。[④] 磁石学校之所以被给予更多的资金是由它们作为实验和革新学校的性质决定的。它们的目的不是创造和其他公立学校竞争的学习型社区，而是作为公立学校改革过程的一部分，为其提供系统内的创新[⑤]。总之，在教育实践中磁石学校形成了以下鲜明的特征：一是课程设置独特和教学方法灵活多样，磁石学校往往围绕不同学生的不同需求设置课程和根据学生的不同特点选择教学方法；二是学生入学可以不受学区限制，只要达到入学要求均可入学；三是能促进教育机会均等的实现，磁石学校的学生来自不同的社会背景和种族，他们在同一所学校读书可以增进不同种族间的交流和融合。

---

① Danny Weil, *Charter Schools: A Reference Handbook*, p. 34.

② 美国学者习惯于将因种族、宗教文化、价值观、家庭、学校、社会及个人身心状况等不利因素的影响，在传统教育体系中难以获得成功经验，易发生偏差或违规行为的特定学生群体界定为危机学生（at - risk students）。

③ Steel L., Levine, *Educational Innovation in Multiracial Contexts: The Growth of Magnet Schools in American Education*, Palo Alto, C. A.: Prepared for the U. S. Department of Education, 1994, p. 45.

④ T. J. Hughes, “Magnets’ Pull Weakens in Suburbs”, *St. Louis Post Dispatch*, 1988 - 02 - 25, p. 10.

⑤ Danny Weil, *Charter Schools: A Reference Handbook*, p. 9.

磁石学校常常不是独立存在的，人们可以在公立学校的各年级发现磁石学校。各种磁石计划往往因课程内容、特殊关注领域和教学方法的不同而不同。磁石学校的模式也各不相同，有些磁石学校计划是全国性的，在该计划中，所有学生都参加到磁石领域中；另一类型则常被称之为“校中校计划”，不是全校学生都参与磁石计划，而是学校中只有一部分学生参加磁石计划；还有一种模式是年级磁石计划，按照该计划，只有某些年级能够获得对某一课程的特殊关注；有些磁石学校还与动物园或医院达成协作关系，并在其机构内授课。磁石学校制度作为学校选择制度的类型，在全美特别是都市学区的学校中普及面相当广，有一些学校还发展成为了一流的公立学校。

磁石学校的具体目标为：追求高质量的教学；以培养学生适应市场需求的职业技能为主；实行开放入学的招生制度；允许其他学区学生入学以保障生源的多样性。磁石学校的这些目标受到了广泛的欢迎，因此，磁石学校的数量从20世纪70年代最初的十几所有了大幅度增加。特别是20世纪80年代以后，磁石学校得到了迅速发展。这主要得归因于联邦政府改造城市资金的投入。随着这笔资金的大量投入，一批批磁石学校兴建起来。1981—1983年间，约有1/3的大都市都开设了磁石学校。磁石学校的数目在此时达到了近1000所左右。20世纪80年代中后期以后，各种类型的磁石学校在美国各地大量发展起来。根据1990年美国学区联合会对52个学区的调查，这52个学区里已经有34个学区办起了磁石学校，占到了学区总数的65%。据统计，1991—1992年，全美的磁石学校达到了2433所之多，这些学校提供的磁石计划高达3171种。到1993年，设立磁石学校的大都市占到了1/2，就读磁石学校的少数族裔学生的百分比超过了50%，磁石学校几乎遍及所有学区。到2000年时，磁石学校的数目更是拓展到了4334所左右。

随着磁石学校数量的不断增加，磁石学校的主要任务已经由原来的消除种族隔离转向了为家长和学生提供优质教育。磁石学校提供的优质教育包括：创建专业性强的课程；重视学生学术能力的发展以备考大学；鼓励学生、家长和社区的参与。归纳起来，磁石学校的目标主要转向了以下四个方面：一是保证少数族裔学生就读学校的人数；二是以系统化的教育改革促进所有学生达到挑战性学业成就标准；三是重视教学方法和课程实施方面的改革；四是在强化学生学科能力的学习的同时，注重训练学生适应市场的职业技能。

磁石学校为学生提供了选择学习其所感兴趣的特殊专长学科的机会。在磁石学校中，除可学习读、写、算等基本技能外，亦可学习特殊专长的学科，例如，音乐、戏剧、计算机、科学及视觉艺术等。新型的磁石学校主要包括三种类型：小规模高中、高科技高中以及虚拟学校或网络学校。其中，小规模高中以学生的学业和社会能力的发展为主。由于规模小，就读此类高中的最大好处在于学生的人身安全有保障。高科技高中因为规模巨大，所以在此类高中教师授课往往采用设计教学法，以教授现代信息技术为主，此类高中在教学中重视合作学习，实施各种实习生计划和小组设计等，注重学生的个性化学习计划。虚拟学校或网络学校（Virtual Schools or Cyber Schools）一般由大学、公立学校学区或私营机构办学，提供在线教育课程，受教育对象往往为家庭学校的学生和特殊教育的学生。

磁石学校是一种具有选择性的公立学校。虽然一些磁石学校不完全符合通过选择标准注册学生的要求，但是，这些学校常常因为聚焦于特殊的课程或非传统的学习方式而被定义为选择学校。① 公众对磁石学校的评价褒贬不一。支持者认为，“作为反种族歧视计划的一部分——而且往往是核心部分——磁石学校是通过自由选择达到教育的种族平等的一种有效途径。有研究结果表明，它们的确在这方面取得了实效。”② 磁石学校客观上存在诸多优势：一是弹性化的课程；二是独特的教学方法；三是能充分运用教学资源；四是教师对教学投入的巨大热情；五是在促进学生学业进步和能力发展等方面做出突出贡献。正是由于这些显而易见的优势，许多不同地区、不同种族的有志向、有兴趣的学生纷纷投奔磁石学校，这些学生中包括大量的白人学生，这在客观上推动了学校的种族融合。1996 年对 12

① Richard Neumann, *Sixties Legacy: A History of the Public Alternative Schools Movement*, 1967—2001, pp 3 - 4.

② 参见罗福·K. 布兰克（Rolf K. Blank）1989 年在威斯康星大学召开的美国教育“择校与控制”大会上发表的论文《磁石学校的教育影响》（*Educational Effects of Magnet*）。

个大城市学区的调查数据显示，磁石学校的学生在各学科加上数学、自然、写作等方面的成绩明显高于传统公立学校的学生。大体而言，较之传统公立学校，实行磁石学校计划的学校更为自由、专业化而且更具凝聚力。就磁石学校教师而言，他们工作更主动热心，在决策中能起到更加正面的作用，而且他们对现有工作条件也更少抱怨；从学生来看，磁石学校学生辍学率和缺勤率较低，学习成绩上升；从家长来看，他们能更积极主动地参与到学校的工作中，他们获得信息的渠道更加宽广。①

虽然支持者对磁石学校给予了肯定，但一些批评者却对磁石学校是否真的能起到调解种族冲突与消除社会阶层隔离的作用表示怀疑。他们指出，在许多磁石学校中，按照学科分类的班级依然普遍存在，这势必会因为不同种族学生不同的学科优势而造成种族隔离；不同种族学生的心理孤独感在磁石学校内并未得到缓解，而这种孤独感却是因肤色的不同而产生的。另外，他们认为，磁石学校并不能真正提高整个学区的学校效率。磁石学校产生的影响十分有限，它们仅仅能为学区内的有限的孩子提供教育选择的机会，却不能从根本上变革原有的公立教育体制，而且它们还会对其他公立学校造成不良影响。磁石学校获得的额外资助和设备会减少其他公立学校所能够获得的资源。磁石学校从传统公立学校里挖走最好教师的意图，为一些教学有失水准的教师进入公立学校创造了机会。另外，它们还尽量招收最好的学生。这些无疑会让传统公立学校的工作变得更加难以为继。②

磁石学校运动作为特许学校运动的前奏，为特许学校的产生奠定了基础，但是它们之间的区别也是十分明显的。首先，政府对磁石学校学生需要掌握的知识和技能没有要求，而特许学校却要通过与政府签订的合同对学生成绩和技能的提高尽公共责任；其次，磁石学校是由学区单独兴办的，而特许学校则能够依靠州的支持获得资助者的赞助。③

---

① ［美］约翰·E. 丘伯、泰力·M. 默：《政治、市场和学校》，蒋衡等译，教育科学出版社 2003 年版，第 218－219 页。

② Joe Nathan, "Progress, Problems and Prospects with State Choice Plans", in *Public Schools by Choice*, Joe Nathan, St. Paul: Institute for Learning and Teaching, 1989, pp. 225－238.

③ Danny Weil, *Charter Schools: A Reference Handbook*, p. 9.

（三）学校选择运动（School Choice Movement）

"学校选择运动"与"可选择学校运动"是同一个概念。"可选择学校运动"是20世纪60年代末到20世纪80年代这一时间段的称谓，而"学校选择运动"是20世纪80年代后至今的称谓。通常，"学校选择运动"还可以简称为"择校运动"。学校选择运动的核心思想是以竞争为工具改革公立学校质量低下的现状，通过给公立学校赋权以摆脱官僚主义的控制，从而创造更好的学校。

自1983年《国家在危急中：教育改革势在必行》发表以来，政府和民间教育团体都做了大量研究，尝试用各种教育改革扭转美国学生的劣势。但是几年过后，事实证明这些投资是白费的，公立学校的成绩不但没有改善，学生的行为品德却比几年前更为恶劣，辍学率仍旧居高不下。公立学校的失败再一次令公众感到失望，他们不愿意再投注金钱。与之相比，民意测验却不断地显示出大多数人对学校选择的支持。1986年的盖洛普民意测验显示，有54 %的非白人支持将公共资金用于私立学校选择。①

里根面对公立学校如此不争气的局面，愤怒地指责它们只会制造问题，不会解决问题。他甚至提出发展私立学校取代公立学校，因而成为首位提出这一想法的总统。与里根总统的极端态度相比，乔治·布什（George Bush）总统对于择校的态度较为温和。他一开始并不支持择校，而是倒向较传统的学校改革观一边。但是随着时间的推移，布什对学校是否具有自我更新的能力表示怀疑。他开始认识到公立教育是"一种业已失败的制度"。他指责政府"给学校提供免于竞争的庇护"②，却害得公立学校醉心于垄断大权，很长时间在教育质量的提高方面无所建树。在这种情形下，"择校"逐渐成为了布什政府改革教育的核心策略，当时的教育部部长劳罗·卡瓦佐斯（Lauro Cavazos）为了配合布什的行动，曾多次在讲话中极力宣扬"择校"。

---

① Harry Brighouse, "March of the Vouchers", *Against the Current*, September – October 1999, p. 22.

② ［美］欧内斯特·L. 博耶：《关于美国教育改革的讲演 1979—1995》，第 46 – 49 页。

1990年1月18日，联邦政府教育部公布了由布什总统批准的全部教育计划，决定增加2.5亿美元建立“荣誉学校”奖励制度以引起公立学校之间的竞争。该计划还决定，改变原来以区划片就近入学的办法，主张学校公开招生，由学生和家长选择学校。美国州长协会的一份研究报告指出，在家长的择校观念中是不分公立学校和私立学校的。家长们认为，既然是择校，就应该让公立学校和私立学校在市场上平等参加竞争，按照市场规律来决定孩子究竟应该上哪所学校。

早在20世纪80年代早期，麻萨诸塞州的剑桥、纽约州的布法罗、新泽西州的蒙特克雷尔和加利福尼亚州的伯克利这几个学区就已经开始允许家长在学区内的所有学校中进行选择，居住在这些学区的孩子不必就读于邻近的学校。① 到了20世纪80年代中期，加利福尼亚州公立选择学校集团和学习选择资源网（LEARN）起草了一个回答革新学校控制权和权威机构的议案。议案规定，如果30名或者更多的家长和学生要求学区内的教师选择在一所新学校教书，而学校的运作经费又不超过同等项目的经费的话，那么，学区“将建立一所公立学校或选择项目以回应这一要求”。但遗憾的是，此项议案没有被通过，也就不存在实施的问题了。择校运动的立法和大规模的实施最终是在明尼苏达州完成的。

二、校本管理运动（School – based Management Movement）

20世纪80年代，教育改革者不断寻找更有效的教育改革措施，以期能彻底解决美国公立学校存在的问题。在这样的情形下，产生了一项重要的教育改革动议——“校本管理”。从广义上讲，“校本管理”和“学校重建”的改革观念相一致，都是为了把学校和教师从科层制的枷锁中解放出来，通过教育改革“重构”整个教育体系。②“重构”（restructuring）理

① Richard Neumann, *Sixties Legacy: A History of the Public Alternative Schools Movement*, 1967—2001, p. 206.

② Joseph Murphey & Lynn G. Beck, *School – Based Management as School Reform: Taking Stock*, Thousand Oaks, C. A.: Corwin Press, 1995, pp. 93 – 130; Daniel Linden Duke, *The Retransformation of the Schools: The Emergence of Contemporary Alternative Schools in the United States*, Chicago: Nelson – Hall, 1978, p. 150.

念在20世纪80年代中期时曾风靡一时，但随后逐渐减弱。主要原因在于，有关“重构”的教育理论和研究虽然指出了科层制的弊端，推出了自主权和教师专业化的措施，但由于当时的教育者并没有形成对“重构”这一概念的统一认识，也没有在贯彻这一理念方面达成一致，所以他们无法深入分析因素与制度结构之间的联系，也就不能指出达到预期目标的方法。在这样既缺乏理论分析基础又不愿意重复以往教育控制措施的情况下，教育改革者采用了多种类型的创新改革理念。校本管理成为了其中最有影响的措施之一。

根据美国教育改革者约瑟夫·墨菲（Joseph Murphey）和林恩·贝克（Lynn Beck）的观点，校本管理运动植根于教师委员会运动和20世纪前半期的民主行政管理运动以及20世纪60年代的社区控制运动中。[①] 校本管理是基于以下基本假设：既然学校的教师、行政管理人员和家长是与学生关系最近的人，那么如果让这些与学生关系最为亲近的人参与学校制度方面的决策的话，他们一定能做出最好的选择，能帮助学生取得更大的学业成就。美国教育家韦尔也指出，“校本管理的思想来源于学校能被全体教职员、管理者和家长以伙伴关系的方式来经营的信念。这就是说，这样的学校会更有效率，因为教育决策将由教育风险承担者（stakeholder）作出。”[②] 对校本管理假设的许多支持都来自对有效学校的研究，包括对公立选择学校的研究。这些研究发现，不同寻常的成功学校总是强调一种参与式民主，而不是代表式民主。正如美国教育学者古德莱德所观察到的那样，来自这项研究的基本信息是“学校必须转变成以自我导向为主”[③]。前哈佛教育研究生院的主任、校本管理运动具有说服力的推销者西奥多·赛泽（Theodore Sizer）也像古德莱德和其他当代进步主义教师一样，声称作决定的权力应该掌握在那些在学校工作的人手中，这样他们才能够构建明

---

① Joseph Murphey & Lynn G. Beck, School – Based Management as School Reform: Taking Stock, pp. 93 – 130.

② Danny Weil, *Charter Schools: A Reference Handbook*, p. 11.

③ John E. Chubb, “Why the Current Wave of School Reform Will Fail”, *Public Interest*, Vol. 90, 1988, pp. 28 – 49.

晰的项目。他强调，学生应该和家长一道选择他们能分享目标和文化的学校。①

校本管理，简单地说，是一种教育管理权重心下移的管理方式。中小学作为校本管理的决策主体，常常通过构建学校与外部及学校与内部的新型关系来实现这种管理。1993 年，美国教育研究办公室对“校本管理”进行了界定。美国教育研究办公室认为，校本管理是一项将学校的决策权从教育行政部门下放到每一所学校的教育改进策略。在校本管理中，校长、教师、学生及其家长拥有更多的参与学校具体事务管理的权利，他们甚至可以参与学校的财政预算、人事聘用和课程设置的管理方面。这就是说，校本管理的“有关预算、人事、课程和教学的关键性决策能够由学校管理委员会或者由类似的由多种利益团体组成的管理机构制定，并且倡导者坚持将教育的政治和教育的决策直接放在家长、教师、管理者和学生手中的这一事实。”②

“校本管理”的主要特点是：由各州和各学区制定宏观政策，学校拥有代理权和财政权，有权决定如何贯彻这些宏观政策，可以自主地对小到如何花费运动器材储金和大到规划学校方案的问题做出决策。在一些学区，决策权掌握在由选举产生的教育委员会手中。教育委员通常由教师和家长组成，在行政上由校长执行教育委员会通过的政策。在另一些学区，决策权集中在校长一人手中，是学校的首要决策者，而教育委员会仅仅行使顾问职能。当然，校长的这种决策权也不是绝对的，在需要做出重大决策的时候，教师、家长、学生和社区成员的意见仍旧会对校长的决策产生影响。当然，各州在权力转移的程度上有强有弱。在有些地方，教育委员会拥有很大的权力，包括有权雇佣和解雇校长等等。学校需要将有关活动、教职人员、学生成绩、家长满意度和未来计划等数据一一记录下来，学区和各州的官员据此要求学校管理者对学校的业绩作出承诺。

始于 20 世纪 70 年代的校本管理方案是在政府资助增加和政府调控加

---

① Theodore R. Sizer, “Rebuilding: First Steps by the Coalition of Essential Schools”, *Phi Delta Kappa*, Vol. 68, 1986, pp. 40 – 41.

② Danny Weil, *Charter Schools: A Reference Handbook*, p. 11.

强的条件下产生的，方案提供了一个涵盖面广泛的计划，把教育选择下放到学校的各个层面。夏威夷州的公立学校是最早实施校本管理体制的地方。20世纪80年代以后，其他州和城市也纷纷效仿，如芝加哥、佛罗里达州和纽约州就迅速将校本管理体制在本地的质量相对较差的公立学校中推广开来。到1989年的时候，校本管理项目已经推行到了美国的14个州；到1990年，分别有27个州的学区进行了此项试验；1991年时，全国有1000多个学区进行校本管理实验；1993年，44个州实践了一定形式的校本管理。至此，校本管理已经成为美国“学校重建”运动中的主要模式。

20世纪80年代出现的校本管理，可谓战后美国学区管理体制改革的第一个里程碑。许多美国教育学者认为，其价值在于提出了学区松绑放权和学校自主管理的思想，至于它后来的实践，则并未实现校本管理的初衷。[①] 校本管理虽然造成了传统教育体制结构的部分松动，但在客观上却强化了公立学校这一垂直体系。表面上看学校虽然获得了一部分的自主权，并力图在学校层面上实现决策权与资源使用的独立权，但实际上仍无法改变学校处于民主层级控制体制中从属地位的局面。而就学校事务对公众全面负责的始终是层级体制中的上级权威——州政府和学区管理部门。如果学校措施不力、浪费公共资金或者做出有悖于政治原则的决策，那么学校的上级权威机构就有权接收学校事务，扭转局面。正因为学校的上级权威机构早就预料到这种可能性，所以，他们设法对学校如何使用权力加以调控，并随时了解学校的工作进展，杜绝错误决策。他们对学校行使干预权和纠正权，以便确保学校能正确使用其自主权做出明智决策，并且对整个学校教育制度做出整体规划。上级权威机构通常不会直接向校方交代具体政策，而是通过施加种种新的规定、要求和规章制度的方式来敦促学校实现目标。这样，校本管理中科层制的旧形式虽然被卸了下来，但又被新的束缚取而代之。

校本管理的职能说到底仍旧逃不过传统法律的条款及政策的制约。这就让实行分权化的校本管理学校和非校本管理的公立学校区别甚微。校本

---

① 冯大鸣主编：《沟通与分享：中西教育管理领衔学者世纪汇谈》，上海教育出版社2002年版，第165－167页。

管理学校和传统公立学校一样，采取就近入学的原则，政府保证其经费，它们也没有像私立学校一样的来自市场的压力。不同之处不过在于校本管理学校面临的发展机会较之传统公立学校大大增加了而已。当然，校本管理学校拥有很少的自治权，必须在现有的规章制度范围内行事。

丘伯和默在《政治、市场和学校》一书中强调指出："分权制比中央集权控制更为优越，采取'校本管理'的体制能够为低效率的学校教育创设比原先更优良的环境。但是，'校本管理'并非如其支持者宣称的那样从根本上改变原有的教育制度，而且对提高学生学业的效果也不如期望的明显。"一般来说，校本管理的实施仅限于校内事务，而对那些涉及州和学区的一些重要决策问题并没有发言权。因此，在一定意义上可以说，校本管理不过是建立在科层制基础上的另一种控制学校的方式而已。它的命名也恰如其分地体现了它的基本特点——以校为本，学校内部人员，包括校长、教师以及其他较低层次的管理层者共同参与学校管理。①

作为一项改革策略，校本管理成为了20世纪90年代至21世纪早期许多重建计划的中心议题。但是，校本管理模式的差异性、实施的内容以及与其他重建项目的交互作用的特征又使人们对它的评价变得困难。正如人们所预料的那样，关于校本管理在提高传统学校学生成绩方面的证据很难确切地被找到，因为它们总是和其他证据混在一起。②

因为校本管理学校常常分享教育决策的过程，所以，此类学校在对学生成绩和成就的绩效责任制方面的规定不同于特许学校理念。特许学校被要求签订合同以便对学生的成绩提高负责，但对于校本管理来说则没有绩效的要求。对于大多数特许学校来说，校本管理与学校怎样组织决策和解决涉及教育的问题息息相关，在特许学校内部也常常采用以校为本的管理方式。在一定意义上，特许学校内部的校本管理可以更多地被看成是一种管理方式，而不是最终模式。③

---

① ［美］约翰·E. 丘伯、泰力·M. 默：《政治、市场和学校》，蒋衡等译，教育科学出版社2003年版，第206－209页。

② Kenneth Leithwood & Teresa Menzies, "Form and Effects of School - Based Management: A Review", *Educational Policy*, Vol. 12, 1998, pp. 325 - 347.

③ Danny Weil, *CharterSschools: A Reference Handbook*, p11.

第二章 | 特许学校运动的兴起

20 世纪 90 年代初期，在学校选择运动和校本管理运动的积极推动下，特许学校运动开始萌动。特许学校运动的兴起以特许学校理念的形成和第一部特许学校法的颁布为标志。20 世纪 70 年代早期，明尼苏达州退休教师雷·巴德（Ray Budde）首次将“特许”理念引入美国教育界。[①] 经过多次波折和反复后，在美国教师联盟[②]（AFT）主席艾伯特·尚克（Albert Shanker）的不懈努力下，美国教育界终于在 1988 年正式认可了特许学校理念。对于特许学校运动而言，得到教育界的认可仅仅是一个开端。而特许学校理念最终要得以运用和实施，就必须有立法的保障。特许学校的立法进程开始于明尼苏达州，与明尼苏达州的学校选择立法密切相关。明尼苏达州有着悠久的学校选择传统，为了弘扬这一优良传统，该州甚至用法律的形式将其固定下来。这就使学校选择运动在该州得到了充分发展，为特许学校法在该州获得通过打下了坚实基础。“选择”对于特许学校之所以如此重要，是因为只有通过“选择”才能构成真正意义上的特许学校，特许学校的立法也才能有据可依。1991 年明尼苏达州第一部特许学校法通过以后，各州争相效仿。截至 2002 年，美国已有 40 个州相继通过了它们的特许学校法。特许学校运动呈现出星星之火可以燎原之势。

第一节　特许学校的肇端

特许学校理念是在那些相信公立学校能够对年轻人产生积极重要影响

① Bruce Fuller, “The public square, big or small? Charter schools in political context”, in *Inside Charter school*, Bruce Fuller, Harvard University Press, 2000, p. 18.

② 美国教师联盟是美国最强大和最具影响力的教师组织之一。

的人们的推动下萌发的[①]。它的出现并不是历史的偶然，而是与其他教育改革思想密切相连，有着久远的历史渊源。对此，学者们有自己的见解。美国学者 M. 哈德尔曼（M. Hadderman）认为，“今天的特许学校发端于 20 世纪八九十年代的教育改革，并且深受当时的校本管理运动、学校重建运动和学校选择运动的影响”。[②] 美国教育学者 K. E. 巴尔克利（K. E. Bulkley）等人通过自己的研究也赞同哈德尔曼的观点，指出特许学校理念萌芽于 20 世纪 80 年代和 90 年代早期的教育改革思想。但特许学校运动的积极推动者内森却不太赞成上述观点，他将特许学校理念的产生追溯到了 200 年前。他强调，特许学校是“这个国家 200 年努力扩大教育机会的结果。”[③]

一、特许状的历史溯源

在中世纪的欧洲，君主给城镇、城市、行会、商会、大学和宗教机构颁发特许状（Charter）。这种特许状能保证某些组织的某种特权（包括豁免权等），有时也在组织内部事物的安排方面进行限制。简而言之，特许状可以被理解为授予特定权力的文件或者作为对个人、城市以及州的其他组织（或君主）起作用的文件。即使是在今天，构建城市组织结构的文献也被叫做“特许状”。因此，当一所城市希望在政府的市政形式上有所变化时，争论通常都会集中在特许状的规定方面。

最著名的特许状——“the Magna Carta”（伟大的特许状）是英格兰国王约翰和他的男爵签订的合同，以限制国王对英格兰人民的某种巨大的自由权。在英格兰，1628 年的请愿权利和 1679 年的人身保护法案可以直接追溯到 1215 个特许状的 39 项章程。它们阐释道：“没有自由人应该被投入监狱或者被驱逐……希望能通过贵族的法律裁决或者通过土地的法律判

---

① Joe Nathan, “Possibilities, Problems, and Progress: Early Lessons from the Charter Movement”, *Phi Delta Kappa*, Vol. 78, 1996, p. 19.

② Joseph Murphy, Catherine Dunn Shiffman, *Understanding and Assessing the Charter School Movement*, p. 5.

③ Joe Nathan, *Charter Schools: Creating Hope and Opportunity for American Education*, San Francisco: Jossey – Bass Publishers, 1996, p. 180.

定。”在后续的英格兰法案中，参照“贵族的合法裁决”和“土地法”被看作带有后续特征的预期法律过程。美国联邦宪法的起草者在1791年批准的第五项修正案中采纳了这一预期过程的措词，提出了“没有人应该……在没有预期的法律过程的情况下被剥夺生命、自由或者财产的权利”。

英国在北美的殖民地是通过授予土地和某种给予殖民者管理权力的特许状建立起来的，但是也会为英国皇权保留某种特权。与英国的情况类似，美国在合并城市时，州政府也允许起草一份特许状，允许由特别忠诚的人组成一个市政自治机关。这意味着，特许状代表着人们为了进行地方自我管理的目的而拥有的权力，是市政当局就是对州政府需要某种公共服务（如废弃物处理、警察和防火、水供应、健康服务等）的回应，还有县或者地区内其他地方政府提供的有用服务。①

二、特许状引入教育中

20世纪70年代早期，巴德开始将“特许”的概念运用到教育领域。1975年，他草拟了《通过特许办教育：学区新模式的关键》（Education by Charter：Key to a New Model of School District）一书的提纲。在该提纲中，他建议授予那些愿意尝试教育新方法的教师“特许状”，给予他们实现教育理想的机会，建议学校和教师都应摆脱官僚主义的限制。② 不久后，他将此提纲寄给了同事和朋友，其中包括学区教育局局长或校长，以征询“特许”概念的可行性，希望有学区愿意进行此项实验。但当时他得到的答复是否定的。在随后的10多年时间里，“特许”这一术语似乎销声匿迹，逐渐为人们所淡忘。③ 但巴德对此并不气馁，他坚信“特许”理念对于教育的魔力。1988年，巴德再次出版新作《特许学校：重建学区》（*Charter School：Reconstruct School District*）。在此书中，他提出了特许学校的具体实施方案，即在一所学校内部由学校董事会特许一些教师在3—5

---

① Liane Brouillette, *Charter Schools: Lessons in School Reform*, pp. 37－38.

② Bruce Fuller, “The public square, big or small? Charter schools in political context”, in *Inside Charter school*, Bruce Fuller, Harvard University Press, 2000, p. 18.

③ Jonathan Schorr, *Hard Lessons: The Promise of an Inner City Charter School*, p. 18.

年时间内进行独立的教学实验。这些教师只需对学校董事会负责，而不必受校长或其他领导的制约。

特许学校理念尚未发展成熟，教师工会已经闻风而动，对此表示了强烈的反对。但具有讽刺意味的是，美国教师联合会主席尚克却在特许学校理念形成过程中扮演着助产士的角色。[①] 在明尼苏达州召开的一次改革公立学校的会议上，尚克支持给教师机会，以促进改革创新和实施特许学校理念，他甚至建议，创办一种全新的学校模式。他极力说服学校委员会和教师团体支持创建这种新型学校。1988 年 3 月 31 日，尚克在华盛顿特区的国家记者俱乐部做讲演时，又一次重申了他的这些思想[②]。至此，他已全盘接受了巴德关于特许学校的思想。但他正式认可“特许”这一理念是在 1988 年 7 月 10 日出版的《纽约时报》上，他建议在工会和教师双方均同意的前提下，地方委员会可以给学校以办学的“特许”权。美国教师联合会迫于尚克的坚持，终于在 1988 年的年会上正式批准了尚克提交的特许学校理念。出于对巴德思想的尊重，尚克支持地方学校委员会和教师工会联合制定一个章程，以使教师团体能够在学校的范围内建立大量公立学校。他将这些学校冠名为校内“特许学校。”[③] 不久，明尼苏达州参议员 E. R. 贾恩杰（E. R. Junge）和当地的几位积极人士响应尚克的号召，对这一观念作了部分修订以适应明尼苏达州的需要。这样，特许学校理念终于在明尼苏达州正式确立起来。总的来说，特许学校理念是一种超越了政党和意识形态的观念，它反映的不只是单一的目的。

第二节　第一部特许学校法的颁布

特许学校运动正式兴起于 1991 年，以明尼苏达州第一部特许学校法的颁布为标志。为什么会是明尼苏达州而不是其他州颁布了第一部特许学校法？特许学校运动为什么会首先出现在明尼苏达州？其原因与明尼苏达州

---

① Jonathan Schorr, *Hard Lessons: The Promise of an Inner City Charter School*, p. 18.

② Danny Weil, *Charter Schools: A Reference Handbook*, p. 35.

③ Danny Weil, *Charter Schools: A Reference Handbook*, p. 35.

通过学校选择法休戚相关。因为“选择”是特许学校存在的基础，而通过学校选择法必然会促进该州学校选择运动的蓬勃发展。这样，在“选择”得到充分发展的情况下，明尼苏达州特许学校立法的阻力也随之减少到了最低限度，第一部特许学校法在明尼苏达州颁布也就成为一种必然。

一、立法基础：明尼苏达州学校选择立法

学校选择运动在明尼苏达州有着坚实的基础。早在20世纪70年代，该州的明尼阿波利斯市和圣保罗市就已经提供了可选择学校和磁石学校的成功范例。[①] 自20世纪80年代中期以来，明尼苏达州就开始了学校选择立法的征程，历经数年后，于20世纪80年代晚期通过了学校选择立法并立即付诸实施。

20世纪80年代早期，明尼苏达州的几个重要组织曾就学校选择的问题发表过一些报告。这些报告指出，州的教育改革需求不是产生于教育系统和政治系统外部，而是内部。1982年，明尼苏达公民联盟[②]在向议会提交的一份名为《重构教育，提高效率》的报告中提到家长择校的问题，希望能通过减少体制的科层化和官僚化来增强学校层面的自主权。然而，由于这些报告自身矛盾重重，所以，既难获得立法者的同情，也难获得教育系统的支持。[③] 1983年，明尼苏达商会[④]独立展开了一项公立学校系统研究。研究指出，明尼苏达州的学校制度基本上是好的，但仍有改善的余地；要改善，就必须进行较大幅度的改革。该组织认为，教育改革的核心是松绑、分权和增加责任，建议采取包括扩大学校决策自主权在内的改革措施，从而走上了公开支持择校运动的道路。

1985年1月，民主党政府的州长鲁迪·珀皮奇（Rudy Perpich）阐释

---

① Joe Nathan, *Possibilities, Problems, and Progress: Early Lessons from the Charter Movement*, pp. 18 – 23.

② 明尼苏达公民联盟是明尼苏达州政治系统的内部机构之一，是一个非营利性的政策研究组织。

③ [加] 本杰明·莱文：《教育改革——从启动到成果》，项贤明、洪成文译，教育科学出版社2004年版，第110页。

④ 明尼苏达商会是明尼苏达州政治系统的内部机构之一。

了一系列教育改革方案，他称之为“走向卓越”。他建议，扩大明尼苏达州学生的公立学校选择权，并主张在明尼阿波利斯市和圣保罗市建立新的公立学校选择模式[①]。他的方案具体包括：更多的教育经费、更广泛的州成绩测试、扩大学区规定课程的范围、家长选择学校等。珀皮奇清楚地知道，如果没有政府的行动，那么就只有富裕的家庭能在学校之间进行选择。他也知道，选择项目必须被仔细设计才能达到他所期待的目标：为低收入家庭和中等收入家庭的学生扩大选择机会，让他们取得成就。珀皮奇意识到，在南方的一些州，学校选择已经被用于巩固种族隔离。为了尽可能地避免产生种族隔离，珀皮奇坚持在学区间进行选择，学生必须在学区间流动。他认为，只有这样做，才不会阻止种族融合的努力。[②] 但是，事实证明这个方案颇有争议，在它首次提交至立法机关时就遭到民否决。

珀皮奇初次提交学校选择法的失败，不仅应归因于他没有在立法机关里结成必要的联盟，更为关键的是他对教育界所有利益集团强有力的联名反对没有做出必要的让步。珀皮奇在将此议案提交立法机关的时候做法太突兀，既没有征求教育界的意见，也没有事先与立法机关通气。在 1985 年该议案唯一获得通过的部分是中学后教育的选择计划，这个计划允许学生在高中的最后两年里可以在被录取的情况下直接升入学院或大学，并且可以将他们获得的补助金带入中学后教育机构。尽管珀皮奇的学校选择法大部分在议会未获准通过，但是却赢得了两党政治家们的不少支持，[③] 其中包括明尼苏达家长—教师协会、明尼苏达对贫困宣战机构以及个别教师、管理者、家长和明尼苏达商业企业伙伴组成的联盟。选择学校活动家、明尼苏达州选择计划设计者之一的内森甚至发表演说宣称：“我们的时代已经到来了”。[④]

---

① Joe Nathan, *Possibilities, Problems, and Progress: Early Lessons from the Charter Movement*, p. 19.

② Joe Nathan, *Possibilities, Problems, and Progress: Early Lessons from the Charter Movement*, p. 19.

③ ［加］本杰明·莱文：《教育改革——从启动到成果》，项贤明、洪成文译，教育科学出版社 2004 年版，第 110 – 111 页。

④ William Snider, “Second Wave of Reform Buoys Prospects for Alternative School,” *Education Week*, Vol. 4, 1987, p. 16.

面对主要方案受挫的困境珀皮奇并未丧失信心，反而又开始了新一轮的磋商过程，其目的是取得足够的支持以通过重要的改革计划。他组建了一个61人的“州长议事工作组”，并授权其完成一份明尼苏达州教育改革计划。这个工作组经过近两年的辩论，最终在一项关于择校的有限修订计划上达成了一致。这项计划也是珀皮奇计划中最有争议的一部分。1987年，明尼苏达州立法机关开始实施12年级义务教育阶段的入学选择法案。这个法案允许学区决定是否参加择校计划。这一年，明尼苏达州开始实施州范围内的定向开放注册计划，允许学生在州范围内选择任何学校。每个家庭必须选择孩子就读的学校，而学校除非没有足够的空间接收学生，否则就不能拒绝学生注册。在随后的几年里，明尼苏达州的此项学校选择计划逐渐在其他州的城市地区推广开来。①

1988年，明尼苏达州立法机关正式通过了珀皮奇学校选择议案的关键部分，公立学校间的选择和开放式注册从此被确定下来。② 学校选择法规定：州拨给每个学生的经费将跟随学生，主要用于支付他们的学费、书费和材料费；③ 如果学生转学没有增加种族隔离，而接收的学区又有足够的空间，那么12年级义务教育阶段的学生可以申请就读他们学区外的公立学校；择校是对所有学区的强制性规定，并从1990—1991学年开始实行。珀皮奇的择校计划形成了第一个真正意义上的州对于选择项目的经验，并开始公开受到全国的支持。④。但珀皮奇并没有公开寻求这一计划的扩展，他仅仅对几位关键议员为拥护新措施所作的努力表示赞赏

二、立法过程：明尼苏达州特许学校立法

明尼苏达州特许学校立法的思想深深植根于“学校选择”的思想中，而“学校选择”思想在明尼苏达州有着广泛的民众基础。正是由于民众对

---

① Richard Neumann, *Sixties Legacy: A History of the Public Alternative Schools Movement, 1967—2001*, p. 207.

② Danny Weil, Charter schools: A Reference Handbook, p. 34.

③ Joe Nathan, *Possibilities, Problems, and Progress: Early Lessons from theCharter Movement*, p. 19.

④ Danny Weil, *Charter Schools: A Reference Handbook*, p. 35.

“选择”的认可与支持，才导致学校选择法在明尼苏达州得以通过，并最终促成了1991年第一部特许学校法在明尼苏达州的颁布。当然，明尼苏达州民众对“教育选择”思想的接受并不是一蹴而就的，而是经历了一个从不认可到认可的艰难过程。据调查，在1985年，明尼苏达州民众支持跨学区公立学校选择计划的仅有33%，有60%的人持反对态度。到了1992年，主要公立教育团体的民意测验显示，76%的州民众支持“选择”的理念，而仅有21%的人反对。[①] 这说明，择校运动在明尼苏达州经过近10年的发展，“择校”理念已经深入人心，获得了民众的普遍认可，为特许学校立法奠定了坚实基础。

明尼苏达州特许学校立法进程始于1988年召开的一次改革公立学校的会议。会上，美国教师联合会主席尚克宣布应该在公立教育中给教师提供机会以发展更多的选择。会后，包括内森在内的出席会议的4个成员自发地组织起来探讨特许学校理念。这些人既不属于某一具体的政治派别，也不属于某一选区。他们勇敢地打破学区的界限，引入特许学校；他们几年如一日积极推行改革，倡导自己的改革方案；他们通过私人关系与政治家们和其他领袖接触，与公民联盟等机构联手，与大学、媒体和新闻界协同工作，不断地宣传他们的主张；他们小心谨慎地向政治家们以及政府高级官员吹风，不停地游说，寻找最佳时机，以便使特许学校的立法能够在议会获得通过。终于，特许学校的理念在明尼苏达州公民联盟的参与下得到了进一步发展。公民联盟提交了一份报告，主张通过地方学校委员会或州教育委员会的赞助创设特许学校。接着，公民联盟派代表会见了州教育委员会委员汤姆·纳尔逊（Tom Nelson），并建议由公民联盟成员、州学校委员会成员、州立法者以及其他机构人员组成特别委员会[②]来制定特许学校法案。1990年，公民联盟将特别委员会制定的特许学校法议案递交到明尼苏达州立法机关，但遗憾的是此次特许学校法案遭到了州立法机关的否

---

① Joe Nathan, Possibilities, *Problems, and Progress: Early Lessons from the Charter Movement*, p. 19.

② Richard Neumann, *Sixties Legacy: A History of the Public Alternative Schools Movement, 1967—2001*, p. 209.

决，并未获得通过。

虽然特许学校法案初次出师不利，但倡导者们并不灰心，又一次将立法者和其他人士聚集起来，并再次得到了公民联盟的支持。在充分准备以后，他们于1991年再一次向州立法机关提交了特许学校法案，这一次，提案在议会投票时得到了两党的一致支持而获得通过。1992年，一位教师在明尼苏达州创办了第一所真正意义上的特许学校。①

第一部特许学校立法之所以能在明尼苏达州获得通过，主要基于以下两方面的原因：

一是局外人士的参与与择校的成功。1991年提交的特许学校法案主要是由立法界以外的团体联合推出，并由传统教育权力结构以外的人士倡导并制定的。由于特许学校法案偏离于官方政治机器的视线之外，游说团体只有通过说服州立法机关来支持该法案。尽管面对来自教育界的强烈反对，但是游说团体并不畏惧。他们别出心裁，想出请学生到立法机关亲自证明择校给他们带来益处的方法。由此可见，明尼苏达州特许学校提案得以通过的关键性原因之一是择校已经取得成功，而反对派预测的学校混乱并没有出现。

二是克服公立学校失败的需要。明尼苏达州的政治家们，从州长到州立法人员都把特许学校看作治愈公立学校失败的一剂良方。他们认为，公立学校的弊端主要在于教育革新意识不足、教育绩效制毫无生气以及家长和学生参与的缺失，而只有特许学校能够神奇地治愈公立学校的平庸和教育官僚机构的头重脚轻。在这样充满信任的氛围中，明尼苏达州就成为第一个通过特许学校立法的州。

当然，明尼苏达州最初的特许学校法被严格限定在州法律许可的范围内，规定只有地方学校委员会才有权力批准创办特许学校，且限定最高数额不得超过8所。后来随着特许学校的发展，最初特许学校法的范围有所放宽，修订为可以允许建立40所特许学校，并且允许申请人在申办遭到地

① Richard Neumann, *Sixties Legacy: A History of the Public Alternative Schools Movement, 1967—2001*, p. 210.

方学区拒绝后，有权再次向州教育委员会提出创办特许学校的申请。[①]

在20世纪60年代，学校能拥有财政独立地位还只是教师头脑中的奇异幻想，但是30年后，随着各州特许学校法的通过，这种幻想已经不同程度地成为现实。从这种意义上可以说，特许学校运动是自学校选择运动以来所取得的最重要的进步。[②]

第三节　各州特许学校法的制定

自1991年明尼苏达州第一部特许学校法通过以来，越来越多的教育改革者认识到，特许学校有着诸多优势可以克服公立学校教育的弊端。首先，它能更有效地为学生提供教育机会，特别是对于那些目前在城市地区接受低质量公立教育的学生而言。[③] 其次，特许学校能将学校从官僚主义的束缚中解放出来，以实际行动摆脱那些僵硬死板的规则；[④] 同时也带给学校管理者和教师更多的自主权。[⑤] 最后，特许学校提供了一次新的教育变革机会，为家长和社区在传统公立学校范围内提供“选择”。由此可见，推动地方特许学校的发展必将有利于刺激竞争，提高整个公立学校的教育标准；同时，允许地方参与管理能激发改革并促成整个教育系统的全面完善。

一些教育政策研究者认为，如果特许学校想要进行创新和保持在学区和州立法机构中的独立行动，那么它们首先必须拥有自治权；而要拥有自治权，最重要的手段就是制定特许学校法。各州应该从政治环境的复杂性和自身教育的特殊状况出发，设计出满足公民和社区需要的特许学校法。[⑥]

---

① Danny Weil, *Charter Schools: A Reference Handbook*, p. 36.

② Richard Neumann, *Sixties Legacy: A History of the Public Alternative Schools Movement, 1967—2001*, p. 209.

③ Bruce S. Fusarelli & E. Vance Randall, *Better Policies, Better Schools: Theories and Applications*, p. 275.

④ Jonathan Schorr, *Hard Lessons: The Promise of an Inner City Charter School*, p. 18.

⑤ Bruce S. Fusarelli & E. Vance Randall, *Better Policies, Better Schools: Theories and Applications*, p. 276.

⑥ Danny Weil, *Charter Schools: A Reference Handbook*, pp. 64 - 65.

一、法制化的过程

特许学校的法制化过程实际上是支持力量与反对力量反复较量的过程。支持力量在某个州的优势将直接导致该州特许学校法的通过。由于支持与反对力量之间的反复较量，许多州终于就特许学校立法问题达成一致，并在自己认为合适的时间通过了特许学校法，从而完成了特许学校法制化的过程。

（一）支持者的信心

特许学校理念在10年前还无人知晓，一夜之间突然一鸣惊人，成为政客们投票时的新宠。历史上政客们第一次将教育作为他们最有分量的筹码抛出，其势头甚至超过了传统优势问题：犯罪和经济的分量。无论是右派、左派还是走中间路线的政客都聚集到这个新鲜的想法上，他们确信特许学校能得到蓬勃发展。①

许多特许学校的支持者坚信，特许学校能够实现传统公立学校不能实现的选择机会，并且还能为以社会为基础的实行分权和校本管理原则的学校提供机会。他们认为，这些因素构成了控制、领导和民主的基本元素，而这在充斥着不平衡性和官僚主义的公立学校学区中是找不到的。特许学校最大的好处在于拥有更小的班级规模，② 能给教师创造机会以便他们更多地关注学生，从而实现个人化学习。

尽管遭到来自教师工会和其他组织的攻击，但特许学校的理念仍然受到普遍的欢迎。由于特许学校理念的核心并不带有意识形态的倾向，这使得特许学校赢得了持不同政见政治家的热烈欢迎。支持特许学校的人群形形色色，归纳起来，主要分为三类：一是相信私立学校总是好于公立学校、市场化系统总是优于传统公立学校系统以及教师工会总是制造问题的人们；二是希望经营学校或者学校项目的企业家；三是推行公立学校选择和改善教育系统的家长、教师和教育改革者。③ 如果按照党派及所从事工

---

① Jonathan Schorr, *Hard Lessons: The Promise of an Inner City Charter School*, p. 18.

② Danny Weil, *Charter Schools: A Reference Handbook*, p. 2.

③ Danny Weil, *Charter Schools: A Reference Handbook*, pp. 14 – 15.

作类型划分，则既包括支持用税款付教育券的保守派人士和对官僚主义公立学校失去信心的商界领袖、非洲裔和西班牙裔的公民团体，也包括社区领袖以及将特许学校视为摆脱失败内城学校（Inner City School）[①] 机会的家长们。[②] 他们之所以如此热衷于支持特许学校的一个最为重要的原因是特许学校为他们提供了一块白板，每个人都可以随意在上面勾勒自己的梦想。

保守主义政客和追随者们极力鼓吹特许学校理念，是因为特许学校表达了小政府、自由企业、竞争和创业者的保守主义理想。特许学校既能为学校提供摆脱进步主义管理规则的途径，又能保证学校变革在竞争与选择的氛围中进行。这必定能创造一种优越于现行公立学校体制的教育效果。而对于进步主义的自由派政客而言，他们支持特许学校则是出于对选择学校的深切喜爱和对教学实践自由的承诺。[③] 他们认为，通过特许学校可以自由地摆脱常规和创造出学习变革中心。这种学习变革中心往往以社区为基础，能为当地学校重新参与社区提供有效资源。

对共和党人来说，特许学校的优势在于将市场力量引入到教育系统中以及公共资金可以跟随学生到他们选择的学校（不论是公立的还是私立的）。对于民主党人来说，特许学校的优势不仅在于能够进行教育创新和实现机会均等，而且在于能满足学生和家长对更大选择（限于公立教育领域）的需求。这些政客把特许学校理念看作一种实现个性化学习和制定相关课程的机会。他们也把特许学校看成是有着较低师生比、学生与教师之间有着更多和更密切交流机会的场所。在他们眼里，特许学校还能为教育革新提供广泛的实验场地。

许多非白人支持者，例如，非洲裔美国人，支持特许学校理念是因为传统公立学校为他们提供了失败的服务。他们认为，允许孩子上特许学校

---

① 内城学校是相对于郊区学校而言，是指大城市地区的学校。内城地区通常为种族聚居区，特别是黑人和有色人种。内城现已成为官方和新闻界用来代替贫民区（ghetto）的委婉语。内城学校无论从设备、师资和教学质量都比郊区学校差很多。

② Bruce S. Fusarelli & E. Vance Randall, *Better Policies, Better Schools: Theories and Applications*, p. 275.

③ Jonathan Schorr, *Hard Lessons: The Promise of an Inner City Charter School*, p. 18.

能保证孩子拥有同等的学习机会。[①] 另外，由于特许学校也接受非营利性私人集团的管理，这使家长们相信，它们是通过优势管理获得利益的。因此，他们更加相信，特许学校不但有助于增强社区对学校的控制，而且能为家长与教育者共同参与学校管理创造机会，包括对学校的议案和课程的管理等。

特许学校能在没有强制的情况下坚守承诺。换句话说，特许学校能让一些行动迟缓的学区在学生和资金流失之前看到加快改革步伐的希望。这让最狂热的倡导者们对每所学校都有能力恪守承诺确信无疑，他们甚至认为整个学区都应该被"特许化"。[②]

（二）反对者的指责

当然，不是所有的人都支持特许学校，也有许多人反对特许学校，特别是作为主要反对力量的教师工会。其反对的理由涉及特许学校的方方面面，例如，合法性问题、市场、竞争与选择的有效性问题、公立教育资源流失的问题以及种族隔离问题，等等。

同支持力量一样，特许学校的反对力量也是形形色色、成分复杂。教师工会作为反对派的代表，是阻止特许学校法通过的核心力量。1985 年，在明尼苏达学校选择立法过程中，明尼苏达州的两大教师工会——学校董事会联合会和学校管理者联合会结成了正式联盟（6M 集团）以反对珀皮奇的改革计划，这一行动使得择校改革不得不推迟了 2 年。几个州的教师工会甚至积极游说以修正强势的特许学校法。以纽约州为例，美国教师联合会和它的纽约市地方分会以及教师联合会一起敦促州立法机关采取强硬措施削弱纽约州的特许学校法（此法被认为是美国最强有力的特许学校法之一）。

教师工会对特许学校的态度实际上很矛盾：一方面，他们对于大多数特许学校不受教师工会条款束缚而雇用没有资格证书的教师大为恼火；另一方面，他们又积极支持特许学校给教师以权利创办新教育项目的想法。当然，在支持与反对的天平上，教师工会是严重地倾向反对一方。教师工

① Danny Weil, *Charter Schools: A Reference Handbook*, p. 2.

② Jonathan Schorr, *Hard Lessons: The Promise of an Inner City Charter School*, p. 18.

会办的报刊上时常刊登谴责特许学校罪恶的文章。这类文章经常揭示特许学校如何毁坏教师工会已经开展的每一项工作，如何破坏掉了许多已经艰难实施的工会法律，并断言特许学校将是对每个人的教育灾难。[①] 1996 年，美国全国教育协会（National Education Association，简称 NEA）通过了限制特许学校发展的一系列准则：在特许学校规划、实施和管理过程中，公立学校的教师有发言权；特许学校要有足够的经费保证，不会使现有的资金从公立学校中分流出去；特许学校必须有符合标准的测验、评估程序及入学记录。这些限定对于特许学校法以及特许学校的支持者来说无疑是一个莫大的讽刺。

反对者对特许学校最尖锐的批评集中在其合法地位问题上。在科罗拉多州，丹佛学区质疑特许学校法是否符合宪法，质问州立法机构是否具有合法的权力授权州权力机构颁发特许状。[②]

对于特许学校能在公立学校中引入竞争机制的问题，反对者认为，竞争不会提高公立教育的质量，因为学校始终不能像市场一样地运作。他们也不认为竞争能使公立学校消灾免难。相反，许多人担心，竞争会对那些有能力从一所学校转向另一所学校的学生有利，而留下来的学生会陷入资金紧缺和设备毁坏的困境。

反对者们认为，特许学校给传统公立学校制造的最大麻烦是抢夺公立教育的资源，造成公立学校资金和优秀学生的流失；而且，特许学校有迈向教育私有化的危险。许多学校领导者都把特许学校法作为教育私有化的先驱来评论。[③] 在《纽约时报》的编辑栏中，纽约州立大学（位于新帕尔茨）的罗杰·鲍文（Roger Bowen）教授就认为，纽约州特许学校法的启动使“整个州的教育滑向了私有化的斜坡”；他还指责说，“没有一张流入特许学校的美元被用于公立教育”。纽约州的教师卡罗尔·阿舍（Carol As-

---

① Bruce S. Fusarelli & E. Vance Randall, *Better Policies, Better Schools: Theories and Applications*, p. 290.

② Council of Urban Boards of Education, *The Basics of Charter Schools*, Alexandria, V. A.: National School Boards Association, 1997, pp. 40 – 41.

③ Richard Neumann, *Sixties Legacy: A History of the Public Alternative Schools Movement*, 1967—2001, p. 211.

cher）和阿瑟·格林伯格（Arthur Greenberg）提醒人们，特许学校“大量引进的采用保守主义课程和教学影响的私立教育服务已经被普遍认识到了。”①

另外，反对者们坚信，特许学校有从公立学校中抢夺优秀白人学生的倾向，它们会选走那些学业成绩最好的学生和最关心学校教育的家长，而留下传统公立学校独自遭受资金与优秀生源不足的困苦，并使学校的质量变得越来越差。② 反对者们反复警告民众，特许学校有掠夺走最优秀和最有抱负学生的倾向，而且特许学校会使传统公立学校失去公平竞争的能力。批评家们纷纷指出，特许学校仅仅服务于一部分学生却抽取了本应用于改善公立学校的资源。但不论怎样，由于特许学校改革是从财政不平等的大背景下和社会权力关系中分离出来的，权力、控制和权威的结构组织似乎都对它失去了作用。③

许多进步主义教育政策分析家批评，特许学校是在潜在制造种族、经济和阶级的分层，它会造成美国学生在学校与学校之间的种族隔离。他们坚持认为，特许学校抽掉优秀学生的倾向将以种族隔离为最终结果，公立学校将遭遇种族和阶级隔离的窘境。特许学校为全体学生服务的能力，特别是为残疾学生和有特殊教育需要学生服务的能力，将由于特许学校想方设法地拒绝特殊需要学生以避开高费用的企图而受到严重削弱。特许学校的排他性选择政策和实践会在学校间造成种族上的不平衡，会重蹈为了实现学校机构上的完善而人为地制造种族隔离的覆辙，并将再一次验证“分离但是平等”的种族主义路线。④

（三）各州特许学校法的通过

特许学校的立法最终由支持与反对的利益群体共同促成，这些利益群

---

① Carol Ascher & Arthur R. Greenberg, “Charter Reform and the Education Bureaucracy: Lesson From New York State”, *Phi Delta Kappa*, March 2002, pp. 516 – 517.

② W. Schwartz, “How Well Are Charter Schools Serving Urban and Minority Students?” *ERIC/CUE Digest*, Vol. 119, November 1996, p. 4.

③ Danny Weil, *Charter Schools: A Reference Handbook*, p. 15.

④ Casey Cobb & Gene Glass, “Ethnic Segregation in Arizona Charter Schools”, *Education Policy Analysis Archives (peer – reviewed scholarly electronic journal)* 7, No. 1, 1999 – 01 – 14.

体范围广阔，成分复杂，包括商业圈内的保守者、自由派政策研究者、城市教育工作者、白人父母、黑人团体以及天主教会组织等。考虑到这些利益集团的存在，美国学者 B. 哈斯尔（B. Hassel）1999 年就各州特许学校可能立法的情况提出了 7 项假设。这 7 项假设分别是：拥有更高的人均收入水平的州更有可能采纳特许学校法；拥有更高的非洲裔学生百分比的州更有可能颁布特许学校法；共和党人掌握州的行政权和立法权的州更有可能颁布特许学校法；公立学校内存在更高种族隔离程度的州颁布特许学校法的可能性更低；与全国教育协会有着更紧密的成员关系的州颁布特许学校法的可能性更低；拥有更高的高中毕业率的州颁布特许学校法的可能性更低；州通过特许学校法的可能性直接与通过特许学校法地区的数字相关。哈斯尔在假设的基础上进一步总结道：教师工会和州的富裕程度（人均收入水平）对州是否通过特许学校法影响巨大，特别是州人均收入水平的高低。更高收入的人更有可能组织和成功地为特许学校立法进行游说，即使有教师工会的反对。①

事实上，特许学校理念从诞生的那天起就得到各种各样政治利益集团的支持，我们一方面应当把特许学校改革放在分权、私有化和教育市场化的大背景之中考察，另一方面也应该把这场改革与美国注重由地方和社区控制公共教育的历史传统联系起来理解。总之，代表各种利益的政策制定者和社会团体都想从特许学校改革中获取利益，这最终促成了各州特许学校法的顺利通过。②

1991 年明尼苏达州通过第一部特许学校法后，加利福尼亚州于 1992 年通过了第二部特许学校法，并允许在州范围内建立 100 所特许学校。到 1993 年时，已经有 8 个州通过了特许学校法，其中科罗拉多州和麻萨诸塞州还通过了“强硬的”特许学校法。到 1994 年，有 11 个州通过了立法允许在本州内建立特许学校。1995 年，又有 7 个州通过了特许学校法。截至

① B. Hassel, *The charter school challenge: Avoiding the pitfalls, fulfilling the promise*, Washington, D. C.: Brookings Institution Press, 1999.

② Amy S Wells & Cynthia Grutzik , Sibyll Carnochan, Julie Slayton, Ash Vasudeva, “Underlying Policy Assumptions of charter school Reform: the multiple meanings of a movement”, in *Teachers College Record* 3 , 1999, pp. 513 – 535.

1996 年，共有 26 个州通过了特许学校法。1997 年，又新增 4 个州通过特许学校法。到 1998 年年末，35 个州和哥伦比亚特区通过了特许学校法。[①] 到目前为止，美国已有 40 个州和哥伦比亚特区通过了特许学校立法，仅剩 9 个州尚未立法。各州通过特许学校立法时间如下表所示：

表 2－3－1　美国各州通过特许学校立法情况表

年份	州
1991	明尼苏达
1992	加利福尼亚
1993	科罗拉多、佐治亚、麻萨诸塞、密歇根、新墨西哥、威斯康星
1994	亚利桑那、夏威夷、堪萨斯
1995	阿拉斯加、阿肯色、特拉华、新罕布什尔路易斯安那、罗得岛、怀俄明
1996	康涅狄格、哥伦比亚特区、佛罗里达、伊利诺斯、新泽西、北卡罗来纳、南卡罗来纳、得克萨斯
1997	密西西比、内华达、俄亥俄、宾夕法尼亚
1998	纽约、爱达荷、密苏里、犹他、弗吉尼亚
1999	俄克拉何马、俄勒冈
2001	印第安纳
2002	爱荷华、田纳西

（说明：没有通过特许学校立法的州有：阿拉巴马、肯塔基、缅因、马里兰、蒙大拿、内布拉斯加、南达科他、北达科他、佛蒙特、华盛顿、西弗吉尼亚。资料来源：教育改革中心，由各州教育局和特许学校资料中心提供的信息组成。）

二、多样化的特征

特许学校法是各州特许学校改革的重要政策依据，其内容广泛，几乎涉及这类学校的所有方面，比如设置、招生、经费、教师、税收以及日常运营等。一般来说，特许学校法包括 7 个层面的内容：申请和授权机构、财政支持、管理、雇员、学生、成绩绩效和社会绩效。但是，由于不存在国家或联邦的统一特许学校政策，因此，特许学校法往往随着州与州之间的不同而发生变化，呈现出多样化特征。各州的特许学校法不仅在内容上大相径庭、各有侧重，而且在力度与“强弱”方面也相去甚远。20 世纪结

① Danny Weil, *Charter Schools: A Reference Handbook*, pp. 36－37.

束时，特许学校立法的发展在州与州之间已经有了显著差别。立法内容从特许学校兴办者、审批机构、特许学校类型、教师、自治权、种族、数量以及时间等方面都呈现出多样化的趋势，各有千秋且各具特色。

（一）审批机构的多样化

审批特许学校的机构在州与州之间变化着。各州的特许学校法对于申办和授权特许状的权威机构都有不同规定。许多州的特许学校法准予地方学校委员会在权限许可范围内给予创建特许学校更多的关注。1998 年，35 部特许学校法中有 21 部赋权任何单位可以在没有地方学校委员会同意的情况下授予特许状。但也有 11 个州的特许学校法规定，仅有地方学校委员会才有权利授权特许学校。[①] 而在部分州内需要同时得到地方学校委员会和州委员会的许可方能开办特许学校。在纽约州，申请书可以递交给以下三个机构中的任何一个即可：学区教育委员会（或者纽约市教育委员会主席）、纽约州立大学董事会理事或者委员会委员。法律规定，委员会委员是唯一有权颁发特许状的权威实体。因此，特许学校被学区教育委员会直接授权或者被纽约州立大学董事会董事授权都必须得到委员会委员的许可。在新泽西州，由州教育厅长批准特许状；在佛罗里达州，特许状审核机构由地方委员会和大学以及学院组成；新墨西哥州则通过州教育委员会批准特许状；在得克萨斯州，在通过州教育局（Texas Education Agency，简称 TEA）审查后，州教育委员会（Texas State Board of Education，简称 SBOE）有权批准申办特许学校[②]；而亚利桑那州则由州委员会批准特许状。据统计，具有多个特许学校授权机构的州的特许学校数量是只允许地方学校委员会一家授权的州的 4.5 倍。在 10 个只允许单一授权机构的州，只拥有 4% 的特许学校，而 96% 的特许学校位于具有多个授权机构的州。美国特许学校由多种权力机构批准设立，其中由地方学校委员会批准设立的占 42%，州特许委员会占 14%，州教育委员会占 30%，大学/ 学院占

---

① Ted Kolderie, *The Charter School Idea: Update and Prospects, Fall* 1995, *Public Services Redesign Project*, St. Paul, M. N.: Center for Policy Studies, 1995, p. 148.

② Bruce S. Fusarelli & E. Vance Randall, *Better Policies, Better Schools: Theories and Applications*, pp. 277 – 278.

9%，市长占1%，其他（不具体）占4%。

1998年，在34个州和哥伦比亚特区的特许学校法中，21个州的地方学校委员会无权对特许学校行使否决权。如果特许学校由授权机关定义，那么许多州都有一个上诉的过程，但是也有许多州不允许上诉。例如，阿肯色州授权州委员会和地方委员会共同批准或者否决特许学校，无需上诉过程；加利福尼亚州地方委员会只有权批准特许状，而行使否决权时则需有一个县陪审员掌握的上诉过程；[①] 在新罕布什尔州，地方委员会是授权机关和赞助者，而州委员会是以上诉机构的身份运行的。

一般来讲，特许学校的审批程序是这样的：申请人向审批机构提交申请后，审批机构在规定的时间内决定批准与否。如果审批机构认为特许学校的计划不健全，或能证明申请人难以成功地实施申请中提出的各项计划，审批机构可以否决该申请，并书面通知否决的理由，申请人有权继续向上一级审批机构提交申请。特许学校的最高审批机构一般为州教育委员会。如加利福尼亚特许学校法规定，在审批申请的过程中，如果申请人可以证明拟设立的特许学校能为学习成绩差的学生提供卓有成效的教学，审批机关可以优先考虑此申请。

表2-3-2　审批机构的构成情况表

审批机构	2000—2001年（%）	2001—2002年（%）
当地学区	43	44
州教委	37	29
高等院校	8	9
州其他机构	7	12
其他	5	6

（说明：大部分“其他”指州教育办公室、市长办公室或未指明的其他机构。
资料来源：转引自驻美国使馆教育处：《美国的特许学校》，《基础教育改革动态》2003年第23期，第37页。）

（二）举办者的多样化

各州特许学校法对于特许学校兴办者的规定往往五花八门，各有所

① Danny Weil, *Charter Schools: A Reference Handbook*, p.63.

指。一般来说，特许学校可以由家长、教师、教育管理者和非营利性组织等来兴办。大多数州的特许学校法规定特许学校可以由政府、私人或者高等教育的独立机构、非营利性组织（如博物馆和图书馆）或者政府实体兴办。教师、学校管理者或者社区团体也可以兴办属于自己的独立于地方学区控制的特许学校。在一些州，如得克萨斯州和纽约州，营利性组织不能直接创办特许学校，而只能通过与学区签订合同的方式间接经营特许学校[①]。特许学校法并不是一成不变的，而是处于不断的发展变化中，兴办者的范围也随之不断地被放宽。截至 2001 年 1 月，37 个通过特许学校法的州中已经有 21 个州允许营利性组织经营特许学校，而有 15 个州仍旧禁止营利性组织染指特许学校，还有 1 个州对此不置可否。[②]

（三）自治权的多样化

关于特许学校的自治权，1998 年的 35 部特许学校法中有 20 部允许特许学校作为独立的法人单位而存在，而在剩下的 15 个州和学区内，特许学校却不能享有独立的自治地位。与传统公立学校一样，它们仅被看成是地方学区的一个区域或者分支。特许学校的自治程度随着各州的具体情况而变化。在佐治亚州，法律规定特许学校是独立的合法机构；但在罗得岛州情况却截然相反，罗得岛州剥夺了特许学校摆脱传统公立学校法规限制的权利；怀俄明州则对特许学校的独立与否不加限制；在北卡罗来纳州，特许学校有绝对的权力放弃州的法律和法规。[③] 另外，对于是否应该遵守州和联邦法律的问题，许多州的特许学校法上都没有明确规定。但是，这并不意味着特许学校可以不遵守这些法规。实际上，特许学校法的制定都是以遵守州和联邦的法律为前提的。一些州在特许学校法中就清楚地写明，特许学校不能违反州或联邦的非歧视法；一些州甚至要求特许学校在招生上要能反映学校所在地区的种族构成。[④] 以密歇根州为例，该州特许学校

---

① Bruce S. Fusarelli & E. Vance Randall, *Better Policies, Better Schools: Theories and Applications*, p. 277.

② Henry M. Levin, *Privating Education: Can the Marketplace Deliver Choice, Efficientcy, Equaity, and Social Cohesion?* Boulder, C. O.: Westview Press, 2001, p. 208.

③ Danny Weil, *CharterSchools: A Reference Handbook*, p. 63.

④ Danny Weil, *Charter Schools: A Reference Handbook*, p. 70.

法明文规定，兴办者在经营特许学校时不得违背法院的废除种族隔离的法令。

即使是在20个允许特许学校从学校管理委员会合法独立出去的特许学校法中，独立仍旧不被作为一种强行规定而写入法律。加利福尼亚州1992年颁布的特许学校法就规定，特许学校的合法地位由学校和学区协商的共同意见书来决定。[①] 1998年颁布的加利福尼亚州特许学校法修订案则规定，特许学校能够作为独立的非营利性机构被合并。在科罗拉多州，特许学校是没有独立地位的地方学区的单元，但是它们在经营学校方面仍然有着相对自由的权利。[②] 例如，特许学校有权延长学校日的时间、设计学生校服、围绕核心学术科目或者特别主题组织学校的课程，并且可以开办单一性别的学校，等等。

（四）学校类型的多样化

关于特许学校的类型，主要包括3种：新建特许学校、公立转制特许学校和私立转制特许学校。这三种类型的特许学校在各州的分布是不平衡的。有的州这三种类型都能找到，有的州则只允许其中一种或者两种类型的特许学校存在。其原因主要与各州特许学校法对此的限制有关。一般来说，新建特许学校是各州特许学校中最为普遍的类型。大多数州的特许学校法都规定，允许符合特许学校兴办资格的人创建特许学校。大多数州的特许学校法也规定，公立学校可以转制为特许学校。如加利福尼亚州规定，公立学校转制为特许学校需具备三个条件：公立学校一半以上的教师在转制申请书上签名；申请书的内容与创办新的特许学校申请书相同；对不选择在特许学校就读的学生，有就读其他公立学校的安排。通常公立学校转制为特许学校需要得到地方教育委员会的许可和赢得大多数学生家长或监护人的支持。州委员会理事有权批准公立学校转制的数目。对于私立学校转制为特许学校，大多数州的特许学校法都有严格的规定。法律往往禁止私立的或非公立的学校转制为特许学校。在俄亥俄州，特许学校法规定只有公立学校能够转制为特许学校。这些转制后的特许学校被要求部分

---

① Ted Kolderie, *The Charter School Idea: Update and Prospects*, p. 148.

② Danny Weil, *Charter Schools: A Reference Handbook*, p. 64.

保留传统公立学校的特征，并且在资金和人事管理方面也享有较少的自由。但不论怎样，仍有5个州允许私立学校转制为特许学校。[①] 但即使这样，家庭学校也不能转制为特许学校。

（五）教师聘任的多样化

关于特许学校的教师问题，主要涉及教师雇用、师资来源、退休教师待遇以及是否受到工会集体协议（Union Collective Bargaining Agreement）约束的问题等等。特许学校的师资主要来源于传统公立学校的教师，但也随着各州的不同情况而发生变化。15个州和哥伦比亚特区的特许学校法规定，特许学校有权自己雇用教师；10个州的特许学校法规定，教师必须是地方学区的雇员。一些州支持特许学校就雇用资格问题和雇员进行面对面的谈判。以明尼苏达州为例，该州允许特许学校与其雇员进行独立和直接的谈判，但这在堪萨斯州却不可能办到。[②] 科罗拉多州和明尼苏达州政府旗帜鲜明地鼓励公立学校教师到特许学校任教，但在佐治亚州和新墨西哥州，州政府甚至不允许公立学校的教师在州法律许可的范围内离开。[③]

关于教师退休待遇的问题，一些州的特许学校法明文规定教师有资格参加州教师退休系统，但是对于由谁来支付退休金的问题，许多州的法律却没有对此作出明确规定。这必然会造成特许学校教师的退休金问题难以得到保证。只有当特许学校教师继续是学区的雇员，学区才会和他们分享退休金；但是如果特许学校自身就是雇主，那么学校就不得不启用自己的资金贡献于教师退休系统了。明尼苏达州的特许学校法规定，在特许学校任教的教师可以继续获得学区退休金，但是他们也必须为学区作出贡献；在佛罗里达州，特许学校虽然自身就是教师的雇主，但是它们仍然选择参与州教师退休系统。

许多州的特许学校法对于工会集体协议及其他影响教师和学校董事会的事件没有明文规定。13个州的特许学校法规定，特许学校必须受到州集

---

① Bruce S. Fusarelli & E. Vance Randall, *Better Policies, Better Schools: Theories and Applications*, pp. 277 - 278.

② Danny Weil, *Charter Schools: A Reference Handbook*, p. 64.

③ Danny Weil, *Charter Schools: A Reference Handbook*, pp. 69 - 70.

体协议法的约束；有6个州的特许学校法规定，特许学校不必受工会集体协议的支配；其他州和哥伦比亚特区或者完全排除工会集体协议，或者将工会集体协议直接写入特许学校法中。以纽约州为例，该州的特许学校法规定，如果特许学校学生少于250名，那么工会集体协议将不对它产生约束作用。即使是学校发展壮大后，教师也有权选择是否加入教师工会。但是，如果特许学校最初的注册率超过250名学生，那么学校则必须服从工会集体协议。

（六）数量与办学年限的多样化

关于特许学校的数量问题，各州的特许学校法上都有不同规定。其中，18个州对特许学校的创办者和数量有最小限度的限制；[①] 有接近半数的州限制特许学校的数量和注册学生的数量；许多州不仅规定州内特许学校的最大数量，而且对学区内特许学校总额也进行了限定；只有威斯康星州对特许学校的发展不加限制。

根据特许状的要求，对特许学校的开办时间是有限制的。在合同到期之前，特许学校必须重新续签。在31个州，特许学校的合同期限一般为3—5年；亚利桑那州和哥伦比亚特区则较为特别，规定期限为15年，但这两个州都要求在每一个5年末进行一次评估。一般来说，特许学校运营时间的长短是由学校类型决定的。另外，运营时间也受到地域的影响，例如，犹他州的特许学校仅能运营3年，而密歇根州内的特许学校则可以运营10年。[②]

（七）评价标准的多样化

关于标准问题，据1996年的统计，25个通过特许学校法的州中有18个州要求特许学校必须达到州标准；有5个州允许特许学校不必达到州标准；而有2个州对特许学校是否能达到州标准没有严格限制。其中，科罗拉多州要求特许学校达到州标准，却不必采纳州评价标准；路易斯安那州要求特许学校达到最低的毕业要求和课程成绩标准；堪萨斯州特别关注学

---

① Danny Weil, *Charter Schools: A Reference Handbook*, p. 37.

② Bruce S. Fusarelli & E. Vance Randall, *Better Policies, Better Schools: Theories and Applications*, p. 277.

校的成果，而对学校是否达到州标准没有要求。① 到2004年时，特许学校实行州统一标准的趋势更加明显了。在颁布特许学校法令的40个州中，有34个州要求特许学校和传统公立学校一起参加标准化考试，并要求学校获得与传统公立学校一样的成绩。其中16%的州要求学校同时参加标准参照考试（Criterion - Referenced Test）和常模参照考试（Norm - Referenced Test）；77%的州要求学校参加标准参照考试；6.5 %的州要求学校接受常模参照考试。

（八）立法强度上的多样化

根据美国教育改革家S.弗加瑞（S. Vegari）的观点，多样化的特征不仅体现在立法内容上，而且也体现在立法强度上。立法力度上的多样化特征主要通过特许学校法"强硬"（Strong）或者"软弱"（Weak）的程度来体现。

到目前为止，美国各州共通过了41部特许学校法。根据美国国家教育改革中心的调查，其中有21部（包括华盛顿特区）属于较强硬的特许学校法，而剩下的20部则属于较软弱的特许学校法阵营。在较强的特许学校法中按A—B（A代表"强端"，B代表"弱"端）的等级来打分，其排序结果如下：亚利桑那州、加利福尼亚州、科罗拉多州、特拉华州、哥伦比亚特区、佛罗里达州、印第安那州、麻萨诸塞州、密歇根州、明尼苏达州、密苏里州、新泽西州、新墨西哥州、纽约州、北卡罗来纳州、俄亥俄州、俄勒冈州、宾夕法尼亚州、得克萨斯州和威斯康星州。

弗加瑞指出，特许学校法的"强弱"主要是通过特许学校的数量和类型、自治的程度、绩效条件以及特许学校的续建等来体现。② 总的来说，特许学校的立法普遍遵循这样一条规律：在那些支持力量强大的州，总是更有可能通过强硬的特许学校法；而与之相反，在那些反对呼声较为高涨的州，则通常习惯对特许学校立法进行诸多限制，最终只能通过软弱的特许学校法。

---

① Danny Weil, *Charter Schools: A Reference Handbook*, pp. 193 - 195.

② Bruce S. Fusarelli & E. Vance Randall, *Better Policies, Better Schools: Theories and Applications*, p. 277.

通过强硬特许学校法的州，个人或团体在申请成为特许学校时，往往受到的限制最少。法律既不限制特许学校的数目，特许学校也不受规则的限制。在财政方面既能资助自治，又实行自治。比如明尼苏达州、加利福尼亚州、科罗拉多州、麻萨诸塞州、密歇根州和亚利桑那州等。因为亚利桑那州拥有全美最为强硬的特许学校法，所以，特许学校在该州享有很高的自主权，可以不受学区和州教育法规的束缚而成为完全独立的法人实体。另外，在所有州当中，加利福尼亚注册的学生数量最高，达219480人，如果将华盛顿哥伦比亚特区看成是一个州，那么它是特许学校占据公立学校数量份额最多的地区，达26%。[①]

强硬的特许学校法赋权广泛的社会团体创建特许学校，并允许特许学校由学校董事会之外的实体兴办。这样兴办起来的特许学校往往能在课程、教学和实践操作方面拥有更广泛的自由权利。[②] 强硬的特许学校法能帮助特许学校摆脱官僚主义和州法规的约束，并提供给特许学校更广泛的自治权，包括接受一定数量选择资助的权力和上诉的权力等。

虽然强硬的特许学校法也许为教育革新提供了较大的自由度，但也为特许学校设定了四项一般性标准：①学生成绩：学校必须能使学生在州和学区的测验或其他评价中获得令人满意的成绩；②学校特色目标：学校必须证明它们成功地实现了特许状中列出的学习目标及其他方面的承诺；③财政透明度：学校对公共经费的使用负责；④与法规的一致性：学校必须遵守有关法律（如公共健康和国民权利法），特许学校并不享受这一方面的豁免权。

而拥有软弱特许学校法的州，因为反对集团的激烈反对，许多州的法律往往对特许学校的申请人资格、特许学校的数量和招生人数、特许学校的经费以及特许学校的自主权等进行严格的限制。如佐治亚州、新墨西哥州、威斯康星州、夏威夷州和堪萨斯州等，对开办特许学校的数量和学生

---

① The Center for Education Reform, "Charter Schools By the Numbers", 2005 - 10 - 06.

② Richard Neumann, *Sixties Legacy: A History of the Public Alternative Schools Movement, 1967—2001*, p. 210.

人数都有诸多限制。但从总体上来看，强硬特许学校法在美国占据显著优势。[①]

软弱的特许学校法常常限制特许学校兴办者的人员构成，并且赋予地方学校委员会对特许学校行使否决权。软弱的法律只能为课程革新和独立课程提供较小的自由空间，只允许建立较少的特许学校。有一些州甚至没有通过较为详细的特许学校法，特许学校只能在作为学区的一部分时才拥有合法的身份，提供给它们的自治权也不会超过传统公立学校的范围。如伊利诺斯州特许学校法只允许在该州开设60所特许学校，北卡罗来纳州规定每年只能新增5所特许学校，而麻萨诸塞州规定划拨给特许学校的经费不能超过学区教育经费的9%。如果按C—F（C代表“强端”，F代表“弱端”）的等级给软弱的特许学校法打分，其排序结果如下：阿拉斯加州、阿肯色州、康涅狄格州、佐治亚州、夏威夷州、爱达荷州、伊利诺斯州、爱荷华州、堪萨斯州、路易斯安那州、密西西比州、内华达州、新罕布什尔州、俄克拉何马州、罗得岛州、南卡罗来纳州、田纳西州、犹他州、弗吉尼亚州和怀俄明州。

无论是强硬的特许学校法还是软弱的特许学校法，官僚主义都或多或少地存在于特许状的申请过程中。卡罗尔·阿舍和格林伯格在研究纽约的特许学校后指出，特许状申请过程中官僚主义的影响已经共同“行动起来减缓了特许学校的改革”。

---

① Henry M. Levin, *Privating Education: Can the Marketplace Deliver Choice, Efficientcy, Equaity, and Social Cohesion?* p. 208.

第三章 | 特许学校运动的发展

许多支持特许学校的进步主义者认为，特许学校是阻止保守主义者通过教育券和所谓的学校选择来使学校私有化的有效途径。在经济和社会的大背景中，特许学校被看作解除市场和社会机构私有化控制等社会问题的解决方案。这些教育者把特许学校当作阻止教育完全市场化控制的权宜之计。就连一些社会活动家也和那些教师一起开始热切支持特许学校运动。他们认为，特许学校为陷入困境的学区提供了一种无等级制度的改革途径。如果社会能像特许学校一样从社区和学生的利益出发建设公立学校，那么，公立学校不仅能够运作下去，并且还能运作得很好。这些进步主义教育者希望将特许学校作为公立教育变革的一项措施，并且能够在其中创造性地实施新的理念——即通过变革实现对公立教育的拯救。[①] 正是在进步主义理念和政策的指导下，特许学校最终发展形成了自己独特的模式。

第一节　推动特许学校发展的力量

特许学校运动的发展主要得益于两股力量的推动：一是联邦政府的支持。特许学校在联邦政府的支持下，迈上了一个新的台阶，完成了从兴起到发展壮大的过程。二是私营公司的介入。私营公司的介入为特许学校的发展注入了新鲜血液。无论在办学理念上还是在办学效益上都为特许学校的发展提供了一个全新的视角，也因而引发了公平与效益之争。

一、联邦政府的支持

特许学校拥有政府的广泛支持，无论是共和党政府还是民主党政府对特许学校都是持普遍欢迎的态度。共和党政府看好特许学校是因为特许学

① Danny Weil, *Charter Schools: A Reference Handbook*, p. 3.

校既能遵循市场逻辑，也能阻止公立教育的垄断；而民主党政府支持特许学校则是基于其更有可能开办在大的学区，这样能够为内城的家长提供更多的选择。另外，一些自由派的民主党人士也将特许学校作为阻止教育券项目的工具。同样，许多教师工会也这么认为，特别是在 20 世纪 90 年代早期教育券项目方兴未艾的时候，全国教育协会就正式地支持过特许学校，它甚至还成为特许学校的授权机构。①

总之，特许学校能够最终发展成熟并形成自己特有的模式，与联邦政府和州政府的政策激励密切相关。以州教育委员会为例，州教育委员会作为协调各州教育计划的组织，曾经在一个关于学校管理的报告中提出过美国公立学校改革的两种途径：途径之一为通过对政府角色的重新界定实现公立学校改革；途径之二为重建公立学校系统，让特许学校成为公立学校的未来模式。州教育委员会的学校管理报告奠定了州支持特许学校发展的基调，同时，联邦政府也为促进特许学校的发展做出了努力。克林顿政府通过公立特许学校计划为各州提供特许学校发展的专项经费；同时，又通过奖学金分发项目为获得成功的特许学校提供额外的奖励性经费。在克林顿就任美国总统的 8 年时间内，支持特许学校的发展成为其教育政策的一项重要内容。特许学校也因此有了突飞猛进的发展，标志着特许学校运动的大发展时代已经来临。

（一）克林顿政府的支持

早在特许学校刚刚出现不久，在美国两大政党竞选时，特许学校就曾是两派竞选纲领中热切关心的话题。20 世纪 90 年代初，克林顿政府在制定联邦政府的教育政策时，首次将特许学校作为公立学校的改革措施纳入教育政策体系中。1992 年，尽力提高美国教育水平成为克林顿政府的竞选口号。克林顿在对当时的热点教育问题——“择校”问题发表看法时指出，他不赞同在公立学校和私立学校之间开展竞争，他支持公立学校之间

---

① John F. Witte & Arnold F. Shober, Paul Manna, “Analyzing State Charter School Laws and Their Influence on the Formation of Charter Schools in the United States”, *Paper prepared for the American Political Science Association* 2003 *Annual Meeting*, Philadelphia, P. A.: August28 – 31, 2003, pp. 1 – 12.

的竞争。在提倡公立学校竞争的前提下，他支持对公立学校的择校有所限制的计划——“特许学校计划”，反对布什政府提出的教育券计划。教育券会让公共经费流入私立学校，这不利于公立学校的改善。该项计划由民主管理理事会（Democratic Leadership Council，简称 DLC）具体制定，明尼阿波利斯市政策研究中心的高级研究员特德·柯尔德瑞（Ted Kolderie）为主要策划人。他指出，学区对公立学校的垄断是造成公立学校质量低下的核心问题。公立学校要改革应当首当其冲地消除学区垄断公立学校的情形。在“特许学校计划”中，个人或团体都可以申请承办和新办公立学校，而父母有权为孩子选择就读的学校。克林顿非常支持这项计划，并多次拨款从财政上支持特许学校的实验。

克林顿总统、美国联邦教育部部长赖利及副部长杰拉尔德·V. 蒂罗齐（Gerald. V. Tirozzi）都曾是特许学校运动的积极支持者。他们认为特许学校将成为公立学校改革中最具活力的因素，特许学校改革能提高公立学校系统的教育水平①克林顿一上台就颁布了一项法律：《2000 年教育目标：美国教育法》（*Goal* 2000: *Educate American Act*），着手修改布什时期的教育政策，废除教育凭证制度，推行特许学校计划。赖利认为，特许学校运动能代表美国教育中锐意进取、不甘平庸以及追求卓越的最好一面。同时，她也相信，教育对民主原则持久的信奉。

早在 1994 年，联邦政府通过的两个教育法令都曾提出过对特许学校资助的问题。《2000 年教育目标：美国教育法》中规定，各州可以用从联邦政府获得的经费资助特许学校的改进。《改进美国学校法》（*The Improving American' s School Act*）专设了一笔经费，用于特许学校的设计和创办。克林顿也曾多次在国情咨文中提到特许学校的发展问题。

克林顿在 1995 年的国情咨文中，竭力主张各州采纳特许学校法。他竭力要求各州给予所有父母为孩子选择上哪所学校的权利，允许他们能根据特许状去组建新学校，前提是只要他们能做好工作就行。他还说服国会拨出 600 万美元来帮助创建特许学校。

---

① Gerald N. Timzzi, “Speeches and Testimony on Charter Schools before of Representatives”, *ED Initiatives*, April 17, 1997.

1996 年 10 月，赖利宣布将 1700 万美元以奖学金的形式拨给 17 个州、波多黎各和哥伦比亚特区，以支持启动和发展额外的成百上千的特许学校。

克林顿在 1997 年 2 月 4 日的国情咨文中发表了题为《为美国的教育，行动起来!》的报告，号召家长、教师、企业领袖、地方和州政府官员为 21 的世纪美国教育采取 10 点行动。该报告的第 5 点即为“扩大公立学校的选择范围，提高公立教育质量”，特别强调每个州应给予家长为其孩子选择合适公立学校的权利，认为公立学校只有通过“革新、竞争和家长参与”才会变得更好。他极力推荐特许学校制度，认为只有特许学校能够实现公立学校的有效变革。克林顿指出，家长“择校的权利将推动竞争和改革，从而使公立学校办得更好”。克林顿还认为，特许学校应该是一所家长和教师愿意选择的优质学校，它们应该制定和追求最高标准，以绩效决定其生死存亡。克林顿政府计划到 21 世纪时美国要创立 3000 所特许学校，要让家长在送他们的孩子进入最好的学校方面拥有更多的选择权。另外，1996 年度的国情咨文还提出，将 1997 年联邦政府拨款增至 5100 万美元；在 1998 年的政府预算中决定划拨给特许学校经费 1 亿美元，这个数目是 1997 年特许学校经费的两倍；1998 年开办特许学校的数目预计将达到 1100 所，这些特许学校均由教师、家长、社区等责任团体管理；计划在 21 世纪初建成 3000 所特许学校，接受学生 30 万人。①

1997 年 4 月，蒂罗齐就特许学校问题发表看法指出，特许学校的最大优势集中在：能提高学术性标准；能赋予受教育者更多的选择权；能带动家长和社区的参与；能实现公立教育中的机会；能通过绩效自治提高学校的责任感。他认为，由于特许学校能给美国家庭带来全方位选择公立学校的机会，所以政府应该在特许学校问题上多多努力。

1998 年是特许学校发展的里程碑，克林顿的计划得以实现。他于 1998 年 10 月 22 日签发了《特许学校扩展法》（*Charter School Expansion Act*），其要点包括：联邦政府对自治州实行优先的财政政策，大力发展特许学校，要求加强对其检查和评估，并奖励办学成效显著的特许学校。1998

---

① Danny Weil, *Charter Schools: A Reference Handbook*, p. 37.

年，联邦政府为特许学校的拨款达到了8000万美元。

1999年8月，克林顿政府宣布拨款9500万美元用于资助特许学校的创办和满足不断增长的成立公立特许学校的要求。其中，4100万提供给19个州和哥伦比亚特区及波多黎各，为“三年期补助”的第一年提供资金以支持开办新的特许学校，其余的5400万将提供给另外的13个州作为第二年或第三年的补助金。1999年，美国教育部还专门组织召开了全国“特许学校会议”，在会上特许学校的相关问题成为研讨的核心。在克林顿政府的支持下，以特许学校为契机着手对公立学校进行“改制”，力图实现“公校私营”的目标。这样，特许学校改革在20世纪90年代的美国逐渐流行开来。

2000年1月27日，美国总统克林顿面对国会参众院的两党议员及全国社会各界代表，作了他任美国总统以来的第8次（也是最后一次）年度国情咨文讲演。在这一长达1个半小时的全国电视直播讲演中，教育改革依然是国情咨文中的最重要内容之一。他再次重申“特许学校能提供真正的公立学校选择”，并要求国会批准2000年度财政中用于“公立特许学校计划”的1.3亿美元，以最终实现在全国建立3000所特许学校的目标。2000年度的国情咨文报告可以看作1997年国情咨文中教育改革10点计划的继续和改进，这些内容在相当程度上反映了美国当前教育改革的重点。

克林顿总统1993年1月上任，任期4年；1997连任，到2001年1月卸任。对于特许学校运动的发展，克林顿作出了突出贡献。当克林顿首次就任总统时，全美只有1所独立的公立特许学校，到他卸任时已有近3000所公立特许学校。克林顿在1997年的国情咨文报告中曾承诺，要在下一个四年中，优先确保所有的美国人都能受到世界上最好的教育，并希望通过公立学校的自由创新来提高标准、期望和绩效责任实现，“这是一种我们希望所有儿童都接受的教育”的教育理想。此后，克林顿在1998、1999、2000年的国情咨文报告中都反复讲教育。在1997年的国情咨文报告中，他用了三分之一的篇幅，大谈美国教育的改革与发展。在迎接新千年时，克林顿又说：“在2000年及以后的年代，我希望整个民族都能获得他们所需要的世界一流的教育。随着美国步入新的世纪，没有任何事情比这个更重要。”

由此可见，克林顿政府对于推进特许学校运动的发展进程起了很大的作用，使特许学校运动步入了一个崭新的阶段。

（二）小布什政府的支持

2001 年，克林顿政府将对支持特许学校运动的接力棒传给了乔治·W. 布什（George W. Bush）政府。2002 年 1 月，布什总统上任伊始就大刀阔斧地发动了以《不让一个孩子掉队》（*No Child Left Behind*，简称 NCLB）法案为标志的教育改革，这是近 20 年来美国开展的以提高基础教育质量，促进教育公平为目的，基于标准与强调绩效考核为手段的教育改革运动的延续与集中体现。

在《不让一个孩子掉队》法案中，布什总统为致力于教育教学和提高绩效责任的州和学区创设一种特许的选择，不仅支持特许学校，而且还将这种"特许"扩展至学区和州，提出"拟建立一种对肩负改革和责任制的州和学区予以特许的选择制度。在本计划下，州和学区将不受到分级项目要求的约束，替代措施是向教育部部长提交一份五年业绩协议，该协议将特别依照责任制的严格标准拟定。"① 法案第五条（Title V）规定：筹划有根据的家长选择和改革计划。在鼓励创办公立特许学校方面，应该遵循以下原则：原则一是考察申办特许学校的方案设计，政府对特许学校的初期建设提供资金援助，并评估学校工作的开展情况，争取在创办之初就将特许学校打造为优质学校；原则二是由美国教育部部长审批特许学校的设立申请，经批准后方能获得联邦政府的资金支持，申请书应该尽可能详细，要具有严密的逻辑性和说服力；原则之三是各州在实施特许学校方案时应该尽量保证特许学校计划的多样性。联邦政府应该划拨专门款项作为特许学校的建设经费。同时，在经费使用方面，联邦政府应该设置学校行政开支的上限，对经费的使用情况进行定期设计；原则之四是美国教育部部长设置竞争性奖励基金，以鼓励各团体开发或扩展公立学校选择计划。②

---

① 吕达、周满生主编：《当代外国教育改革著名文献（美国卷）》第四册，人民教育出版社 2004 年版，第 195 页。

② 古冬梅：《美国教育政策解读——〈不让一个孩子落伍〉（NCLB）法研究》，硕士学位论文，福建师范大学教育系，2010 年，第 35 页。

2001 年 10 月，美国教育部宣布，联邦政府将拨款 1.82 亿美元用于建立、发展和扩大特许学校。加利福尼亚、得克萨斯、印第安纳等 15 个州将获得 3 年资助的首期经费 8900 万美元，其中，亚利桑那州的 65 所特许学校将直接从教育部得到 1000 万美元的经费；另外，哥伦比亚特区和波多黎各及 20 个州将获得 8600 万美元的特许学校经费，用于特许学校的计划和项目设计、学生学业测评、教师的专业发展以及课程、设备等方面；同时，联邦政府还将花费 700 多万美元支持一项国家计划，用于研究和收集特许学校的有关数据，开展教学辅助、教学评估等方面的经验分享工作。2003 年，小布什在华盛顿特区的讲话中再一次强调要大力支持特许学校的发展。他说："联邦政府将对特许学校有更多的投入。我建议将预算的 3.2 亿美元给特许学校。"① 另外，国会还拨出了 500 万美元的专款，用于华盛顿州的城市建设特许学校优先权计划，并承诺 2004 年为 5 所特许学校各拨款 100 万美元以帮助他们购买所需设备。这些学校将分别被兴建在邻近的 12 个地区之中。总之，小布什政府在《不让一个孩子掉队》法案中，总共投入 20 亿美元用于激励特许学校的发展和 10 亿美元用于改善特许学校的设备。

（三）奥巴马政府的支持

奥巴马政府对特许学校的支持强大而独特。这意味着奥巴马政府在对特许学校毫无保留支持的同时，也设立了支持的特许学校的类型。能获得奥巴马政府青睐的是那些富有个性、卓有成效的优质特许学校。奥巴马政府认为，特许学校高度自治和极具创新性的特点使其能引领公立学校改革，它特别能刺激公立学校在课程和教学创新方面做出努力。

由于美国特许学校具有公立私立学校的双重优势，因此，奥巴马政府将特许学校作为撬动公立学校改革的支点，并将其视为美国新世纪学校的典范。这种双重优势体现在：特许学校首先是公立学校，它具有一切公立学校公平、公正、免学费、对所有人开放的优点；特许学校又有私立学校重视绩效、重视创新、注重提高教育质量的优势。这样，在特许学校优势

---

① President Discusses Education Reform in Washington D.C., 2003.

的刺激下，可以引发公立学校间的竞争，促进公立学校提升管理水平及教学质量。

奥巴马指出，特许学校有利于教育的改革和创新，限制特许学校的发展，“对我们的儿童、我们的经济和我们的国家都是不利的”。他特别强调不要对特许学校的数量设置上限，并鼓励各州通过在特许学校立法中不设置特许学校数量限制来争取教育拨款。在2012年“全国特许学校周”前夕，奥巴马发表了支持特许学校的总统声明。在声明中奥巴马极力推崇特许学校制度，他认为，特许学校能为美国教育制度的创新带来有益的尝试，能给予教师在教学中进行创造的自由，能为公立学校改革起到典范作用。

奥巴马在教育政策上主要采取了两项措施支持特许学校的发展。

首先，奥巴马在2010年3月颁布的《改革蓝图——对<初等与中等教育法>的重新授权》（*A Blueprint for Reform：The Reauthorization of the Elementary and Secondary Education Act*，简称《改革蓝图》）中提出促进公立学校创新和追求卓越。奥巴马在《改革蓝图》中从两方面着手改革特许学校。一是针对目前美国各州有很多特许学校效率低下、盲目扩张以及忽视对卓越品质的追求的现状，为了克服中小学僵化的教育风气，奥巴马总统呼吁加大政府资助力度，增加特许公立学校的数量，同时各州在审批特许学校时应该有严格的选择和审批程序，以确保特许学校的权利与责任并存，并尽快关闭那些失败的特许公立学校。奥巴马坚持认为，特许学校的扩张不应导致平庸的蔓延，而应当是追求卓越。这正如奥巴马在演讲中所提到的那样：“我会努力使特许学校真正负起责任来。办学成功的特许学校将获得发展所需的支持，而那些不成功的特许学校将不得不关闭。”①二是建立更完善的特许学校追加资金投入机制；期待特许学校能担负起更大的责任，制定出比传统公立学校更高的标准；强调特许学校要为所有学生服务，包括少数族裔学生、残疾学生和英语学习者，促使公立学校不断提高教育质量，促进公立学校之间的竞争，以促进对传统公立学校进行

---

① 周红霞：《构建美国全面而有竞争力的教育体系——奥巴马在拉美裔商会上关于全面教育改革计划的讲话摘编》，《全球教育展望》2009年第4期，第56－59页。

改革。

最后是奥巴马政府提出的“力争上游计划”（Race to the Top）的政策。2009 年 7 月 24 日，奥巴马总统和美国教育部长阿恩·邓肯（Arne Duncan）宣布，凡是致力于学校改革的各州均有资格竞争 43.5 亿美元的“力争上游基金”，以支持教育改革和课堂创新。[①] 该政策强调各州要改造绩效低下的中小学，并创办更多优质的特许学校。[②] 具体来说，奥巴马政府将给予联邦特许学校计划双倍资金投入，鼓励创办更多优质的特许学校；明文规定已颁布特许学校法的州不能就特许学校的数量增长设置上限，学生可以在任何特许学校就读；特许学校应该和传统公立学校一样获得相同数量的经费；优先支持那些帮助特许学校服务更多学生的州，并为积极增强特许学校职责的州提供更多资金；特许学校在申请基础设施经费时，州应该像对待传统公立学校一样一视同仁；要求各州对运行不良、质量不高的特许学校采取干预措施，允许关停那些苦苦挣扎的特许学校，并为长期运行不佳的特许学校提供明确的关闭流程。

二、私营公司的介入

英国著名的比较教育家萨德勒有句名言：“校园围墙外的事情甚至比校园围墙内的事情更加重要，校外的事情制约并且说明校内的事情。”[③] 20 世纪 90 年代美国公立学校私营化的开展是由当时政治和经济环境所决定的，并深受 80 年代以来美国社会其他公共事业私营化成就的影响。

20 世纪 90 年代，美国公立教育面临双重挑战：各州教育财政的新威胁时有发生的挑战和放弃公立教育而以私立学校取而代之的呼声日益高涨的挑战。[④] 这促使公立学校领导为增加教育资源、扩大学校服务项目、提高

---

① President Obama, “U. S. secretary of education Duncan announce national competition to adance school reform”.

② 吴慧平：《力争上游，美国开展全国性教改竞赛》，《中国教育报》2009 年 9 月 22 日。

③ 吴文侃、杨汉清：《比较教育学》，人民教育出版社 1989 年版，第 27 页

④ 国家教委教育管理信息中心、中国国际资料服务中心：《美国让大学生参加社区服务》，《世界教育信息》1994 年第 3 期，第 16 页。

办学效益而进行改革，并选择私营化道路。公立学校的私营化，通常是借助私营公司的方式来实现的。

美国公立学校的私营公司的正式名称为营利性教育管理组织（For - Profit Education Management Organizations，简称 EMOS）。经营公立学校的营利性公司的数量虽然有限，但是发展速度却非常迅猛。随着特许学校数量的增长，人们发现私有的、营利性质的教育管理公司能有效地筹集办学资金。这样的私营公司有：麻萨诸塞州波士顿的优势学校公司（ Advantage Schools Inc. ）、田纳西州那什维尔的烽火教育管理公司（Beacon Education Management）、在密歇根州经营 5 所特许学校的特许学校行政服务公司（Charter School Administrative Service）、纽约的爱迪生计划（Edison Project）、Tesseract 集团公司（ Tesseract Group Inc，前教育选择公司）、在密歇根州经营 8 所特许学校的教育发展公司（ The Educational Development Corporation）、亚利桑那州的遗产学会（Heritage Academy）、亚利桑那州的地平线特许公司（Horizon Charter），以及 Mosaica 教育集团（Mosaica Education Inc. ）等等。[①] 本文选取了以下三种典型的私营公司来进行分析：作为失败典型的教育选择公司、作为成功范例的爱迪生学校公司和凸显办学特色的 Mosaica 教育集团。

（一）教育选择公司

20 世纪 90 年代以前，私营公司与学校之间的联系主要在于私营公司和学校签订承包合同，负责管理公立学校的餐厅、学区校车、校舍维修等项目。到 20 世纪 90 年代以后，私营公司开始通过合同的方式接管学校，并开始涉猎学校具体事务的管理。私营公司通常是与正在申办特许学校的地方非营利性机构或刚被批准的特许学校合作，其主要经营活动包括管理学区学校、经营特许学校、开发暑假和课余教学计划、制定和推行学校成绩管理方案等。最早出现的私营公司是“教育选择公司”，它对公立学校的管理是较为失败的。“教育选择公司”创办于明尼苏达州。

教育选择公司的进展并不如人们想象中那般顺利，签约学校很快就与

① Danny Weil. *Charter School: a Reference Handbook*, pp. 147 - 149.

教育选择公司发生了意见冲突，最终导致公司未能与达德县续签管理南点小学的合同。1995 年 12 月，教育选择公司的管理结果经巴尔的摩市学校委员会投票表决后，被评判为不合格，学校委员会决定提前一年半中止执行与教育选择公司签订的管理合同。[①] 这场表决不仅正式宣告了教育选择公司的失败，也直接宣告公司接管公立学校的典型案例在尚未取得成功的情况下就已经夭折了。

（二）爱迪生学校公司

与教育选择公司相比，爱迪生学校公司的发展较为顺畅，至今它仍以惊人的速度发展着，并成为私营公司管理公立学校的成功典型。爱德生学校公司的个案在美国特许学校运动中是非常引人注目的。爱迪生学校公司的创办人是美国田纳西州魏特尔通讯公司创办人兼董事长魏特尔。魏特尔通讯公司很早就通过“第一频道”[②] 节目涉足教育领域。[③]

继“第一频道”节目之后，面对公立学校的教育质量不断受到美国各界指责的情况，1991 年魏特尔提出了一个雄心勃勃但颇具争议性的改造美国教育的计划——“爱迪生计划”（Edison Project）。该计划打算到 1996 年时创立 100 所小学和中学，到 14 年之后的 2010 年要达到 1000 所。这些学校以获取利润为目的，采用“连锁式”的经营方式。魏特尔在向公众阐释他的设想时明确指出：学校的经营隶属于企业活动，赢利应该是其最终的为目的，因此，学校应该按照经营企业的原则来进行经营。魏特尔这样规化他的连锁学校：学校每学年开放 11 个月；学校每天有 12 个小时的“营业时间”，这样安排的目的是为了满足不同上班时段家长的需要；学校每年收取 5500 美元的学费；对所有学生开放，学生只需付足学费即可入

---

① Mark Walsh, “Baltim or Vote Ends city's Contract with EAI”, *Education Week*, December 1995, p. 12.

② 所谓“第一频道”节目，就是魏特尔通讯公司免费为一些中学提供计算机及电视网络设备，但要求接受学校每天组织学生观看 12 分钟该频道的特别节目。这些特别节目是魏特尔通讯公司专门为学生制作的综合性节目，包括新闻、学科知识及娱乐等，但节目穿插有 2 分钟让该公司赢利的商业广告。“第一频道”出现以来受到美国全国性团体的普遍反对，但也有一些地方团体表示赞同。

③ Peter Scheraq, “‘F´Is For Fizzle: The Faltering School Privatization Movement”, *The American Prospect*, Issue 26, May – June, 1996.

学。魏特尔称他的“爱迪生计划”是要创造机会，为家长和学生提供更多的选择。

目前，在得克萨斯州、明尼苏达州、堪萨斯州、麻萨诸塞州等地都有爱迪生公司管理的多所公立学校。为了对这些公立学校实施有效管理，爱迪生公司通过多种渠道筹集学校办学经费。经费获得的渠道并不仅仅局限于学区，同时也通过市场来达成。这意味着爱迪生学校能得到公司资金的强有力支持和及时补充，从而形成可控制的新型学校运营模式。对于那些公共教育财政资源不足的州，这无疑有助于解决或者缓减公立学校的资金问题。

爱迪生学校公司经营的爱迪生学校在办学方面与传统公立学校相比，有以下几点不同：一是更长的学生在校学习时间；二是更小的师生间的比例；三是更多的较有针对性的辅导课程的开设；四是更具人性化的教材；五是更多地在教学中使用现代科技；六是更充实的艺术教育和语言指导；七是更有效的学习系统；八是更高的教师工资（包括教师在教学研修和备课的时间）；九是更优惠地对待本校的学生、家长、教师，如爱迪生公司对本学校学生、家长、教师等提供购物折扣优惠等等。

（三）Mosaica 教育集团

Mosaica 教育集团是美国最大的几家经营公立学校的私营公司之一，它为公立学校系统带来了竞争和效率。Mosaica 教育集团同时也承担了学生的课后和暑期家教服务项目；帮助美国的公立和私立学校加强经营、发展专业和拓展课程；帮助其他国家创建自己的学校选择计划。

Mosaica 教育集团是特许学校进行革新的典范。Mosaica 管理的特许学校在课程设置方面颇具特色，公司常常以此为傲。该公司推出了一整套的“示范课程”，特别强调基础技能、跨学科的课程和拓展技术的使用。示范课程包括人文思想、当代文化等内容，具体科目涉及社会、科学、历史、戏剧、音乐、艺术、地理、文学、哲学、伦理学、经济学和科学发明等等，目的是将包含着历史和文化内涵的跨学科项目逐步灌输到学生的头脑中，使学生意识到不同知识领域之间的交错关系。这些课程经由教育专家、社区和有着多元背景的商界领袖、创造今天世界教育的天才得到发展。

Mosaica管理的特许学校在教学中有一些共同规定：每天保证超过1小时的教学时间；学生在一学年里的在校时间增加20天；每3名学生有一台计算机；Mosaica的所有学校采用用艾娃基本技能测试（The Iowa Test of Basic Skills，简称ITBS），此项测试通常一年进行两次，按照国家评价标准分别在春天和秋天对学生的学术成长状况进行测试；在幼儿园开设外语学习课程；运用于现实世界的基本技能和跨学科的课程以及安全和有保障的学习环境。

Mosaica教育集团以其办学特色、课程设计和持续的专业发展以及多样化的评价获得了成功。Mosaica管理的特许学校所有年级学生考试分数增加幅度超过了整个国家的平均水平。语言艺术的学生成绩的增幅超过了国家平均水平的30%，数学超过了国家平均水平的23%。研究表明，Mosaica管理的学校学生取得的成绩超过了该学校在创办之初的水平。在Mosaica管理的学校中，学生注册人数的增加是公司社区教育模式和家长参与以及教师和行政管理者对学生成绩履行承诺的实现。

荒原特许学校（The Fell Charter School）是Mosaica教育集团公司管理的一所比较典型的学校。该校以拓展学生、家长、教育工作者以及用最新技术提供经典教育的社区追随者的视野为使命，强调为传承经验（包括书本知识）提供新的机会。校方认为，运用计算机技术和适应性软件的革新技术将会更进一步加强学生的知识基础。学校通过为每个学生提供个性化的学习计划以改变评价方式，目的是实现所有学生对概念和技能的理解。在自治的条件下，学校能通过提供小班级教学、更小的学校规模和有效的课程设置更好地实现目标。学校的最大优势是能为所有教师和孩子创造安全的和先进的学术氛围，所有管理机构的成员将会和社区成员一起工作以共同经营学校，支持并要求家长参与到每个孩子的教育行动中，让家长在孩子的教育中起到更为积极的作用。学校不只是进行学习的场所，学校的目标是赋予世界以责任、听取道德的呼声、培养受过良好教育的公民。这才是教育的真谛。

（四）利弊与得失

私营公司介入公立学校管理的益处是显而易见的。与传统的学区管理公立学校相比，私营公司的优势主要在于拥有更大的灵活性、挣脱传统的革新性和更大的经济规模，① 能为公立学校提供系统、全套的服务。但是，私营公司也已经成为专业的改革者（大部分是教育工作者）和激进的改革者（大部分是商界领袖和社区活动家）政治论争的一部分。从总体上看，私营公司的介入被认为是公立学校体制改革中最为激进的改革因子。私营公司的出现和发展是自然而然的事，甚至可以说是不可避免的公立学校变革的必经过程。②

具体来说，私营公司经营特许学校的优势首先在于它们为公立学校积累了丰富的管理经验，开拓出了一种全新的管理思路，并最终成为未来公立学校发展的一种趋势。特别是在管理特许学校方面，私营公司取得的成绩斐然，得到了社会各界人士的认同。以爱迪生学校公司为例，所体现的便是私营公司管理特许学校利大于弊的特征。虽然董事长魏特尔和研制者舒密特从一开始就宣称爱迪生学校公司是为着赢利的目的，但从客观上来看，爱迪生学校公司迄今尚未赢利。换句话说，爱迪生学校公司旗下的公立学校到目前为止没有一家是赢利的。以 1998 年和 1999 年为例，爱迪生学校公司在 1998 净损失 2200 万美元；1999 年更甚，损失的资金高达 4950 万美元。尽管爱迪生学校公司在亏本运营着，但是其产生的社会效应却是相当不错的，迄今为止，学区和特许学校均对爱迪生学校公司的表现表示满意，没有任何学区或特许学校想和爱迪生学校公司终止合同。在这一点上可以说爱迪生学校公司管理学校是成功的。更为可喜的是，爱迪生学校公司已经与管理合同期满的 3 个学区续签了合同；爱迪生学校公司正有选择地通知得克萨斯州谢尔曼学区的教育官员，拒绝再和他们续签合同。更为重要的是，爱迪生学校的学生中有 62% 的学生能享受联邦资助的免费午餐，其目前的流动率仅为 7%，而这类学生的流动率在历史上都是很高的。现在，每一所爱迪生学校平均至少有 150 名等候入学的学生，各所学校在

---

① Guilbert C. Hentschke & Scot. Oschman, Lisa Snell, "Education Management Organizations: Growing a For - profit Education Industry with Choice, Competition and Innovation".

② 同上。

家长、学生、教职员工和学区公众当中具有很高的满意度，即使是在爱迪生公司不想续签合同的得克萨斯州谢尔曼学区，人们也认为“爱迪生计划中有很多好的方面，家长们都很满意”。

总结起来，私营公司经营成功的关键是拥有有效的合同管理系统。在这种情况下，学区和其他教育机构就不会感到失落，因为他们没有脱离教育事务的范围，只不过是完成了教育提供者到合同管理者的角色转换。这种转变也意味着界定评估的标准被放在了最显眼的位置，私营公司将对实现这些目标负责。学区对那些重复的、严重不能达到预期目标的学校行为将给予财政制裁，而对于那些能实现目标或者超越目标的成功学校行为将给予财政奖励。私营公司代表着一种革新的管理模式。学校的管理者能够借此提高学生的成绩。强有力的学校管理合同将赋予私营公司最大的灵活性去实施它们的商业模式。这些合同有着详尽的管理条款和清晰的确保成就的措施，能够更多地让学生受益。私营公司管理公立学校的最大压力在于如果私营公司不能采取有效行动，它们将被学区解聘。因此，私营公司只要让它的雇主满意才能确保自己的生存。①

私营公司取得的成绩虽然值得肯定，但其引发的弊端也客观存在而不容回避。私营公司对公立学校的最大威胁是将公立学校带入市场的漩涡中不能自拔，并最终有可能成为私有化的产物。公立学校和私营公司之间存在着激烈的文化冲突。《费城日报》的一位专栏作家指出，“当爱迪生学校公司的高级执行官对学校的费用这样简单的事情茫然不知所措时，爱迪生计划有多大的现实性可能性？”②

自私营公司入主公立学校管理的那天起，就一直承受着来自社会各界的反对。美国教育学者麦克劳林客观地分析了私营公司管理公立学校存在的弊端。他认为，公司发起的资助公立学校计划之所以能迅速发展壮大，是因为公共教育应该承担的基本社会义务的缺失。当整个公立教育界鼓吹

---

① Guilbert C. Hentschke & Scot. Oschman, Lisa Snell, “Education Management Organizations: Growing a For - profit Education Industry with Choice, Competition and Innovation”.

② 同上。

"教育公司化"时，意味着学校和公众的最大利益将由私营公司来界定。私营公司逐利的本性必然会导致教育活动的短视，而缺乏为学生和社会的长远发展考虑的长视行为。[①] 其中，较为极端的例子来自加州最大的特许学校系统———加里夫公司（Calif.）和教育管理服务公司。据美国《波士顿环球报》2005 年 4 月 14 日报道，根据加利福尼亚州审计组织公布的数据，加里夫公司在为其成员提供丰厚薪金、投资其他产业和购买高价课本方面挥霍了州政府下拨的大约 1.39 亿美元的学校资金。这一行为扭曲了特许学校原本为了帮助学生而增加灵活性的初衷，是对特许学校自治特权的严重亵渎。正是由于特许学校拨款被滥用的案例时有发生，所以，在各州普遍存在着反对公立学校私营化的组织和团体，它们通过对州、地方政府和学区施加政治影响，从而给私营公司制造阻力。其中，全国教育协会和美国教师联盟（American Federation of Teachers，简称 AFT）的作用显得尤为突出。

总的来说，营利性教育正在促使公立学校系统改变自己以适应需要。特许学校就是典型的例子。在这样一场公司管理学校与传统公立学校的教育对抗中，爱迪生学校公司总裁一针见血地指出："最大的赢家是孩子"。

三、支持者联盟的壮大

特许学校拥有广泛的支持度，特许学校支持者的组成极具多样化的特点。无论是共和党人还是民主党人对特许学校都是普遍欢迎的。共和党人看好特许学校是因为特许学校既能遵循市场逻辑，也能阻止公立教育的垄断。而民主党人支持特许学校是基于特许学校更有可能开办在大的学区，这样能够为内城的家长提供更多的选择。另外，一些自由派的民主党人士将特许学校作为阻止教育券项目的工具。同样许多教师工会也这么认为，特别是在 20 世纪 90 年代早期教育券项目方兴未艾的时候。众所周知，全

---

① Peter W. Jr. Cookson & Barbara Schneider, *Transforming Schools*, New York: Garland Publishing Inc, 1985, pp. 535 – 550.

国教育协会就正式地支持特许学校，甚至还成为特许学校的授权机构。[①]

特许学校的调查资料显示，近年来家长支持特许学校的热情越发高涨，学区对特许学校的态度也有所缓和。教育改革中心在2005年的调查显示：从前人们对特许学校的支持率偏低主要是源于人们对特许学校的不了解和认识不充分，一旦人们清楚什么是特许学校以后，一般都会对其投以极大热情，特许学校的概念在很多时候被大多数美国人误解了。一项在全美范围内发布的调查数据显示，公众对特许学校的支持率在持续上升。以2000年到2005年5年间为标准，公立学校家长对特许学校的支持率从40%上升到了48%，整整提高了8个百分比；即使在那些没有孩子的居民中，支持率也是居高不下，由42%上升到了49%。

与此同时，传统公立学区的教育管理者对特许学校的态度也出现了明显的转向。他们对特许学校不再一味地否定，而是开始认识到特许学校能够引发公立学校系统内的竞争，从而改善公立学校质量。以底特律的公立学校为例，该地区公立学校的招生20年来一直呈现下滑的趋势。自从特许学校在该学区兴办起来以后，该学区公立学校的招生终于有了起色。底特律学区的首席执行官肯尼斯·博恩利（Kenneth Bumley）博士把底特律公立教育系统的重获活力归功于特许学校的竞争。

新泽西州州长克里斯蒂2009年担任州长伊始就声称要在该州最大的城市纽瓦克市推行他的公立学校计划，大力发展特许学校，并在上任第一天就参观了一家特许学校。2010年，facebook首席执行官马克·扎克伯格（Mark Zuckerberg）宣布捐赠给纽瓦克公立学校系统的1亿美元资金，将有一部分作为奖金直接发给提出创新性教学计划的学校教师。2011年1月，家住美国加州埃尔塞里托的迈克尔？尤戈医生创办了加州首所汉语浸入式特许学校。

2011年11月，美国加利福尼亚州一家高级饭店内举行了一场关于新

---

① John F. Witte & Arnold F. Shober, Paul Manna, "Analyzing State Charter School Laws and Their Influence on the Formation of Charter Schools in the United States", *Paper prepared for the American Political Science Association* 2003 *Annual Meeting*, Philadelphia, P. A, pp. 1 – 12.

型学校风险投资的会议，参会的人员有比尔和梅琳达·盖茨基金会执行官、斯坦福大学和哈佛大学的麦肯锡顾问。会议获得了一些资深投资人的资助，会议的最终目的在于帮助处境不利的学生的学业发展。

2013 年 6 月，雅虎首席执行官玛丽莎·梅耶尔拍卖“午餐时间”为加利福尼亚州东帕洛阿图（East Palo Alto）特许学校筹集善款。

如今，特许学校已经成为了“富翁慈善俱乐部”青睐的对象。支持特许学校的亿万富翁中不乏比尔·盖茨、米歇尔·戴尔以及沃尔顿家族这样富可敌国的成功人士。但是，支持特许学校的名人和慈善家们从不自己直接办学，他们只是对寻找成功的特许学校感兴趣。找到这样的优质特许学校以后，他们会提供资金以扩大这些学校的成功。在富翁们眼中，寻找成功特许学校并加以栽培比起创办特许学校本身更容易获得好的结果。

2013 年在波士顿的市长竞选中，增办特许学校已经成为各位市长候选人的共识。2013 年 6 月，12 位波士顿市长候选人在波士顿科普利广场的公共图书馆主馆举行的教育论坛上亮相，就教育改革唇枪舌剑、各抒己见，展现不同的改革理念，但增办特许学校成为多数候选人的施政法宝。与会的多位市长候选人提出，在保证教育拨款的前提下，一致支持大力兴办特许学校，鼓励教育机构引入创新和创造力，延长在校时间，恢复投资艺术教育，并就如何处理与波士顿教师工会的合同谈判展开讨论。

本次活动由 Ed Vestors、Mass INC、Teach Plus、The Boston Foundation 和 Massachusetts 2020 等机构赞助发起，为的是给诸位市长候选人一个平台，各自表述如何解决落后学校，评估教师的工作业绩等棘手教育问题。

其中，讨论最为尖锐的焦点即是特许学校的问题。根据 1993 年出台的教育改革法案，成立特许学校旨在提供公立学校所不能给予的创新教育。特许学校所受管制要少，基本独立在当地学区之外，雇用的几乎都是非教师工会成员的教师。

麻州众议员马丁·J. 沃尔什（Martin J. Walsh）16 年来担任一所特许学校的董事，他为此很自豪，表示要支持增加更多表现优异的特许学校。

地区检察官丹尼尔·F. 康利（Daniel F. Conley）则认为，特许学校的表现将带动下一步所有学校的革新，为此他毫不含糊地支持设立更多特许学校。康利说：“这需要一种紧迫感，涉及学校公平的大问题。”

市议员约翰·康纳利（John Connolly）也表达了自己的观点，首先他坚定地支持开办特许学校，警告对特许学校“有毒论”的散播。他说：“我不在乎它是一所波士顿公校还是一所特许学校，我关心的只是它是否是一所好学校，我希望确保每所学校都为孩子提供最好的教育。”

另一位候选人，社区活跃人士比尔·瓦尔恰克（Bill Walczak）共同参与创立了科德曼学院特许公立学校（Codman Academy Charter Public School），他赞同增加特许学校的数量，但也指出这只是众多提高教育质量的举措之一，毕竟教育水平的提高要惠及全市公立学校的5.7万名学生。当然，他肯定了特许学校的自主权和强有力的领导方式，认为这样才能提高教育体系的效率。

市议员迈克尔·P. 罗斯（Michael P. Ross）表示，不同意增加麻州特许学校的整体数量，但在各学区内可以增设特许学校，确保其拥有自主权的同时仍被纳入波士顿公校体系。“对我来说，特许学校开办的目的就是给目前的公校体系一记重拳，”罗斯说。

第二节　特许学校的迅猛发展

特许学校的法制化过程仅仅代表着一种应该如此的状况，是一种假定的特许学校发展的理想状态，对特许学校的发展具有一定指导意义，但并不能真正体现特许学校的实际发展状况。也就是说，即使通过了立法，也并不意味着一定要兴办特许学校或特许学校就一定会有很大的发展。以1999年为例，在通过立法的36个州中，仍有5个州内没有一所特许学校，其中包括阿肯色州、新罕布什尔州、怀俄明州、弗吉尼亚州和俄勒冈州。内华达州和密苏里州至今各有1所特许学校；夏威夷州、罗得岛州和俄克拉何马州各有2所特许学校；早在1993年就通过立法的新墨西哥州在开办6所特许学校后又关掉了3所。那么，特许学校的实际发展状况究竟如何？特许学校办学的一般原理是怎样的？特许学校在发展过程中是否关注特殊教育的发展？这些正是以下要探讨的问题。

一、特许学校发展概况

1991 年，明尼苏达州第一个通过了特许学校法。1992 年，明尼苏达州的两位教师在圣保罗市开办第一所真正意义上的特许学校——“城市中学”，自此，全美拉开了颇具声势的特许学校运动的序幕。特许学校是否发展壮大，我们可以从两个方面寻找证据：一是公众对特许学校的了解程度，二是特许学校数量和学生人数增长的数据。

首先来看公众对特许学校的了解程度。据 2000 年盖洛普民意测验的结果显示，民众总的来说不了解特许学校。当问到被调查者是否听说过特许学校或者读到过有关特许学校的资料时，只有 49% 的人回答“是”，有 50% 的人的答案都是否定的，剩下 1% 的人回答“不知道”。到 2001 年再对民众进行调查时，肯定回答的人数已经增加到了 55%，高于 2000 年 6 个百分点；2002 年时又增加一个百分点，达到 56%。有些人宣称自己比其他人更了解特许学校。2001 年，有 62% 的郊区居民申明自己熟悉特许学校，他们中 71% 的人年收入超过 5 万美元。据 2002 年调查，39% 的 18—29 岁的年轻人回答说他们熟悉特许学校；69% 的 50 岁或者以上的人回答说他们喜欢特许学校；就居住地而言，63% 的郊区居民回答说支持特许学校；45% 的城市居民也表示了支持。

表 3－2－1　问题：你听说过或者读到过所谓的特许学校吗？（单位：%）

	全国人口			家里没有孩子上学的家长			公立学校学生家长		
年份	2002	2001	2000	2002	2001	2000	2002	2001	2000
是	56	55	49	55	57	49	58	50	44
否	43	44	50	45	42	49	41	49	55
不知道	1	1	1	0	1	2	1	1	1

（资料来源：Lowell C. Rose , Alec M. Gallup, “The 34th Annual Phi Delta Kappa/Gallup Poll of the Public’ s Attitudes Toward the Public Schools”, *Phi Delta Kappa* , No. 1, 2002, pp. 46 – 51. ）

再来看看特许学校数量和学生人数是否增长。据报道，自第一所特许学校创办后的7年间全美出现了近800所特许学校，注册学生超过10万。[①]前面已经提到，联邦政府自1995年开始对特许学校进行资助。正是在联邦政府的资助下，特许学校运动迅速开展起来。在哥伦比亚特区，创办了33所特许学校，注册了公立学校15%的学生；在华盛顿特区，有接近1/10的适龄学生就读于特许学校；[②] 亚利桑那州1/5的公立学校都是特许学校；在费城3年内新建了30多所特许学校，占公立学校总数的10%以上。[③] 应该看到，特许学校运动目前仍在继续发展。

据美国教育部公布，仅1998年就有近700所特许学校在23个州正常运行。其中6个州在接收学生方面表现的特别积极，它们是亚利桑那州、加利福尼亚州、科罗拉多州、麻萨诸塞州、密歇根州和明尼苏达州。20世纪90年代中后期开始，美国特许学校的数量每年保持着两位数的增长趋势，尤其是在亚利桑那、加利福尼亚、佛罗里达、密歇根、明尼苏达、俄亥俄、得克萨斯和威斯康星等州这种趋势更为明显。1997—1998年，这8个州就有近300所学校加入特许学校的行列，这一年间特许学校的总数达到350多所。然而，这在全美的850所特许学校中仅占较小的比例，更多州的参与会使这一比例有所增加。到2000年时，特许学校已达到2 000多所，注册学生超过500万人。

据2003年4月28至5月2日举行的第四年度国家特许学校周的调查结果显示，截至2003年，美国有近2 700所特许学校，共68.5万名学生，逾18万名教师和管理人员，分布在37个州和哥伦比亚特区。

下表是2001年秋—2003年秋各州获得批准的和正在运营的特许学校数目，从中可以看到特许学校的发展状况。

---

① Margaret Hadderman, “Charter Schools”, *ERIC Digest*, No. 118, 1998 – 02 – 01.

② Bruce S. Fusarelli & E. Vance Randall, *Better Policies, Better Schools: Theories and Applications*, p. 276.

③ The State of Charter School, “The National Study of Charter Schools”, 2000 – 01 – 05/2004 – 04 – 14.

表 3-2-2　2001 年以来特许学校发展情况简表

州名	2001 年秋天学校运营数	2001 年秋天学生注册数	2002 年秋天学校运营数	2003 年秋天获准兴办数
阿拉斯加	5	1965	15	0
亚利桑那	419	69884	465	11
阿肯色	6	1806	8	0
加利福尼亚	358	134425	427	7
科罗拉多	89	24352	93	0
康涅狄格	16	2445	16	0
特拉华	11	4335	11	0
哥伦比亚特区	41	10356	39	0
佛罗里达	180	38313	227	4
佐治亚	46	24999	36	3
夏威夷	22	3087	25	0
爱达荷	11	1350	13	1
伊利诺斯	28	5110	29	0
印第安纳	—	—	10	3
爱荷华	—	—	0	0
堪萨斯	28	2389	30	0
路易斯安那	26	5925	20	0
麻萨诸塞	43	13911	46	6
密歇根	196	61148	196	12
明尼苏达	75	9600	87	0
密西西比	1	334	1	0
密苏里	22	4838	26	2
内华达	9	1636	13	0
新罕布什尔	0	0	0	0
新泽西	55	13652	56	0
新墨西哥	21	3287	28	4
纽约	32	7008	38	10
北卡罗来纳	96	20259	93	2
俄亥俄	68	15278	97	0
俄克拉何马	10	1559	10	0
俄勒冈	17	998	25	1
宾夕法尼亚	77	26749	91	2
罗得岛	6	823	8	0
南卡罗来纳	8	595	14	0

续表

州名	2001年秋天学校运营数	2001年秋天学生注册数	2002年秋天学校运营数	2003年秋天获准兴办数
田纳西	—	—	0	0
得克萨斯	214	53263	228	0
犹他	9	587	12	1
弗吉尼亚	6	768	8	0
威斯康星	96	12846	115	0
怀俄明	0	0	1	0
全国总数	2357	579880	2699	69

（资料来源：Inc C. Friedman, Education Reform. Inc C. Friedman. 2004, p. 85.）

到2004年1月时，美国已经开办了2996所特许学校，有超过50万的学生就读此类学校。在2004—2005学年里，400所新的特许学校在美国32个州的范围内创办起来，特许学校总数达到了3400所，就读特许学校的学生达到了100万之众，占基础教育在校生总数的比例也从1%上升到了2%。[①] 另据美国教育改革中心（Centre of Education Reform，简称CER）提供的数据，在2005—2006学年间，美国又净增了424所新的特许学校，至此特许学校总数已经达到了3600余所。

到2009年11月，美国40个州以及华盛顿特区，有特许学校4578所，在校学生1407421人，这几乎是全部公立学校学生的3%。[②] 有研究报告指出，特许学校的学位名额呈现出明显的供不应求的趋势，到2009年9月，每所特许学校平均有239名学生在排队等候入学。[③] 美国教育改革中心在2011年12月发布的《特许学校状况：我们所知道和不知道的绩效与问责》报告中透露，美国的特许学校到2011年时已增长至5714所，在读学生超

① Geogre W. Bush, *National Charter Schools Week*, FDCH Regulatory Intelligence Database, 2005-04-28.

② Center for Education Reform, "The Accountability Report 2009: Charter Schools", 2009-02-10/2009-10-15.

③ Jeanne Allen, Alison Consoletti, "Annual Survey of America's Charter Schools 2010", *CER Charter Survey* 2010, 2011-09-01.

过 194 万人。[①]

根据美国全国公立特许学校联盟发布的报告，在 2010—2011 和 2011—2012 两个年度，特许学校学生人数超过了 200 万。以新奥尔良最为典型，当地就读特许学校的学生比例已经达到了 70% 。在此次调查涉及的其他 6 个地区（包括底特律、华盛顿特区和圣路易斯等地区），特许学校就读学生的比例也超过了 30% 。在纽约市，就读特许学校的学生比例高达 50% ，大约有 4.8 万名学生在 2011—2012 年度就读于特许学校。

截至 2013 年，39 个州和华盛顿特区已经建立了 5600 多个特许学校。估计特许学校的总入学人数从 2012 年的 200 万学生[②]到 2013 年的 130 万学生不等[③]。

在《不让一个孩子掉队》法案和 2009 年美国经济恢复和再投资法案（ *American Recovery and Reinvestment Act of* 2009 ）作用下，特许学校在改进学校方面发挥着重要作用，形成了一种普遍意义上的特许学校办学模式，具体包括经费、类型、规模、种族构成、师资、评价标准等方面。

二、特许学校办学的一般模式

特许学校在办学方面有着自己一整套独特的运作模式，从管理机构、申请程序、经费来源、学校类型、招生办法、注册规模、种族构成、课程与教学、师资力量、评价标准以及退出机制等方面都有别于传统的公立学校。特许学校独有的办学模式也让特许学校呈现出极具多样化的鲜明个案特征。

（一）管理机构

各州特许学校管理机构主要包括以下机构：州教育委员会、州特许学校管理委员会、学区教育委员会等。特许学校管理机构根据各州特许学校

① Alison Consoletti, “The State of Charter Schools: What we know – and what we do not – about performance and accountability”, *Charter Schools CER* , 2011 – 12 – 01.

② E. R. Junge & Zero chance of passage: *The pioneering charter school story* , Minnesota, M. N. : Beavers Pond Press, 2012.

③ National Alliance for Public Charter Schools, “The public charter school dashboard”, 2013.

法的规定而不同，可能由其中的一个或几个部门组成。

特许学校管理机构的成员主要由教育行政管理部门人员或者其指定的人员来组成。以亚利桑那州为例，州特许学校管理委员会成员为：州教育局局长或教育局局长委派的成员，州长委派的公众成员和商业界成员，参众两院院议长联合任命的州议会成员等。

特许学校管理机构的主要职责主要体现在以下方面：一是授予符合条件的申请人特许学校的举办资格，并通过双方签订合约生效；二是负责实施对特许学校的监督；三是将草拟的特许学校法修改建议呈交给州议会等；四是州特许学校管理委员会和州教育委员会可以联合指定学区教育委员会行驶监督特许学校的职责。

（二）申请程序

根据各州特许学校法的规定，教师、家长、社区组织、企业集团或个人都可以向指定的审批机构，如学区教育委员会、州教育委员会或州特许学校管理委员会，申请举办特许学校。在一些州，私立学校或公立学校可申请转制为特许学校。

申请人向审批机构提交的书面申请由办学总体方案和实施方案的具体措施组成，主要内容包括：申请人自我介绍，学校管理机构和管理方案，学校名称和办学宗旨，教育目标，课程安排和教学方法，考核学生的办法，招生计划，学生入学的年级和年龄段，教职工雇用政策，员工职责，未来若干年的预算和财务计划，学校设立地点和设施设备，为教职员工提供医疗保险、责任保险和退休福利计划，防止种族歧视和确保宗教信仰自由的手段，学校开办日期等。

申请人向审批机构提交申请后，审批机构会在规定的时间内决定批准与否。如果审批机构认为特许学校的申请计划不够完善，或者能证明申请人不具备实施申请中提出的各项计划的成功条件，审批机构可以否决申请，并书面通知否决的理由。申请人有权继续向上一级审批机构提交申请。特许学校的最高审批机构一般为州教育委员会。

各州的特许学校法明确规定了公立学校或私立学校转制为特许学校的条件。如加利福尼亚州规定：公立学校转制为特许学校必须具备三个条件：一是需要该公立学校半数以上的教师在转制申请书上的签名；二是申请书的内容必须与创办的新特许学校申请书相同；三是对那些不愿选择在转制特许学校就读的学生，妥善安排好他们就读其他公立学校。

（三）经费来源

关于经费，由于特许学校是公立学校，因此，特许学校不收取学费、征收税金或发行债券，特许学校的主要经费来自于政府拨款和社会捐助。

首先，特许学校与传统公立学校一样依据学生人数的多少从州和当地政府获得经费支持。通常州教育委员会把特许学校的教育经费划拨到州财政局，州财政局分批等额拨付给每个县的特许学校。特许学校可以根据开学后在校生人数的增加情况，要求州教育委员会下拨额外的教育经费。如果特许学校申请提前拨款，一般须得到州财政局、教育局的批准。不过，在一些州，特许学校并没有享受到与公立学校同样的标准，往往是比传统公立学校得到的资助要少。据统计，特许学校办学的生均经费（包括学校设备支出的费用）为4507美元，比传统公立学校的7000美元的生均经费（不包括学校设备支出的费用）要低一些。以纽约州为例，特许学校学生每人每年平均得到8452美元的经费资助，而且不包括专门的设施资助；而在非特许学校内，学生每人每年平均得到9057美元的资助，而且还有额外的设施资助。在明尼苏达州，特许学校只能得到州下拨的那一部分资金，即只获得相当于明尼苏达州传统公立学校经费75%的资金；在新泽西和科罗拉多州，传统公立学校所获得的基本经费仍旧高于特许学校；而在其他一些州，学区在与特许学校在签订合同时就会告知它们所能获得的经费，通常都会少于学区内其他公立学校的经费标准。在特许学校较多的亚利桑那州，特许学校学生所获得的经费是公立学校学生经费标准的80%，能够拿到100%经费的特许学校几乎是凤毛麟角。

除了按学生人数从州和地方政府获取经费外，特许学校还可从联邦政府申请基金补助。克林顿任职期间，出于对特许学校的推崇，每年的资金拨款都有所增加。如1995年时克林顿政府拨款600万美元兴建特许学校，到1997年时这一数目已经飙升到了5100万美元，1998年增长的势头仍旧不减，达到了8000万美元之多。随着1995年“公立特许学校计划”（The

Public Charter Schools Program，简称 PCSP）的颁布，单单启动资金就达到了 600 万美金。另据数据统计，小布什总统曾为特许学校计划投入 6 亿多美元。[①] 在 2007 年的财政预算中，小布什还为“特许学校设备贷款信用增进计划”（Credit Enhancement for Charter School Facilities Program）提供了 3660 万美元的资金。该计划自 2001 年实施以来，联邦政府的专项拨款累计已超过 1.6 亿美元[②]。

联邦政府的支持与资助为特许学校的发展起到了重要作用。这些资金通常从两种渠道到达学校：一是通过本身的申请程序，从联邦政府教育部直接分到学校；二是通过州教育机构以不同的方式分发。一般情况下，州政府根据一所特许学校是否得到当地教育部门的认可来分发联邦基金，如果学校得到认可，那么可直接获得基金。其程序最终由州立法机关决定。2009 年 4 月，奥巴马政府又推出了一项“力争上游”的教育资助计划，试图以 43.5 亿美元的高额教育奖励，鼓励各公立学校在缩小学校间的成绩差距方面做出努力。但是，这笔高额教育奖励的获得不是无条件的，各州学区如果想要获得此项教育奖励，用美国新任教育部部长邓肯的话说，支持特许学校的发展必须成为各州学区获得此项资助的条件之一。[③]

与传统公立学校相比，绝大部分的特许学校不能从学区处获得基础设施的建设费用，只有那些转制而来的特许学校能保留原有学校的一些固定资产。当然，也有极少数的州给刚开办的特许学校提供了启动资金支持，还有一些运气好的新建特许学校碰巧拥有一些闲置的社区空间，但绝大部分特许学校则必须依靠自己的力量获得基础设施的建设费用。

总的来说，特许学校的经费来源比例如下：州政府占 69%，当地学区占 18%，联邦政府占 8%，私人投资占 4%，平均学生开销 4507 美元，平均学生经费 4346 美元。

---

① US Department of Education, “No Child Left Behind and Charter Schools: Giving Parents Information and Option”, 2006-04-07.

② Us Department of Education, “No Child Left Behind and Charter Schools: Giving Parents Information and Options”, 2006-04-07.

③ Alyson Klein, “Duncan Unveils Details on Race to the Top Aid”, 2009-06-15/2009-10-19.

特许学校会如何使用这些下拨经费呢？波士顿的山城学校和密歇根州的北径数学及科学学校有一番自己的打算。以波士顿的山城学校为例，该学校注册了60多名学生。每年每个就读于这所特许学校的学生会获得波士顿学区7000美元的拨款，全年学校所获得的学区总拨款达到50万元美元左右。由于特许学校的性质，学校可以根据自身需要自主地使用这些经费。根据波士顿学区的规定，学区内所有公立学校（包括特许学校）的接送学生可以采取两种方式：一是由学区统一提供的校车接送；二是自己乘车到学校，学区每年补贴每人590美元的交通费。山城学校根据自身需要选择了后者。学校每年统一为每位学生花100元购买地铁月票，剩下的490美金用于学校购买图书。由于山城学校没有固定的学生体育锻炼的场地，学校只有采取为每位学生在当地的基督教青年会俱乐部办理会员卡的方式解决场地问题。学生持有青年会的会员卡，就可以使用青年会的场地和设备进行体育锻炼。当然，除了办理会员卡，山城学校每年还需为体育馆地板的打蜡支付额外的3万美元。①

密歇根州弗里兰的北径数学及科学学校（简称北径学校）则利用校长晓玛的房子作为校舍，全校共有学生39人，年龄从6岁到12岁。北径学校采用新的教学方法，课程包括大量实验和活动。车库即是教室，后园是自然科学的户外教室。与其他公立学校一样，北径学校的经费是来自州政府、六合彩和销售税的资助，全年经费为175500美元。但由于该校是特许学校，学校基本上不受州教育条例的约束，校长晓玛可以根据自己的计划运用经费，不必经过州教育委员会的批准，也可以完全不理会州教育局定下的课程纲领，拥有绝对的自由决定如何运用经费和安排教学。

（四）学校类型

关于特许学校的类型，可以从特许学校的学生群体分布、特许学校的产生、特许学校的举办主体以及特许学校的服务面向四个方面来区分。

首先，从学生的年龄段来看，特许学校最多的是8年级的学生，此年龄段的学生占整个特许学校学生人口的一半以上，几乎所有的特许学校都

---

① 史静寰：《当代美国教育》，社会科学文献出版社2001年版，第197页。

为一年级的学生提供服务，这一比例现在依然处于上升趋势。美国有52%的特许学校属于小学性质，招收1—8年级的学生；有21%的特许学校属于高中，招收从9年级到成人的学生；另有27%属于混合型学校，即同一所特许学校中混合了初、高中两个阶段。在得克萨斯州的特许学校中却能发现超过40种的不同年级结构，超过1/4的特许学校设置有9—12四个年级。美国教育部关于特许学校行动的调查也发现，“许多特许学校没有传统意义上的年级结构”。一所学校中同时包括“12个年级、8个年级或者干脆无年级划分”。这与传统公立学校的年级制度迥然不同。这样的年级结构每年还会随着特许学校的扩展而发生变化。

其次，从特许学校产生的来源看，一种是转制学校（conversion school），此类学校通常由公立学校或私立学校转型而来；另一种是新建学校（start - up schools），这是一种全新的从无到有的学校。据统计，在所有美国的特许学校当中，大约有60%属于从无到有的新建特许学校；有40%为转制特许学校，其中的30%从公立学校转制而来，10%从私立学校转制而来。[①] 明尼苏达大学为美国教育部所做的特许学校研究表明，在1995—1996年期间运行的特许学校有56.4%是新创办的，32.5%曾经是传统公立学校，11.1%是私立学校转制的。

再次，申请者或者举办人的多样化是特许学校的显著特征之一。一般来说，特许学校通常由非营利性组织申请和经办，此比例约占33%；公立学校经营的特许学校占24%；特许学校和公立学校共同经营的占16%；私营公司管理的特许学校占9%；由家长和社区团体经营的特许学校占有同样的比例，都占6%；教师经营的特许学校占4%；大学或者学院经营的特许学校占2%；私立学校和教师联合会经营的特许学校比例最小，都不到1%（由于有些学校由多个经营者共同经营，所以上述的比例之和超过了100%）。[②] 从历史上探源，特许学校最初是由一群具有远见卓识的教师和家长以企业家的精神来建立和管理的，但是，近年来一些私营公司也开始

① 杨慧敏：《美国基础教育》，广东教育出版社2004年版，第136页。

② Jeanne Allen & David Heffernan, "Charter School: Changing the Face of American Education", Washington D. C.: The Center for Education Reform, 2003.

参与到特许学校的申请与经营中，此比例已经占到了9%之多。

最后，从服务面向的对象来看，大部分特许学校服务的对象都会锁定一些特殊的学生群体，比如专门选择为处境不利的学生提供服务。美国教育改革中心的教育学者认为，特许学校服务的对象大多是那些在传统公立学校受到忽视的学生，其中以关注那些处于危机中的学生、少数族裔学生以及低收入家庭的学生为主。传统公立学校对于这样的学生往往弃之不理，而特许学校却不同，它们对这些学生提供了更多的服务，还为这类学生设置特定的课程和采用不同的教学方法。[①] 当然，大多数特许学校与学区内的公立学校一样，都接收相似比例的少数族裔家庭和低收入家庭的学生。

（五）招生办法

特许学校的招生办法与其他公立学校基本相同：特许学校须优先录取学校所在学区范围内适时提交申请的合格学生。如果特许学校没有足够的能力招收所有提交申请的学生，学校必须通过抽签的方法录取学生，并优先录取已在本校就读学生的兄弟姐妹。特许学校录取学生时，不能有种族歧视，不能有家庭、出身、性别、收入水平、身体缺陷、英语流利程度或运动能力等方面的限制。虽然特许学校与公立学校一样，必须对所有学生开放，但是特许学校在一定程度上仍可选择学生。如特许学校可以选择学生的入学年龄段或入学年级，可以拒绝录取那些被其他学校除名的学生。

如果在特许学校上学的学生重新入读其他公立学校，则公立学校应接受该学生在特许学校取得的学分，方法与录取其他公立学校学生一样。

（六）注册规模

关于特许学校的注册规模，大多数特许学校都是小型的，通常平均注册学生量为300名，普遍比传统公立学校的规模小。但是，学生人数会因各州特许学校的不同特色而发生变化。以纽约州和新泽西州为例，虽然纽约州的法律要求每所特许学校至少应该有50名学生，但是学校学生注册量

---

① Jeanne Allen, David Heffernan, "Charter School: Changing the Face of American education", Washington D. C.: The Center for Education Reform, 2003.

却从不到10名学生到超过1000名学生不等；在新泽西州，平均每所特许学校学生的注册量仅为103名学生。据美国教育部1997年的报告，1996—1997年，特许学校平均注册量为150个学生，而其他公立学校则为平均500名；大约有60%的特许学校注册人数少于200名学生，而仅有16%的公立学校有如此少的学生数。特许学校任何年级的注册数都少于公立学校。这种区别在中等教育阶段尤为突出。几乎有4/5的特许中学学生的注册人数少于200人，而只有1/4的传统公立学校注册量少于200人。①

特许学校在注册规模方面每年都将随着增加的年级和注册学生人数的增长而发生变化。一项对得克萨斯州特许学校的评估揭示，特许学校在服务年级和注册规模方面存在着令人吃惊的多样性。特许学校学生注册量的变化范围从23名学生到2070名学生不等，平均注册人数近200名。在特许学校运作的最初3年内，得克萨斯州特许学校的平均注册学生数在1996—1997学年的147人、1997—1998学年的217人、1998—1999学年的198人之间上下波动。在得克萨斯州仅有6所特许学校注册人数超过400名学生，3/4的学校注册人数少于250名学生。这比传统的得克萨斯公立中学平均638名学生的注册数要少得多。2005年，每所特许学校平均注册了297名学生，是普通公立学校在校生注册比例的一半。就各州而言，状况则不尽相同，如宾夕法尼亚州平均每所特许学校注册学生较多，达到488人；内华达州居中，为334人；而新罕布什尔州最少，为86人。

一般来说，特许学校广泛地分布在美国的各个地区，但是城市地区是特许学校最为集中的场所，城市中的特许学校占到了特许学校总量的一半以上。虽然特许学校的学生在全美公立学校学生人口中的比例仍旧很小，最多只能达到4%左右，但是这些只有少数学生能就读的学校已经出现了供不应求的现象。据统计，有66%左右的特许学校招生超编，40%的特许学校有长长的学生等待就读的名单。根据教育改革中心的调查，2008年，美国拥有轮候名单的特许学校的比例为59%；到2009年时，这一比例上升到了65%；2010年，这一比例又净增了21%，达到86%。一般来说，特许学校的平均注册规模为372名学生左右。随着近年来特许学校越来越

① Danny Weil, *Charter Schools: A Reference Handbook*, pp. 3-4.

多地为人们所认识，其受欢迎程度也与日俱增，这一点从有些特许学校的等待入学人数已经达到了其学校规模的3倍多这一事实即可窥见一斑。据估算，到目前为止，等待入学的学生总数已经足够填补另外5000所平均规模的特许学校。仅波士顿一市，等待就读特许学校的儿童数目就达到了8000；在得克萨斯州，这一数目更是高达40000名之多。

据《美国特许学校2010年年度调查》显示：[①] 由于大部分低收入家庭和少数族裔家庭的孩子长期就读于那些表现不佳的传统公立学校，家长们正试图为这些孩子寻求更好的教育，他们希望自己的孩子能够转入特许学校。这造成了美国公立特许学校的生源显著增加的局面。另外，《美国特许学校2010年年度调查》还指出，造成特许学校供不应求状况的还有另外一些原因，如美国大部分州对于特许学校的学生人数的限制；对特许学校兴办数量的限制；禁止特许学校的授权机构创办特许学校等等。

（七）种族构成

关于种族构成，特许学校有着更多的来自不同种族的学生。1996—1997年，在16个拥有特许学校的州内大约42%的特许学校的学生是非白人，而其他公立学校的非白人学生比率为40%。由于城市地区的人们不再对本地的公立学校抱有幻想，因此，城市地区有着特别适合特许学校发展的肥沃土壤。1996年的一项关于7个州的225所特许学校的研究发现，城市地区少数族裔的子女构成了特许学校学生成分的主体，达到了63%。[②]

大量的证据已经表明，在很多情况下，特许学校学生在种族构成方面比传统公立学校更具多样性。哈得逊学院所做的一项研究发现，与传统公立学校少数民族裔学生占注册人数的1/3相比，全美有半数在特许学校注册的学生属于少数族裔群体。州教育委员会及内森领导的明尼苏达大学学校变革中心对100所特许学校的一项调查研究发现，虽然在州与州之间和学校与学校之间有所差异，但是主要种族群体的学生在特许学校的注册率

---

① Suhrid S. Gajendragadkar, "The Constitutionality of Racial Balancing in Charter Schools", *Columbia Law Review*, Vol. 12, 2005, p. 86.

② Schwartz Wendy, "How Well Are Charter Schools Serving Urban and Minority Students?" *ERIC/CUE Digest*, Vol. 119, 1996, p. 4.

仍保持稳定，分别是：白人学生近60%、西班牙裔学生19%、非洲裔学生10%。当然，也有例外。以新泽西州为例，非洲裔学生在特许学校的注册率高达46%，西班牙裔学生是22%，而白人学生仅为28%。美国教育部对特许学校的一项全国调查研究显示，"与邻近的学区相比，仅有5%的特许学校注册了较高的白人学生百分比（至少20%）。"

以得克萨斯州为例，特许学校内非洲裔和西班牙裔学生的数量超出传统公立学校，而他们的白人同学的数量却是不足的。如表3—3所示：

表3-2-3　学生人口统计：得克萨斯州（2002年）（单位:%）

	特许学校	公立学校
非洲裔美国人	40	14
西班牙裔美国人	38	42
白人	21	41
其他	1	3
男性	56	51
女性	44	49

（资料来源：Bruce S. Cooper, *Better Policies, Better Schools: Theories and Applications*, New York: Pearson Education Inc, 2004, p. 281.）

从上表可以看出，在得克萨斯州，与公立学校42%的西班牙裔学生和14%的非洲裔学生相比，在特许学校注册的学生中接近38%的人是西班牙裔学生，40%是非洲裔学生。白人学生在特许学校注册的百分比（21%）仅略高于州公立学校白人注册率（41%）的一半。特许学校几乎有66%的注册学生处于辍学的边缘，而传统公立学校仅有37%。另一方面，在特许学校中具有"天才"的学生人数百分比也处于平均标准之下，只有近3.4%，而全州的平均水平却是8%。

1997年在得克萨斯州进行的一项关于特许学校的研究表明："与挖走最有能力学生的磁石学校运动不同，得克萨斯州最初的一批特许学校趋向于服务那些在教育上具有最大困难的学生。"这些发现也和美国教育部关于特许学校的调查一致。根据教育部的调查，特许学校在努力达到州平均水平的激烈竞争中更倾向"服务于不同种族和经济水平的学生"。

得克萨斯州的特许学校内除了少数族裔学生比例较高外，教师、管理人员以及董事会成员的人员构成较传统的公立学校也有着更高的少数族裔员工雇用率。根据1999年该州教育局提供的资料，特许学校33%的教职员工是非洲裔、21%是西班牙裔，而全州传统公立学校只有8%的非洲裔和16%的西班牙裔教职工。类似的情况也在特许学校的管理人员和董事会成员中出现。以1999年春的资料为依据，特许学校有31%的管理人员是非洲裔，23%是西班牙裔；28%的董事会成员是非洲裔，26%是西班牙裔。①

以上数据虽然只代表得克萨斯州特许学校的种族构成情况，但却与整个美国教育部的统计结果类似。美国教育部关于学生均衡分布问题的调查显示，特许学校与传统公立学校相比接收了更多的少数族裔学生。下表的数据清楚地证明了这一点。

表3－2－4　特许学校与传统公立学校种族构成比例（单位:%）

	特许学校	传统公立学校
少数族裔比例	51.8	41
免费午餐比例	38.7	37.3
接收特殊教育学生比例	8.4	11.3
招收有色人种学生情况对比	17	14

（资料来源：The State of Charter School, "The National Study of Charter Schools", 2000－01－05/2004－04－14. 此处的"17%"是指17%的特许学校比其他公立学校招收的有色人种学生多；"14%"是指14%的特许学校招收的有色人种学生少于其他公立学校。）

教育改革中心所做的大量关于特许学校的调查表明，43%的特许学校服务于少数族裔学生的比例超过了60%。② 另一项研究也表明，特许学校2003—2004学年接受特殊教育的学生占11%，英语语言有限者占12%；2004—2005学年，特许学校学生中符合享受免费午餐或者减价午餐条件的占整个学校学生比例的52%；到2006年，4/10以上的特许学校拥有60%

① Bruce S. Fusarelli & E. Vance Randall, *Better Policies, Better Schools: Theories and Applications*, p.281－283.

② Bruce S. Fusarelli & E. Vance Randall, *Better Policies, Better Schools: Theories and Applications*, p.278.

或者以上的危机学生或者少数族裔学生。

（八）师资力量

关于师资，特许学校不同于传统公立学校，它们在教师聘用方面有着更大的自主权和弹性。它们可以更加灵活地任用教师，甚至可以更大比例地启用那些没有教师资格或者相对从教经验较少的教师。

特许学校教师、私立学校教师以及公立学校教师在拥有教师资格和硕士文凭方面存在明显差异。据统计，特许学校持有教师资格证书的比例为75.2%，私立学校为48.4%，公立学校为95.8%，公立学校和特许学校明显高于私立学校；特许学校教师持有硕士文凭的比例为32.9%，私立学校教师为35.3%，公立学校为48.3%，公立学校拥有硕士文凭的师资最多，私立学校略高于特许学校。[①] 总体来说，特许学校教师拥有教师资格证和硕士学位的比例介于私立和公立学校之间，而不论从教师资格证书还是硕士学位的比例比较，公立学校在师资方面都具有明显的优势。

就教龄而言，特许学校、私立学校和公立学校也存在较大差异。与传统公立学校教师平均12年的从教经验相比，特许学校的教师从教经验平均为6年。[②]

据相关的调查显示，[③] 特许学校教师平均教龄年限为7.8年，私立学校为12.6年，公立学校为14.3年，在这三者中，特许学校教师的教龄最短；在特许学校任教超过三年的教师比例为63.4%，私立学校为77.6%，公立学校为84.5%，特许学校仍处于最低的位置。由此可见，就教师的教龄而言，由于大多数特许学校创办的时间不长，教师群体平均教学年限不是很固定，所以，特许学校的教师不论与私立学校比，还是与公立学校比都处于明显的劣势。公立学校的教师相对而言是最为稳定的队伍。

就工作时间和薪酬而言，特许学校的教师在工作时间、报酬等方面与

---

① Marisa Cannata, *Teacher Qualifications and Work Environments Across School Types*, 2008-03-01/2009-05-20.

② Bruce S. Fusarelli & E. Vance Randall, *Better Policies, Better Schools: Theories and Applications*, p. 282.

③ Marisa Cannata, *Teacher Qualifications and Work Environments Across School Types*, 2008-03-01/2009-05-20.

公立学校和私立学校之间存在一定的差距。据报道,[①] 特许学校教师每周工作时间为平均 51 个小时,私立学校为 48 个小时,公立学校为 51.6 个小时,特许学校与公立学校基本持平,私立学校略少;特许学校教师的平均薪酬为 37136 美元,私立学校为 30307 美元,公立学校为 45643 美元,公立学校最高,特许学校居中,私立学校最少。由此可见,不论是工作时间还是薪酬,特许学校的教师均介于公立学校教师和私立学校教师之间。

总的来说,特许学校教师与公立学校教师存在着诸多差别。但是这些差别的存在并不影响特许学校教师对于同事之间的关系、职业环境、所在学校的教育理念(the educational philosophy of their school)的满意度。一般来说,仅能听到特许学校教师关于学校的设施、与所在社区的紧张关系以及缺乏正当的投诉程序方面的抱怨。[②]

(九)课程与教学

由于特许学校教师在课程与教学方面有更多的弹性与选择,所以特许学校往往在课程与教学方面呈现出多样化的特点。

贾森·斯基特(Jasen Skitt)是纽约市布鲁克林区威廉斯堡学院特许学校的一名数学教师。他的课堂教学颇具特色。他是一名 5 年教师,班上有 26 位学生。他喜欢在课堂上像体育教练一样对学生大声地发号施令。他在课堂上采用定时训练的方法教会学生乘法题,即 60 秒完成 60 道乘法题,60 秒结束后,学生会停止答题并与同伴交换试卷,接着,他开始公布答案,并让学生自己计算出成绩,同时将分数输入电脑,并且很快计算并公布出本次练习的平均分。学生称他的这种训练方式为“疯狂时刻”。

艾丽森·埃利斯(Alison Elles)是俄亥俄州克利夫兰艺术与社会科学学院(一所特许学校)的一位任职两年的全职教师,她的教学对象为 14 名六年级的学生。她对这 14 名学生采取小班教学的形式。在平时的教学

---

① Marisa Cannata, *Teacher Qualifications and Work Environments Across School Types*, 2008 - 03 - 01/2009 - 05 - 20.

② S. M. Johnson & J. Landman, “Sometimes bureaucracy has its charms: The working conditions of teachers in deregulated schools”, *Teachers College Record*, Vol. 102, No. 1, 2000, pp. 85 - 124.

中，她耐心地演示如何解答文字题，并对学生学习过程中的错误进行及时的纠正。她经常给学生布置一些具挑战性的题目。当学生在解答这些富有挑战性的题目时，往往有些人会消极怠工。如一个男生在答题时间过去大半时，只是画了一条线将试卷分为两半，还有学生将头枕在电脑键盘上已经睡着了。面对这样的情形，她通常会在教室里巡视并指导学生们在解题过程中得到监督并恢复克服困难的信心。

（十）评价标准

关于评价标准，一般说来，特许学校主要向两类“顾客”负责。一是向公共顾客负责，即学校要向以所在州政府为代表的公共机构负责。美国各州建立起了不同的绩效制度，有的采用中央控制的方式，有的采用市场为本的策略，也有的利用全州测试达到学区管理的目的。一般来讲，特许学校接受外部监控的内容包括财政审查、遵守州或联邦规章、学生成绩、学生出席率、教学实践考察、学校管理、毕业率、学生行为举止等。如果学校无法对其结果负责，即无法回应以政府为代表的公共绩效责任制，那么它将面临被关闭的危险。2000 年，全美关闭了 80 所特许学校，关闭率为 4% 左右。由此可见，公共“顾客”对特许学校的评价还是较为满意的。

二是向私人“顾客”负责，即学校要向家长和教师负责。如果说家长根据学生成绩来确定满意度的话，那么，显然他们的满意度还是要打个问号的。在 1997 年的一次全国调查中，有 2/3 的受访家长认为，特许学校比传统公立学校好主要体现在班级规模、学校规模、教师关注、教学质量和课程上；3/5 的家长认为，特许学校的优势体现在允许家长参与学校活动、能为学生提供额外帮助、学术标准高和纪律好等方面，但都未提及学生成绩这一关键因素。

（十一）监督机制

特许学校管理机构依据特许学校法和合约对特许学校实施监督。特许学校可以免于学区教育法规的约束，但必须遵守联邦、州有关健康、安全和非歧视的法规。

各州特许学校法中关于特许学校的监督方式可分为三种形式：第一，特许学校需要定期向相关组织机构提交报告，汇报学校办学情况。提交报告的对象主要有：特许学校管理机构、学生家长和社会公众。第二，考核学生的学习成绩。为了评估特许学校的办学业绩，特许学校的学生须参加联邦、州的统一标准化考试和学区组织的其他考试，学生的考试成绩作为评估标准。第三，中介组织参与。如加利福尼亚特许学校法规定，管理机构须按期组织中介组织对特许学校的财务进行审计，以检查特许学校的财务管理和经费使用是否有违规的情况。

对特许学校的监督主要内容包括：首先监督特许学校是否遵守联邦、州法律法规；其次，特许学校学生的成绩是否达标；再次，特许学校在财务管理及使用上是否得当；第四，特许学校学生的出勤情况是否达到合约规定；最后，监督机构的评估结果将直接作为中止或延续特许学校合同的参考。

（十二）退出机制

美国各州的特许学校法对特许学校退出机制作了明确规定。

特许学校的办学期限在管理机构与特许学校签订的合约中有明确规定。办学期满时，特许学校可申请延续办学。如果管理机构认为特许学校遵守合约和特许学校法的规定，合约可以继续延期；如果特许学校违反合约或没有遵守特许学校法，管理机构可根据自己的判断，不接受延期申请。

在特许学校办学过程中，如果管理机构发现有下列任何问题，可以中止合约：严重违反合约规定或特许学校法；没有达到或努力实现合约中确定的教育目标；不遵守会计准则，财务管理不善；违反联邦或州的其他法律、法规。通常管理机构在拟定中止合约之前，会书面通知特许学校，并允许特许学校举办者纠正与中止合约相关的问题。据美国教育部统计，全美被关闭的特许学校约占已开办的特许学校总数的 4%。

三、特许学校中特殊教育的发展

在对特许学校创建者和指导者的调查中，可以得出他们建立特许学校的几点主要理由，具体包括：一是获得教育项目的自治；二是服务于特殊学生群体；三是实现教育梦想；四是提供更好的教学和学习环境；五是推进教学改革；六是实现家长参与；七是自主地发展和社区的非传统关系。这些理由意味着，学校组织中关键行动者的基本作用和责任在特许学校中会有所改变，因而大型城市学校系统的传统工厂模式有可能被打破。① 从中可见，为有特殊需要的学生提供服务是特许学校的一个重要宗旨。

（一）特许学校中特殊教育的内涵与外延

特殊教育的特许学校模式是指在特许学校中为特殊学生群体提供专门教育服务的模式。这些享受特殊教育的学生群体广义上包括：危机学生、英语能力有限的学生、学习上有障碍的学生以及少数族裔学生等等。这部分特殊学生群体在传统公立学校内常常被忽视，他们难以得到公立学校的正当帮助，从而阻碍了他们的健康发展。于是，不少教育学者提出能不能创办一种新型学校，在那里教师可以根据学生的实际情况制定适当的教学计划和选择恰当的教学内容，充分调动起学生学习的积极性，帮助学生重塑信心，真正实施“因材施教”。特殊教育的特许学校模式正是在这样的情况下产生的。

根据《残疾人个人教育法》、1973 年《病残人康复法案》第 504 条、《美国残疾人法案》第 2 条以及《美国宪法》第 5 条和第 14 条保证平等的修订条例，特许学校不能歧视任何有残疾的学生。② 特别是《残疾人个人教育法〈规定，联邦政府需下拨专门资金到州教育局用于残疾儿童的教育。接受这笔资金的州教育局必须遵守《残疾人个人教育法》，并且必须确保州内所有有残疾的学生接受到由《残疾人个人教育法》提供的教育服务。

（二）在特许学校中实施特殊教育的优势

在特许学校支持者眼中，特许学校的优势一方面在于能共享传统公立学校资源，另一方面又能摆脱官僚主义并增进选择。特许学校的倡导者认

---

① Bruce S. Fusarelli & E. Vance Randall, *Better Policies, Better Schools: Theories and Applications*, p. 276.

② J. P. Heubert, “School Without Rules? Charter Schools, Federal disability Law, and the paradoxes of deregulation”, *Harvard Civil Rights - Civil Liberties Law Review*, No. 2, 1997, pp. 32 - 35.

为，特许学校的经营者能更灵活有效地满足处于危机学生、部分特殊教育学生以及少数英语熟练程度有限的学生（Limited English Proficiency，简称 LEP）的需要。然而，反对者们则相信特殊教育和英语程度有限的学生在特许学校内将不会得到好的服务。他们宣称，特许学校的创建者没有为服务好这些学生做好充分的准备，也没有好的办学设备，甚至不愿意提供必要的服务。①

许多特许学校都宣称对残疾学生开放，这样做让它们颇受残疾学生家长的欢迎。据 1998 年美国教育改革者南希·J. 佐勒斯（Nacy J. Zollers）和阿伦·K. 拉曼纳森（Arun K. Ramanathan）对麻萨诸塞州的特许学校的调查，该州的所有特许学校都表示愿意接收并教育残疾学生；承诺将不歧视和欢迎残疾学生的条例写入特许状中；也赞同必须为不同能力学生准备课程的主张。到目前为止，学生和家长对特许学校实施特殊残疾教育的评价主要还是积极的肯定。有的残疾学生表示，在特许学校内他们能受到同龄人和教职员工的无偏见接收；与先前就读的学校相比，他们和特许学校其他学生和教职员工相处得更好。②

更多的残疾学生就读于特许学校的成功证据已经显现出来。接近一半的参观麻萨诸塞州特许学校的管理者充满信心地说，学校在帮助残疾学生达到为他们设置的成就目标方面获得了成功。接近 3/4 的被参观学校的家长认同特许学校在学生学术、行为和社会化方面的进步，指出孩子们不但在学术成就和考试成绩上的提高是明显的，而且在行为态度以及自尊心方面也有所增强。学生们也感到自己在特许学校里是成功的。③

据美国教育部特许学校第 3 年的年度报告揭示，在美国大部分州，特许学校接收残疾儿童的比例与其他公立学校接收残疾儿童的比例基本持平。1999 年美国教育部的一份关于特殊教育的报告指出，与残疾儿童权利

---

① Bruce S. Fusarelli & E. Vance Randall, *Better Policies, Better Schools: Theories and Applications*, p. 281.

② E. M. Ahearn, *Public CharterSchool and Students with Disability: A National Study*, Washington, D. C.: U. S. Department of Education, 2001, p. 15.

③ E. M. Ahearn, *Public Charter School and Students with Disability: A National Study*, p. 16.

保障人士的担心相反，很多特许学校主要是针对残疾儿童兴办的，大多数特许学校都对残疾儿童开放，它们不会将残疾儿童拒之门外。以明尼苏达州圣保罗的默特罗聋儿特许学校为例，该学校就只招收义务教育阶段1—6年级的聋童。该学校因采用一些非常特殊的颇具特色的教学方法教育聋童而闻名全美，甚至被公认为全美教导听力障碍学生的榜样，对此，家长和学生的满意度很高。①

（三）在特许学校中实施特殊教育的劣势

据1997年统计，非特许学校的特殊教育入学率为11%，特许学校的入学率为12.6%，比传统公立学校高1.6%。总体上来说，特许学校特殊教育学生的入学率高于传统公立学校，但是，如果就每所特许学校特殊教育的入学情况而言，就很难再得出同样的结论。特殊教育的学生在各所特许学校之间的分布是极其不平衡的，有些特许学校只有寥寥几个接受特殊教育的学生，有的特许学校甚至一个也没有。这与有的学生为了能进入特许学校而放弃其特殊教育的身份有关。亚利桑那州立大学的研究者发现，该州虽然几乎有半数以上的特许学校没有招收特殊教育的学生，但是在1996学年，仅仅一所特许学校就占用了亚利桑那州特殊教育总支出金额的一半。特殊教育在特许学校的分布不均可见一斑。此外，研究者发现，在密歇根州特许学校不愿意招收那些有特殊需要的学生；在麻萨诸塞州，一些由私营公司开办的特许学校拒绝招收有特殊需要的学生，对已经入学的特殊教育学生采取劝其离校的极端方式。② 显然，这些做法都严重违反了特许学校必须向全体学生开放的联邦法律的规定。

1998年一项美国教育部关于特许学校的调查发现，虽然英语程度有限的学生的注册率在15个州和哥伦比亚特区的特许学校中接近各州公立学校平均水平，但是，特许学校残疾学生的注册人数却低于平均水平。2001年，美国教育家E. M. 埃亨（E. M. Ahearn）在调查了22个州和哥伦比亚

① Joe Nathan, *Charter School: Creating Hope and Opportunity for American Education*, pp. 46 – 51.

② Gary Natriello, "Diverting Attention from Conditions in American Schools", *Educational Research*, November 1996, p. 23.

特区的特许学校残疾学生注册率后发现，在15个州和哥伦比亚特区，特许学校特殊教育学生的注册率少于其他公立学校；只有7个州的特许学校残疾学生注册率高于其他公立学校。2002年，美国教师K. R. 豪尔（K. R. Hower）和K. G. 韦尔尼（K. G. Welner）在埃亨的基础上做了进一步的研究，也证实了残疾学生被排除在特许学校门外的情况。[①] 来自得克萨斯州和麻萨诸塞州的证据也充分说明了这一点。

在得克萨斯州的特许学校中，接受特殊教育的学生人数比其他公立学校要少。如表3－2－7所示，与州平均水平的12%相比，特许学校仅注册了7%的特殊教育学生；与州平均水平的13%相比，特许学校仅有3%的学生英语程度有限。而在特许学校注册的危机学生的人数却几乎是传统公立学校的2倍。

表3－2－7　学生人口统计：得克萨斯州（2002年）（单位:%）

	特许学校	公立学校
危机学生	66	37
特殊教育学生	7	12
英语程度有限学生	3	13

（资料来源：Bruce S. Cooper, *Better Policies, Better Schools: Theories and Applications*, New York: Pearson Education Inc, 2004, p. 281.）

麻萨诸塞州的33所特许学校中有9所是营利性质的，创下了国家的最高纪录。这些学校有着5200多名学生，超出了普通特许学校注册率的一半。其中有5所营利性质的学校只运行了2年，大量的残疾学生离开这5所学校回到他们原来就读的地方公立学校。人们这样评价麻萨诸塞州的营利性特许学校："一边对轻微残疾的学生做着体面性工作，一边却对有着复杂行为和认知障碍的残疾学生采取漠视的态度和怀有公然的敌意。"当

① Elizabeth A. Swanson, "The Special Education Service in Charter Schools", *The Educational Forum*, Vol. 69, 2004, pp. 35－40.

然，这一点能得到很好的解释，即营利性公司经营特许学校是以赢利为目的。①

以上特殊教育的数据提出了关于平等和社会公正的严肃问题，特别是那些被贴上特殊教育和英语程度有限标签的学生，他们被许多教师看作最难教育的学生。②

概括起来，特许学校开展特殊教育难的原因主要有四：一是缺乏特殊教育立法的知识；二是对结果负责的绩效责任制的影响；三是各种不适当的目标；四是特殊教育的昂贵费用。

1995 年，美国教育改革者 A．梅德仑（A．Medler）和内森在了研究 7 个州的特许学校后发现，教师们还没有为特许学校接收残疾学生做好充分准备。③ 事实上，许多特许学校是在没有准备接收残疾学生的情况下打开它们的大门的。④ 一些学校的教职人员汇报说，在创建一所新的特许学校的过程中，他们第一次关注特殊教育仅仅是在其他项目各就各位之后或者是在有残疾学生注册之后。这样做的后果是，一些特许学校直到兴办后的第 2 年或第 3 年才开始有意识地发展特殊教育项目。⑤ 1996 年，美国教育家 J. R. 麦金尼（J. R. McKinney）在与特许学校管理者的一次谈话中，发现他们几乎不懂特殊教育的要求和程序，而只对国家提供的特殊教育经费怀有很大的兴趣。⑥ 总之，缺乏正确的知识和规划对特许学校残疾学生的发展造成了可怕后果。

---

① Nancy J. Zollers & Arun K. Ramanathan, "For – Profit Charter Schools and Students with Disabilities: The Sordid Side of the Business of Schooling," *Phi Delta Kappa*, No. 4, 1998, pp. 300 – 301.

② Bruce S. Fusarelli & E. Vance Randall, *Better Policies, Better Schools: Theories and Applications*, p. 281.

③ A. Medler & J. Nathan, *Charter schools: What are they up to?* Denver, C. O.: Education Commission of the States, 1995, p. 45.

④ C. M. Lange, *Charter School and Special Education: A Handbook*, Alexandria, V. A.: National Association of State Direction of Special Education, 1997, p. 32.

⑤ E. M. Ahearn, *Public Charter School and Students with Disability: A National Study*, p. 15.

⑥ J. R. McKinney, "Charter schools: A New Barrier for Children with Disabilities", *Educational Leadership*, Vol. 54, 1996, pp. 22 – 25.

特许学校的绩效责任制决定了它们必须对结果负责和实现提高学生学业成绩的承诺。因此，为了获得满意的绩效成果和提高学生学业成绩，特许学校只能想方设法地排除那些影响它们实现目标的障碍——残疾学生。残疾学生不但会花掉特许学校本已十分紧张的经费，而且结果的不可预知的性质更是让特许学校望而却步。

特许学校制定的不适当的目标，是指建立在课程和教学方法上的对所有学生适用但却毫无针对性的目标。这样的目标要求学生适应学校。残疾学生往往因为不能达到学校普通目标的要求而被找借口排除在外。例如，许多特许学校为了排除特殊需要学生而苦心设置了学生入学申请程序。他们要求父母填写申请表格或者在注册之前参加面谈。这个过程使得学校管理者极有可能让那些有可能给学校惹麻烦的申请者打消申请的念头。

特许学校经营者常常抱怨学校的规模小和缺乏资金使他们为残疾学生提供服务变得困难。1995 年全国范围内开展的一场对特许学校和残疾学生的调查发现，许多特许学校的创建者被灌输了一种观念——特殊教育会毁了他们的学校。被称为特许学校运动意识形态之父的芬恩，开始关注特殊教育花费与利益之间的比率，并认为高费用会成为独立特许学校的一大威胁。以麻萨诸塞州为例，特殊教育费用是常规教育费用的 2 倍。在密歇根州，教育一个普通学生的费用远远低于接受特殊教育学生的花费。特许学校如果能将残疾学生排除在外，则意味着它们将享有更低的花费和更高的利益。[①] 鉴于此，1997—1998 学年，该州近 75% 的特许学校甚至没有提供特殊教育服务。平均来说，注册有残疾学生的特许学校仅仅花掉近 1% 的预算在特殊教育上，这远远低于常规公立学校。[②] 根据美国教育学者 D. 阿塞恩（D. Arsen）、D. N. 普兰克（D. N. Plank）和 G. 斯凯克斯（G. Skykes）的观点，学校选择政策增加了学校吸收低花费学生并排除高费用学生的机会。

---

① Nancy J. Zollers & Arun K. Ramanathan, "For - Profit Charter Schools and Students with Disabilities: The Sordid Side of the Business of Schooling", pp. 300 - 301.

② Arsen D. & Plank D. N., Skykes G., *School Choice Policies in Michigan: The Rules Matter*, East Lansing: Michigan State University, 1999, p. 67.

第三节 特许学区的萌芽

提到"特许学区"，人们头脑中难免会浮现出这样的问题：特许学区是什么？特许学校和特许学区是一个概念吗？它们的关系又如何？特许学区可以简单地理解为由特许学校组成的学区吗？要解答这些问题，我们必须对"特许学区"的概念作进一步的澄清以及对特许学区的特色有更深程度的了解。

一、特许学区概念界定

顾名思义，所谓"特许学区"就是全部由特许学校组成的学区。特许学区的划分和传统学区的划分不同，它既不是严格按照行政地域来划分，也没有严格的地理界线。特许学区只是把那些地理位置相对靠近的特许学校从传统的学区中单独列出来，重新组成一个相对松散的学区，并委托一个新的管理机构对其实施管理。一般地，特许学区包括两种类型："新建特许学区"和"转制特许学区"。"新建特许学区"的创立一般是依靠政府赋权某个权威实体机构，该实体机构负责设定特许学校经营的条件和规则，并向社会公布。当特许学校申办者提出申请时，该权威实体机构负责对申请开办特许学校者进行审核、批准、签约并监管。所谓"转制特许学校"是指学区内的所有公立学校全部转制为特许学校，从而实现整个学区的转制。一般来说，特许学区的管理实体由州教育委员会、原有的学区教育董事会、新组建的教育董事会、州教育委员会指定代管的公立大学或地方市镇当局等担任。①

一般来说，筹建特许学区的目的是为了给学区内的教育改革创造合适的氛围，使改革更具有生命力；让学区摆脱州法令和法规的约束而获得更多的自由；实现州对专用资金资源分配的更少限制，使资金能流向他们希望流向的地方以及减少学区对教学方法和教学材料的控制等。

---

① K. Walter, et al., "Charter Districts: The State of the Field", *ecs. org*, clearinghouse, 2003 - 10.

将特许学校和特许学区进行比较，可以发现，这二者之间既有共同特征，又有相异之处。相同之处在于彼此的目标一致。创建特许学校和特许学区的目的都是为了减少官僚主义的繁琐程序以增进改革。不同之处主要体现在与州的关系和绩效责任制方面。特许学区的特许状上规定着它和州的关系，而在特许学校的特许状中则规定着它与学区或者权威机构以及州的关系。特许学校的绩效责任制明确规定：特许学校在获得更多自治的同时，它们的行为成就作为一种回报必须达到特许状中保证的标准，否则将有被关闭的危险；而特许学区则不同，它在获得更多自主权的同时，却不存在被关闭的危险。特许学区没有达到目标的最大惩罚不过是撤回特许状或者回到以前公立学校学区的位置，重新遵守州的有关法令和法规而已。

在特许学校的基础上之所以会出现特许学区，原因主要有三点：一是特许学区的倡导者希望通过建立特许学区达到转换与州的关系的目的。二是由学区内学生人口和动机的多样化直接造成的。[①] 例如，宾夕法尼亚州的一个学区和密歇根州的另一个学区就因为学生人口构成的多样性而时常被看作特许学区，这些学区常常交给私营公司管理。三是由传统学区并未给特许学校提供适宜的生长环境引发的。特许学校在传统学区中存在的生存困境主要反映在以下三个方面：（1）传统学区与特许学校是一种法理关系。传统学区通过与特许学校签订合同，依靠法律手段实现对特许学校的有效管理。特许学校与传统学区之间的这种特殊管理模式因其法律性而非行政性的特征经常与公立学校传统管理模式相冲突，同时也由于此种管理模式的稀少普遍不被传统学区所接受。（2）由于特许学校的规模较小和资金有限，特许学校常常在教学信息、课程开发以及校车提供等方面需要学区的帮助。而学区对此常常采取要么包办，要么置之不理的态度。包办常常是管得太死，置之不理又让特许学校不能得到及时的帮助。总之，这两种方式都让特许学校因得不到合适的帮助而陷入困境。（3）传统学区因为长期只为公立学校服务的关系，所以它们在制定政策时，通常都会优先照顾公立学校，向公立学校一边倒。对于那些办学绩效不佳的传统公立学校，学区也是采取不离不弃的态度，它们会派各种专家到现场对该公立学

---

① Anne Turnbaugh Lockwood, *The Charter Schools Decade*, p. 63.

校的问题进行诊断，依据诊断的结果提供必要的指导和帮助，甚至还会追加预算。而同样具有公立学校性质的特许学校却没有这么好的运气，它们通常孤立无援，有的传统学区还明令禁止特许学校使用学区内公用的体育场、礼堂等设施，这些都让特许学校的师生感到无比沮丧和失望。[①]

虽然特许学区是特许学校发展到一定程度的产物，但这毕竟不是特许学校改革发展的主流趋势，因为任何一个特许学区想要获得独立地位都是困难重重的。特许学区与非特许学区之间并不如人们所想象的那样泾渭分明、不可逾越，而是有着许多难以言喻的牵扯羁绊，存在着相互转化的可能性。例如，在佐治亚州，有一个成为特许学区的学区，在特许状结束的时候又再度转回到原来的非特许学区的地位。人们通常认为，获得特许学区地位是通过在州现行法律范围内转化每一所公立学校成特许学校来实现。但是，实际的情况却是在大多数特许学区内并不是所有的学校都是特许学校。造成这种局面的原因来自三个方面：一是由于特许学区通常是通过州授权的方式而使其具有权威性，有能力做出决定，所以致使特许学区的发展受到州政府的诸多限制，更糟糕的是州政府还规定学区特许状结束后特许学区必须回复到原来的公立学校学区位置；二是特许学区的发展会因繁琐的申请过程和州法律的漏洞（包括限制每个州特许学区的总体数目）而受到抑制；三是特许学区管理者在特许状中承诺的提高教育质量的目标在非特许学区中也能实现。

在一定意义上可以说，特许学区的改革仅仅是象征性的。这正如一位特许学区的督学所说："我们没有做任何革命性的事情——只是考虑我们能做什么。"好的意图和设想并不足以确保特许学区的成功。当学校管理者沉醉在摆脱传统观念的欢乐中和受到专业上的鼓舞时，特许学区立法却会束缚住他们努力的步伐和妨碍他们大规模改善学校计划的决心。[②]

二、特许学区个案

当公立学校批评家们抱怨特许学校的闯入时，有人提出了这样的想

---

① N. Smith, "The New Central Office: How Charter Districts Serve School and Public Interest", *ecs. org*, clearinghouse, October 2003.

② Anne Turnbaugh Lockwood, *The Charter Schools Decade*, p. 63.

法："我们应该使每一所学校都成为特许学校。我们应该让整个学区成为完全特许学区。"① 特许学区提供了一个有创意的方式去处理学校事务。公立学校独特的结构和管理方式能够通过再造学区和学校的关系构建起来。因此，创建特许学区对学校系统的领导人来说似乎是很自然的事。当学区想要改变自己与州的传统关系，而州立法又允许这样做时，特许学区也就水到渠成地形成了。以下五个特许学区分别位于美国的国家特许学区基地，各具特色且形态各异，有代表性地勾勒了美国特许学区的面貌，展现出美国特许学区的情形。

（一）保守主义价值观下的加利福尼亚州特许学区

加利福尼亚州是美国特许学区的基地之一。该州的特许学区都是小规模和地处乡村的。其中有 3 个特许学区集中分布在同一个县内，接近弗雷斯诺。农耕作息的生产方式和保守主义的意识形态弥漫在这些特许学区中。

1996 年，加利福尼亚州金斯堡县的金斯堡初等学校学区在校长和总督学的全力支持下获得了特许学区的地位。金斯堡初等学校学区之所以能成为特许学区，其原因有三：一是教师、家长以及管理者对特许学区理念的接受和推崇；二是对命令式的公立学校工作方式的不满；三是为了从州的法令法规中获得更多的自由。

特许学区在加利福尼亚州的发展并不是一帆风顺的。虽然学区如愿以偿地争取到了特许的地位，但问题在于这是否就能保证特许学区获得真正意义上的独立。学区督学马克·福特（Mark Ford）以无限潜力被束缚的经济矿产的比喻来评价特许学区的地位。他认为，如果以教育实践的标准来获得特许地位，而又不允许在学区内开展革新的话，那必然会造成接近 60—70% 学生的行为成就低于年级水平的结果。这是由学区自己选择课程和教学方法决定的。福特还指出，特许学区的音乐课程、3 年级阅读课程和 5—6 年级科学课程是由学区自行编写的，独立于州所指定的教科书之外。

---

① Anne Turnbaugh Lockwood, *The Charter Schools Decade*, p. 62.

特许学区的所有学校根据年级来划分。在特许学区中，典型的特许学校一般要服务于2年级、3—4年级、5—6年级和7—8年级的学生。这样，学生容易与同伴和教师形成一种亲近关系。他们按照学校规定的顺序一起搬迁，并且一起到另一个学区就读高中。福特用“不易更改的传统”来描绘他的学区。他补充说，“一些教师正将同样的内容传授予他们的徒孙辈。”①

由于保守主义主义的价值观（包括对强有力地方控制的强调）已经深入渗透到了学区的哲学中，这无形中决定了经费的使用方式和教科书的类型。校长有权和中心办公室一起决定教师的解雇和雇用问题，但是，他们会尽量避免与教师工会的竞争。福特认为，这种竞争“从来就没有过，将来也不会有。”②

该学区有2000名学生，学校通常规模较小且安全，学生、教师和家长之间也相处融洽。学区有接近47%的学生是白人；有47%的学生是西班牙裔；还有很少的一部分是黑人和亚洲裔；增长的印度锡克教徒学生也占领了一席之地。

总督学为了确保学区承诺事情的实现不得不努力奋斗。正如福特描述的那样：“加利福尼亚州的法律不禁止学区成为特许学区，但是也不鼓励这种做法。”福特坚信，特许学区的地位意味着从法令法规中获得自由。他强调说：“你必须行动，你不能等待。”③ 但遗憾的是，迅速行动的能力并没有带来令人惊喜的课程或者教育学的有益革新。

实际上，特许学区所做的工作与他们过去所做的工作相比，并没有太多本质上的区别。福特用了一个赛马的例子来说明这一现状，并暗示特许学区的未来走向。他说：“我总是使用从小牧场走出的赛马参加比赛的例子。马在职业骑师的掌控下跑出了好的成绩，并且回到了它的小牧场。但是，当你骑同样的马走出5英亩草地，并且希望它能自由地奔跑时，它也

① Anne Turnbaugh Lockwood, *The Charter Schools Decade*, p. 61.

② Anne Turnbaugh Lockwood, *The Charter Schools Decade*, p. 65.

③ Anne Turnbaugh Lockwood, *The Charter Schools Decade*, p. 66.

许不会跑得非常远，也不会认识到它实际上能拥有多少空间。"[①] 福特认为，这个未能觉察到的领域也许意味着一个学区经过努力而成功获得特许地位后，却不能验证和实施更多的选择权利。

在加利福尼亚州汉德福的另一个小型特许学区内，督学戴尔·坎贝尔（Dale Campbell）持有不同的观点。这个特许学区非常独特，只有唯一的一所特许学校。它是由一批相信在高度乡村化和农耕化的特许学区内能够实施更严格的学术标准理念的家长推动的。

学校对学生入学有着严格的标准，要求学生至少要保证上满学校日的95%和完成所有的家庭作业才能申请入学。坎贝尔指出，不遵守此协定的学生不得入学。另外，学区为75%的人口提供免费和减价的午餐，其中有60%是西班牙裔学生。

坎贝尔对于特许学区的未来持乐观主义态度。他认为，加利福尼亚州政府应该积极行动起来，固定特许学校和特许学区的标准。他解释道："财政上，我们有着和以前一样的体制。但是，我们在教职员方面有着多一点的行动自由，因为我们能够雇用没有教师资格证书的兼职教师。"[②] 这些新的雇佣规则不会因为教师工会的存在而变得混乱，因为在学区内没有教师工会。

坎贝尔认为，由于各州立法要求的不同，因而大的学区想要变为特许学区会更加困难。例如，如果加利福尼亚州的学区想要申请成为特许学区，就必须符合1992年加州特许学校法的规定。该法令对获得特许学区地位有如下要求：学区内必须有50%的教师共同在特许状上签字；申请书必须符合特许学校法的所有要求；成为特许学区后必须为居住在学区内选择不就读于特许学校的学生指定选择公立学校的入学范围；特许学区的特许状申请必须得到督学和州教育委员会的共同批准；特许学区内特许学校的期限不超过5年。

（二）崭新关系下的佛罗里达州特许学区

佛罗里达州内的两个大的学区已经和州建立起一种新型关系，拥有其

---

① Anne Turnbaugh Lockwood, *The Charter Schools Decade*, p. 66.

② Anne Turnbaugh Lockwood, *The Charter Schools Decade*, p. 66.

他学区不具备的更多自由。希尔斯伯勒县的学区是其中之一，它有16.8名学生和近2.3万名雇员。该学区的区域较大，从城市化程度极高的地区到以农业为主的乡村。在该学区人口中，增长最迅速的是西班牙裔人口，已达到21.5%，另外有50%的白人人口和24%的黑人人口，剩下的4.5%由不同民族组成。

教学督学助理唐尼·埃文斯（Donnie Evans）解释说，该学区渴望获得特许地位主要有三个原因：一是提高学生成绩和实现学校成就的强烈愿望；二是摆脱州法令法规的束缚而获得自由的强烈动机；三是尝试新范式的决心。埃文斯希望能用一种新的思维方式来处理公立学校事务。他指出，申请学区特许地位的队伍具体由来自教师工会、商业社团、教学团体、地方大学和行政人员的代表组成，以确保特许学区能获得最大收益和避免最小冲突。

埃文斯相信，学区一旦获得特许地位就意味着更大的自由权利。这种自由权利主要体现在两方面：一是校长的更大权威。校长将不仅有权雇佣学校教职员，而且在预算方面也会拥有更大的权力。二是免受州法令法规的约束。佛罗里达州法律允许特许学区申请免受州法令的约束，但在处理学校董事会选举、教师工会、公共会议记录、财政泄密、利益冲突和“阳光”法（那些管理公开会议的法律）的事务时除外。法律要求特许学区必须建立成就目标、制定评估措施和设置时间期限。因此，特许学区的自由权利并不是完全不受束缚的，而是要受到一定限制的。例如，特许学区不能进行开放式注册；法院也只是约定俗成地把特许学区看成是单一功能的学校系统，并规定其不能拥有超越学校系统之外的权力。

对于为什么没有更多的学区申请特许地位，埃文斯认为，行为和信仰的传统制约了更多的学区采取这样的行动。他说：“人们在挑战传统方面犹豫着，特许学区也许被认为是特许学校的支流。而这里有许多人不支持特许学校。”①当然，埃文斯也不否认正有几个学区为了从根本上改变它们和州的关系将会申请特许地位，但佛罗里达州法律许可6个特许学区的总数将会对这些学区的申请起到抑制作用。

---

① Anne Turnbaugh Lockwood, *The Charter Schools Decade*, p.70.

（三）重回传统学区地位的佐治亚州特许学区

在佐治亚州，卡特斯维尔的城市学校系统有着不同的经验：在作为特许学区 5 年后又回到了传统学区的地位。督学麦克・布赖恩斯（Mike Bryans）指出，他的学区能够为接近 3600 名有着较高成就记录的学生提供服务。该学区有接近 11% 的西班牙裔人口以及 28% 的其他“少数民族”人口。

卡特斯维尔市为了争取特许学区的地位而颇受波折。首先，要求学区内的每一所学校就自己和州的关系写下特许状。接着，才能开始申请整个学区的特许地位。成为特许学区后，其基本改变包括安排公立学校的转制和允许初等学校小组教学的重建。为了完成初等学校小组教学重建的任务，其他类型的班级只有扩大它们的规模，例如，需扩大艺术和音乐班的规模。阅读小组最多能由 12 个学生组成，设置有 80 种不同水平的熟练程度。特许学区从州获得的额外资金和教职员发展基金分别被分配给那些愿意接受学区教学方法培训的教师。布赖恩斯指出，在特许学区中有部分教师为了偷懒而采用“照本宣读”的机械教学方法。

对佐治亚州的特许学区，布赖恩斯有着精到的评价。他指出，即使特许学区“没有特许状，我们也能完成许多目标。”① 但这并不意味着，特许学区和非特许学区是完全同质的。虽然“我们看起来是一样的，我们闻起来是一样的，但是，我们能继续看到提高，在标准化考试方面有 2 到 3 个百分点的提高。”②

（四）孤独改革战役下的新墨西哥州特许学区

新墨西哥州唯一的特许学区，里约牧场公立学校已经为获得特许地位进行了长期的斗争。作为一个相对年轻的学区，它已经存在了 7 年，并且经历过市民对公立学校的深深不满的时期。这个学区是有着 5 万人的城郊地区。根据督学苏・克莱弗兰德（Sue Cleverland）的说法，学区“在改革中诞生”。学区有 35% 的西班牙裔学生，3%—7% 的土著学生和黑人学生，剩下的学生是英国人的后裔。

---

① Anne Turnbaugh Lockwood, *The Charter Schools Decade*, p. 66.

② Anne Turnbaugh Lockwood, *The Charter Schools Decade*, p. 66.

里约牧场公立学校之所以能成功地获得特许学区地位，主要应归功于克莱弗兰德的努力。在这个迅速发展的社区，由于没有弹性的州法规，使克莱弗兰德在实现目标方面屡屡受挫，但却因此激发了她对获得特许学区地位的强烈兴趣。她成为了领导和鼓励学区向特许地位进发过程中的关键力量。她说："我们感到受到州的约束。一方面，州一些部门的官员在我们转向特许学区的过程中和我们激烈地斗争着。另一方面，州委员会感觉到了对变革的需要，并且愿意给我们这个机会。"①

申请特许学区的过程是十分繁复的，对此克莱弗兰德深有体会。她说："申请特许学区地位的过程非常漫长复杂。我们虽然获得了 4 年半的特许时间，但是我们必须在 2 年的时间内回到州委员会去汇报所取得的进步。"同时，她觉得："我们没有从州上获得我们真正想要的弹性。我们每一步都在和州部门签署协议，但是我们却不能得到每一件我们所需要的事物。"② 一般来说，新墨西哥州特许学区的申请过程如下：地方学校委员会首先向州教育委员会申请特许状；而作为典型的特许学区，这种申请还必须包括接受学区代表团的审核、列举特许状教育的和经济的证据、解释个人和学区之间的新型关系以及呈现所放弃的州法令法规的清单；如果地方和州委员会同意此申请，学区必须主持一个市政会，将特许学区地位问题交与社区处理，在赢得大多数人的投票后方能通过；学区 65% 的雇员必须签署一份支持特许学区地位的自愿书。特许状的期限最多不能超过 6 年，但里约牧场仅被授予了 4 年的特许权。这是教育部"每年至少一次"评估特许学区所起的作用。学区特许状也许被撤回或者将学区置于试用的位置上，但是，学区既不会停止运行，也不会被关闭。

克莱弗兰德认为，特许学区产生的最大积极变化是心理上的。教职员普遍感到没有像往常一样地做事。他们在解决问题方面有着更大的责任，却比以前更灵活，但这种灵活也是有限度的。州教育部会对它认证成果，限定教材，限制采用的教学方法，并将在一些案例上建立财政限制。

新墨西哥州要求特许学区开放注册，这样使得学区内的每所学校都有

① Anne Turnbaugh Lockwood, *The Charter Schools Decade*, p. 66.
② Anne Turnbaugh Lockwood, *The Charter Schools Decade*, p. 67.

等待入学的学生名单。这在一定程度上引起了一些地方上的敌意。家长们抱怨说，那些没有在学区付税的人的孩子却能在学区注册；那些在其他地方有严重麻烦家庭的孩子也能来到在这里就读。另外，为了能吸引其他地方的优秀教师到此任教，学区允许教师的孩子在此注册。

与其他学区相比，特许学区向州教育委员会汇报学校工作的频率更高，更加注意在原有学区成功的基础上提高学生成就；特许学区能规定教学材料，有一些财政方面的灵活性并拥有对学校日的更多控制；虽然其他学区也能进行变革，但是特许学区更有优势缩短这一进程；特许学区能为管理人员和教师提供服务和支持，能开展工作并完成教学和学习的主要任务。

不论怎样，新墨西哥州的特许学区立法并不能令人鼓舞，法律只允许3个起“示范”作用的特许学区存在。在新墨西哥州，特许学区的改革是一场孤独的战役。

（五）空有立法的得克萨斯州特许学区

在得克萨斯州，申请特许学区的过程是相当复杂冗长的。首先，学区学校董事会为了发展特许学校必须授予特许委托权，并且至少要保证学区登记投票人数的5%为此目的签署自愿书。另外，至少2/3的董事会成员必须接受特许委托机构的决定。①

如果以上两个条件都具备，那么需在学区内选出15位居民接受委托以反映学区内种族的、社会经济的和地理方面的多样化。这15位居民必须是自己的学龄儿童就读于本学区公立学校的家长。另外，还需要有25%的成员是专业人士（教师工会）代表选出的课堂教师。在申请流程方面，特许状的委托机构首先提交建议授予特许状的决定到州秘书处，由州秘书处判断所建议的特许状是否改变了学区的管理。

特许委托机构需遵守特许权委员会的合法建议。如果一旦有任何修改被提出，那么在特许状中必须做出相应的调整以反映这些修改。如果委员没有在规定的期限内采取行动，那就意味着此特许状将获得通过。但是，这一过程并非止于此。学区在最终获得特许地位前，学区学校董事会还必

① Anne Turnbaugh Lockwood, *The Charter Schools Decade*, p. 66.

须组织一次建议授予特许状的选举。学区投票者的主体必须投赞成票，特许状才能获得通过。最低限度要有25%的学区登记选举人员投票赞同授权特许状，否则选举将是无效的。①

在这样的申请程序面前几乎所有的学区督学都会犹豫不决。他们担心，为了获得有限的自由而付出陷入繁复申请程序的代价。因为如果督学想申请特许学区，那么他们必须把大量的时间浪费在申办过程中。但由于不确定性因素的影响，他们往往只能得到最低限度自治的批准。这也许就是得克萨斯州空有立法而没有产生特许学区的根本原因之所在。

特许学区曾一度被认为是二战后美国学区管理体制改革的第三里程碑。20世纪80年代出现的校本管理，可谓美国学区管理体制改革的第一里程。许多美国学者认为，其价值在于提出了学区松绑放权和学校自主管理的思想，至于它后来的实践，则并未实现校本管理的初衷。② 20世纪90年代出现的特许学校，代表着美国学区管理体制改革的第二里程。其意义在于既从根本上摆脱了传统公立学校的运作模式，也以学区与学校之间签约的形式保障了学校真正意义上的自治。③ 而特许学区作为学区管理体制改革的第三里程，则试图从根本上动摇美国传统的管理体制格局，使学区的角色定位和工作模式发生根本性改变。但是事与愿违，特许学区虽然在重塑学区和州政府关系方面作出了有益尝试，但在实践中并为达到预期的效果，最终致使特许学区成为政府为学区管理体制改革勾勒的“空中楼阁”。

第四节 各州特许学校法的修订

与最初的特许学校法相比，几乎每一个州的特许学校法都有了不同程度的发展。特别是特许学校要求的高公共绩效意味着其必须展示出高水平的学生成绩以及其他一些措施。鉴于此，几乎所有特许学校法的修订版都拓展了许可兴办的特许学校数量，降低特许学校的申办门槛，转制到特许学校状

① Anne Turnbaugh Lockwood, *The Charter Schools Decade*, p. 71.

② Anne Turnbaugh Lockwood, *The Charter Schools Decade*, p. 74.

③ Anne Turnbaugh Lockwood, *The Charter Schools Decade*, p. 75.

态的帮助以及增加的财政支持和特许学校在财政和操作方面的更多弹性。

一、特许学校数量上限的修订

特许学校为了增加更多奥巴马政府在“冲顶”计划中的经费支持，纷纷修订特许学校法，对兴办特许学校的数量放宽限制。以加利福尼亚州为例，加州在特许学校法案没修改之前，对特许学校的限制是每年 100 所。罗密欧在特许学校法修订案中取消了这一限制。该提案中提出了加州所有的公立中学应该处于开放状态，允许学生和家长自由择校。学生可以从表现不佳的学校转到任何他们想去的有能力接收的学校，公立中学不能以任何理由拒绝接受转学的学生。该提案的另一个建议是：关闭那些长期表现很差的学校，把学生转到周围的质量好的学校中去。事实证明，由于一些学区不愿意彻底改革那些失败的学校，致使某些公立学校长期处于糟糕的状态。这些学校需要州政府的帮助来实现彻底的改组改造，需要更换学校领导、引进优秀师资，甚至交给特许学校经营来实现重组，从而提高学校质量。罗密欧提案的最终目的是通过特许学校法的修订为加州的学校争取到联邦教育基金。公立特许学校全国联合会（National Alliance for Public Charter Schools）声称，现有 10 个州已经开始为争取“冲顶资助”而着手修订特许学校法，以放宽对特许学校数量的限制。

威斯康星州的特许学校项目也是特许学校法改进的典型。威斯康星州 1993 年第一部特许学校法只允许 10 个学区建立特许学校，并且以每学区兴办 2 所特许学校为限。在此法律下，威斯康星州仅有 3 所特许学校创办起来。随后，威斯康星州在 1995、1997、1999 和 2001 年相继对 1993 年的特许学校法进行了修订。每一次特许学校法的修订都无一例外地增加了特许学校的拨款机会。1995 年修订的特许学校法允许所有的学区拨款资助特许学校的发展，并且没有数目的限制。在 1997 年的特许学校法中将特许学校的授权拓展到密尔沃基市以及除去密尔沃基市公立学校系统的几所大学。同样在 1997 年的特许学校法中，一种新的特许学校模式被通过，即不允许特许学校的教职员工受雇于学区，不能加入教师工会。这是因为特许学校的支持者意识到密尔沃基市公立学校系统和教师工会阻碍了特许学校的兴办。1997 年密尔沃基市公立学校系统仅仅授权了一所特许学校。

2010 年 5 月，纽约州参众两院、纽约市长布隆伯格及纽约市教师工会就特许学校法的修订进行了数周的谈判，终于达成协议，为纽约州参众两院通过特许学校修订法案铺平了道路。特许学校的修订案中规定：纽约州将把特许学校的限额从 200 所提高到 460 所。

二、特许学校弹性与绩效的调整

随着各州特许学校法的发展，它们通过不同的方式提供了不同层次的弹性和绩效。① 以制定出最为自由的特许学校法而闻名的亚利桑那州为例，该州的特许学校法规定：感兴趣的特许学校申请者也许可以在该州的任何地方向两所权威机构提出 15 年的特许学校兴办申请。相反，弗吉尼亚州仅仅允许地方学校委员会授权特许学校；地方委员会也许只有在拥有足够的地方支持学校存在的情况下才会行使此权力。弗吉尼亚学区甚至会分配教师到特许学校任教。其他一些州几乎不提供任何指导。堪萨斯州的法律中不包括任何特许学校的资金方案。

宾夕法尼亚州特许学校法修订案规定：大学及学院作为权威机构加入到特许学校的申请审核中；高等教育机构可以获批创建特许学校；中间机构（Intermediate units）和地方学校委员会可以创建网络特许学校。

三、特许学校管理与监督的加强

纽约州议会发言人谢尔登·西尔弗（Sheldon Silver）指出："特许学校在立法修订中通过赋予州检察官对特许学校的监督权能增加透明度，并且能保证特许学校注册和保留特殊需要的学生。"议会法案应该"继续敦促州检察官监督特许学校公共资金的使用情况，公共资金的滥用是特许学校的腐败丑闻之一。"

以宾夕法尼亚州为例，自 1997 年宾夕法尼亚州颁布第一部特许学校法以来，宾州的特许学校法 12 年来做过一些细微的修订。宾夕法尼亚州参议员杰弗里·皮克拉（Jeffrey Piccola）认为，经过 12 年的检验，教育界人士

---

① Preston C. Green III & Julie Mead, *Charter Schools and the Law: Establishing New Legal Relationships*, Norwood, M. A.: Christopher – Gordon Publishers, 2004.

已经能够深刻了解到现行的特许学校法案的成功与失败，因此，现在应该成为最佳的修订特许学校法案的时机，通过特许学校法案的修订，应该让公立学校的选择机制惠及更多的家庭，同时在法案中应该赋予更多的监控以防止潜在权力的滥用。

宾夕法尼亚州2009年修订后的特许学校法案中这样规定：州教育厅网络特许学校监督办公室负责对学校的舞弊进行调查和管理投诉；所有特许学校管理人员和董事会成员都必须遵守国家道德标准（Ethics Act）和特许学校法。

宾夕法尼亚州参议员安德鲁·丁尼曼（Andrew Dinniman）指出，虽然依然处于强劲的发展势头，在公立学校改革中也发挥了重要的作用，但是这样做对于特许学校法的修订来说还远远不够，在特许学校法的修订案中还需要添加检查和监督机制的条款，以真正保证特许学校的健康发展。

以纽约州为例，该州的特许学校法修订案中规定：纽约州主计长将获得审计特许学校的权力；特许学校的学生成分必须符合公立学校的标准，也就是说，来自贫困家庭的学生占据的比例应该与公立学校相同，特许学校应该提供特殊教育和英语初级课程；州教育厅长在允许特许学校迁入公立学校前必须制定详细规划。

2011年4月，纽约州检察官迪纳波利宣称，他办公室的审计员将以为纳税人的资金提供透明和绩效的目的检查3所特许学校的财政状况。“州教育法的修订赋予了我办公室审计特许学校的权利。这些学校是由纳税人的钱来支持的，”迪纳波利说，“纳税人有权知道他们的钱是怎么花的。”2010年，位于奥尔巴尼的州立法部补充了特许学校法案的修订案，赋予了迪纳波利以他的方式监督审计特许学校财政的权利。法案还授权创办260所新的特许学校。纽约州目前已经有171所特许学校服务于57000名学生，这些特许学校2010—2011年度将收到572百万美元的纳税人的钱。奥尔巴尼的立法者说这一项法律的目的是为了通过检察官的监督保证特许学校的绩效。①

① Stephon Johnson, “DiNapoli starts audit of charter schools”, *The New York Amsterdam News*, April 14 – April 20, 2011.

第四章 | 特许学校运动的展望

自1991年第一部特许学校法颁布揭开特许学校运动的序幕以来，到如今特许学校运动已经走过了它的第22个年头。在这22年的发展历程中，特许学校运动取得了令人瞩目的成就，但其间也不乏矛盾与障碍阻挡着特许学校运动的直线向前。特许学校运动一路蜿蜒前行着，面临着前所未有的诸多挑战。特许学校运动的未来趋势如何？其关键因素还在于特许学校运动自身应对挑战的能力。

第一节　特许学校运动的成就

威斯康星州教育委员会的总督学指出，建立在新的公立学校理念上的特许学校为传统公立学校系统内部进行改革提供了一种方法。它是摆脱传统公立学校困境的一种有益尝试。底特律市公立学校总督学大卫·斯尼德（David Snead）也强调，特许学校能帮助学区检查其他学校的所作所为，能帮助公立学校朝着正确的方向前进。总的来说，特许学校运动在克服传统公立学校弊病方面采取了诸多措施，也取得了显著成就。其成果主要体现在五个方面：一是激发了公立学校间的竞争，二是提高了学生的学习成绩，三是提升了家长、教师以及学生的满意度；四是促进了处境不利学生的发展；五是促进了种族平等。

一、激发公立学校间竞争

特许学校运动的重要成就之一就是在公立学校间注入了竞争机制，打破了传统公立学校一统天下的垄断局面。华盛顿州“城市建设优先权计划”的支持者们表示，促进特许学校的发展对传统公立学校并不会产生坏的影响，相反还能激发公立学校之间的竞争。美国参议员玛丽·L.兰德里恩（Mary L. Landrien）指出：家长们所希望的无非是让孩子们能够都去上学，并且都能上好学校。从这种意义上说，特许学校不应该成为公立教育体系的威胁，与之相反，特许学校还能引发公立学校的竞争，能让公立教育体系经历风雨而变得更稳固，能给孩子提供更多的选择，最终形成公立学校系统的整体优质。竞争的作用通过美国教育部的研究得到了证实。此项研究表明，来自特许学校的竞争有助于提升整个公立学校系统的教育质量。高质量的特许学校将给孩子们提供大量的机会。

特许学校与公立学校展开的竞争集中表现在生源上。在过去，传统公立学校由于采取“就近入学”的原则，根本就不存在担心生源的问题。但随着包括特许学校在内的学校选择运动的深入发展，给学生提供了选择就读不同类型公立学校的机会。学生任何时候对公立学校不满都可以抬腿走人，并带走公共资金。这样的做法使传统公立学校普遍感到了危机。

据报道，由于特许学校非常受欢迎，学生已经排起了长长的队伍等待进入特许学校就读。全国有 65% 的州的学生在等待就读特许学校。在得克萨斯州，超过 3/4 的特许学校校长说，他们的学校有等待入学的学生名单。2004 年，华盛顿市约有 1.6 万名学生就读于特许学校，使得该区在特许学校上学的学生比例达到了 20%，位居全美第一。[①] 面对特许学校如此激烈的竞争，密歇根州的兰辛学区为了留住被特许学校（其中一半由营利性机构创办）和跨学区选择计划吸引走的 10% 的学生，学区内的公立学校已经实施全日制幼儿园教育，在中学实行荣誉课程计划，并与密歇根州立大学合办一所社区学校。同样，在亚利桑那州的姆渥撒学区，在已经流失 1200 名学生的情况下，公立学校开始推行一种早期幼儿园计划，并开办了一所选择性高中。

当然，应该一分为二地来看待特许学校抢夺公立学校生源的问题。一方面，更多的学生就读特许学校给学校带来了丰富的公共资金，也为学校的发展壮大提供了无限机遇；另一方面，由于从普通公立学校转入特许学校的大部分学生一般学业都较差，而且主要来自低收入、少数民族和单亲家庭，他们往往在原来的公立学校被看成是“问题学生”，这也为特许学

---

① Bruce S. Fusarelli & E. Vance Randall, *Better Policies, Better Schools: Theories and Applications*, p. 287.

校的发展设置了障碍。正如麻萨诸塞州的一位特许学校的创建者所言：特许学校的教育理想在只能招收到的学生面前显得是那样的苍白无力。学校可以申请办学的特许，但却不能申请选择学生的特许权，所以，情况常常是特许学校在种种压力之下竟不知道如何来教育这些连普通公立学校也奈何不得的学生。

二、提高学生的学习成绩

衡量特许学校取得成功的重要指标之一，是考察学校是否为提高学生成绩采取措施。尽管对特许学校究竟能在多大程度上改进教育质量上还存在分歧，但是许多相关的研究已经为特许学校的办学质量提供了支持性的结论。

一般来说，特许学校优于传统公立学校主要体现为：特许学校的整体表现；特许学校学生对自己学业成绩变化的认识；阅读成绩；数学成绩；学术成绩指数（Academic Performance Index）；ACT 考试成绩；高中毕业率以及大学录取率等等。

就特许学校的整体表现而言，美国学者罗伯特·马兰多（Robert Maranto）在 1998 年对 34 所特许学校的深入研究中发现，就学校规模、班级规模、学校设施、课程设置、学业标准、教学质量、教师的个别关注、对学生的额外帮助、可接近性和开放性、学校纪律、学校安全性等 11 项学校特征而言，特许学校均超过或远远超过传统的公立学校。[①]

在得克萨斯州，对于特许学校与传统公立学校的比较则更为具体，甚至细化到了对评价进行等级分类。据得克萨斯州教育局 1998 年公布的第一年特许学校成绩资料显示，在接受评估的 17 所特许学校中，仅有 1 所被判定为州绩效水平的第二等级；7 所在测验成绩、辍学率和出勤率方面得到了较低成就水平的评价。总之，在接受调查的这 17 所得克萨斯州的特许学校中，有 59% 的学校得到了可以接受、甚至更高的评价。1999 年，得克萨斯州教育局又对 20 所特许学校的成绩进行了评估分类：3 所“受到公认”，12 所“可以接受”，仅有 3 所被判定为“低成就”。1998 年，还没有特许

① Maranto R. Lobbing, “in Disguise”, *Education Next*, No. 3, 2003, pp. 79 – 82.

学校被认定为是可以效仿的；但到 1999 年时，已经有 2 所特许学校得到了这样的评价。1999 年，特许学校得到的可以接受或者更高评价已经增加到 85%（增长了 26%）。①

2007 年的一项比较研究表明，有 19 个州的特许学校学生学年成绩（Academic Year Program）超过了传统公立学校学生的成绩。以新奥尔良市的特许学校为代表，新奥尔良市特许学校的总体表现远远超过了传统公立学校。在新奥尔良市 20 所顶级学校中，特许学校占了 17 所，只有 3 所为传统公立学校。特许学校各年级学生的成绩普遍优于传统公立学校的学生，这种差异到了中学的时候更为明显。据美国《洛杉矶时报》2009 年的报道：在 2008—2009 年度的标准化测试中，洛杉矶 152 所特许学校的表现明显比传统公立学校要好。

在特许学校学生对自己学业成绩变化的认识方面，1997 年研究者们所做的一项研究给出了答案。据悉，10 个州 39 所特许学校的 4 954 名学生在填写"特许学校学生对自己学业成绩变化的认识"一栏时，认为自己成绩差的学生的百分比从先前的 23.6% 下降到了 7.1%。

很多研究已经证明了，特许学校能提升数学和阅读成绩。1997 年，美国教育部委托研究者们对 1000 名特许学校学生与 1000 名条件相似的公立学校的学生进行比较，结果发现，特许学校的学生不仅在阅读成绩方面提高明显，而且数学成绩也高于非特许学校学生。美国教育改革者 B. V. 曼诺（B. V. Manno）、芬恩和 G. 瓦诺瑞克（G. Vanourek）在 1998 年时发现，麻萨诸塞州 8 所特许学校中有 6 所学校的学生参加了测验，"他们的学业成绩明显高于传统公立学校的学生。"② 另外，2004 年霍克斯比在对全美所有特许小学学生成绩和公立学校学生成绩的比较研究中发现，特许学校的阅读和数学成绩均高于公立学校，而且，这种趋势会随着特许学校办学时间的增长而日趋明显。2007 年，一项对 35 个州的特许学校和非特许学

---

① Bruce S. Fusarelli & E. Vance Randall, *Better Policies, Better Schools: Theories and Applications*, pp. 285 – 286.

② Bruce S. Fusarelli & E. Vance Randall, *Better Policies, Better Schools: Theories and Applications*, p. 285.

校的比较研究揭示，特许学校学生的数学“熟练”率为43%，阅读“熟练”率为47%；而传统公立学校学生的这两个比率分别为25%和30%，远远低于特许学校。

另外，各州在对特许学校能否提升学生数学与阅读成就的个案研究中也得出了类似结论。1997年，L.C索尔门（L.C.Solmon）等学者在对加利福尼亚州和科罗拉多州特许学校的研究中发现：在阅读方面，在特许学校注册两年的学生的阅读成绩高出同类公立学校注册学生的2.35到2.44个百分点；在特许学校注册三年的学生的阅读成绩与公立学校同类注册学生相比，高出1.31个百分比。① 另据密歇根州公立学校协会的统计，在密歇根州内举行的评估测验中，4年级特许学校学生的数学成绩增加了24%，而同年级的公立学生仅增加了13%。2009年，美国教育改革中心在对纽约市的特许学校的效能进行考察时也发现：在2008—2009学年的纽约州测试中，85.5%的纽约市特许学校学生的数学成绩高于同年级公立学校学生的成绩；66.2%的特许学校学生的英语成绩高于同年级公立学校学生的成绩。其中，91%的参加州测试的特许学校学生的数学成绩能达到优秀，77%的学生的英语成绩能达到优秀。由此可见，无论是数学成绩还是英语成绩，特许学校学生都远远高出了纽约市传统公立学校学生的成绩。② 特别是到了8年级末的时候，特许学校学生的数学成绩与传统公立学校学生的成绩相比，足足高出30个百分点；阅读成绩在总体上比传统公立学校学生高出23个百分点。由于以上成绩的获得皆排除了学生的种族、民族以及性别因素，所以可以证明特许学校对所有学生都产生了积极影响。③

在学术成绩指数方面，据报道，到2005年时，与非特许学校只有67%的学校实现了全校范围的学术成绩指数的增长目标相比，73%的特许

---

① Solmon L. C. & Paark K., Garcia D., “Does Charter School Attendance Improve Tests Scores?”, *Comments and Reactions on the Arizona Achievement Study*, Phoenix, A. Z.: Goldwater Institute, 2001, p. 6.

② New York City Charter School Center, “The Class Ceiling Lifting the Cap on New York's Charter Schools”, 2009 – 11 – 23, p. 5.

③ NAPCS, “How New York City's Charter Schools Affect Achievement Report”, 2009 – 09 – 05/2009 – 11 – 05.

学校实现了此增长目标，二者的差异已经具有了统计学的意义。其 API 增长目标而言，和初中特许学校小学和特许初中 2005 年 API 增长目标的百分率高于同类非特许学校，其中 特许学校和公立小学之间的差距尤为明显；特许高中和普通高中的差距不太显著。①

另据 2009 年兰德公司（RAND Corporation）的研究发现：芝加哥和佛罗里达特许高中的学生比传统公立高中的学生有着更高的 ACT 考试成绩、更高比例的高中毕业率和大学录取率。哈佛教育学院和麻省理工学院的学者也发现，波士顿特许学校学生的成绩要高于传统公立学校。

当然，特许学校除了以上硬性指标提升特许学校整体表现以外，在了解本民族历史和文化等软指标方面，教师也能明显觉察到特许学校学生的提高。一位来自城市普通特许学校的教师谈到："我们知道自己的历史，虽然没有人告诉我们，但是我们知道。历史正以一种令人自豪的感觉在特许学校中得到发展。我们认识到它需要很长的时间，但是这毕竟在慢慢发生。"②

三、提升家长师生满意度

绝大多数家长、学生和教师对特许学校是非常满意的，特许学校在它们的顾客当中十分受欢迎。下表以明尼苏达和得克萨斯两州的调查为基础，展现家长、教师和学生对于特许学校的总体满意度。

表 4－1－1　特许学校家长、师生满意度调查

	特许学校	公立学校
家长"A"或"B"		
评价的百分比	85%—90%	70%
学生愿意推荐的百分比	61%	NA
教师表示满意的百分比	81%	NA

（资料来源：Katrina Bulkley, "A Decade of Charter Schools: From Theory to Practice" Educational Policy, July 2003, p. 329. NA: 表示没有调查。）

---

① "California's Charter Schools: How Are They Performing?", *edsource. org*, 2006－10－30.

② Amy Wells & Alejandra Lopez, Janelle Scott, Jennifer Jellison Holme, "Charter Schools as Postmodern Paradox: Rethinking Social Stratification in an Age of Deregulated School Choice", p. 12.

从上表的调查可以看出，在同样作为公立学校的情况下，特许学校在家长和师生中获得了更高的满意度，也使民众获得了更多利益。家长和学生的满意度意味着他们更愿意选择特许学校。哈得逊学院在对全美范围的特许学校进行研究后发现，家长和学生都非常满意他们的特许学校。①

（一）家长满意度调查

1997 年 2 月，研究机构在对美国 9 个州 30 所特许学校的 2978 名学生家长进行调查时发现，学生家长对特许学校通常都会表示“非常满意”或者“一定程度的满意”，很少有家长对特许学校表示不满。另外，家长对特许学校的满意通常会集中在“家长参与机会”“班组规模”等方面。据费城一所特许学校的教师反映，他在特许学校工作的最重要一条经验就是邀请家长真正参与特许学校管理。在一个“家庭之夜”晚会上，他邀请了 22 名家长参加，其中 17 名家长在晚会上展示了自己。②

相应教育机构的研究和麻萨诸塞州对特许学校的评估也得出了类似的结论。2000 年西班牙太平洋研究协会（The Pacific Research Association）在对加州 100 所特许学校的调查中发现，接近 2/3 的家长对特许学校表示“非常满意”，70% 的家长在最近的一项研究中也给其孩子就学的特许学校评出了“A ”级的高分。在麻萨诸塞州，超过 2/3 的家长说，特许学校在班级规模、学校规模和得到教师的个别关注方面比他们孩子以前就读的学校要好；超过 3/5 的家长反映，特许学校在“教学质量、家长参与、课程、对学生的额外帮助、学业标准、易接受性和开放性、纪律”等方面比传统公立学校要好。在新泽西州，90% 的家长对他们孩子就读的特许学校表示满意。在得克萨斯州，近 85% 的家长给予了特许学校“A”或“B”的评价。

家长之所以对特许学校有如此之高的满意度，原因是多方面的。最经常被家长提到的原因包括：教育的平等、学生的安全学习环境、小的班级规模、革新的教学方法、严格的学术、关注个体的程度以及家长参与的更

---

① Bruce S. Fusarelli & E. Vance Randall, *Better Policies, Better Schools: Theories and Applications*, p. 287.

② Danny Weil, *Charter School: A Reference Handbook*, p. 25.

多机会等。[1] 华盛顿特区的哈得逊学院在研究特许学校问题时发现，当家长被问及为什么选择特许学校时，有53%的家长的首要答案是小的班级规模；45.9%的家长回答是因为高水平；44%的家长回答的依据是教育哲学；43%的家长是因为更多的家长参与的机会；41.9%的家长认为特许学校有更好的教师。[2]

一份对481所特许学校的调查显示，家长们对特许学校最大的满意是因为特许学校在同样的条件下能为学生付出更多，能为了学生的需要而提供更广阔的课程选择。特许学校办学的生均费用虽然只有4507美元（包括设备支出），比起传统学校的7000美元（不包括设备支出）生均经费要低，但是在这些经费较低的情况下特许学校却凭借更高的家长参与度，更少的经济问题以及学生更高的出勤率优胜于传统公立学校。此外，特许学校在宗教上更宽容，它不属于任何宗教派别，向各类学生开放。鉴于此，更多的家长期待自己也能兴办特许学校，并且希望自己的孩子能就读于特许学校。

表4－1－2是针对密歇根州特许学校家长特许学校满意度原因的一项调查，充分显示了家长们对特许学校的多方位满意。

表4－1－2　家长特许学校高满意度原因调查（单位:%）

	不重要				非常重要
	1	2	3	4	5
好的教师和高质量的教学	1.6	2	7.6	19.3	69.5
我喜欢强调学校的教育哲学	1.6	1.8	9.3	26.8	60.5
孩子的安全	4.8	4.2	14	17.6	59.4
学校的学术声誉(高标准)	4.1	4.3	16.9	27.8	46.9
特许学校发言人的承诺	9.5	8.3	21.9	29.1	31.1
我对教育改革努力的兴趣	10.9	10.6	27.6	27.8	23.1
我的孩子想就读这一学校	18	11.1	24.5	17.6	38.8
我对先前就读的学校的课程与教学不满意	25.2	7.9	16.7	15.8	34.4

---

① Bruce S. Fusarelli & E. Vance Randall, *Better Policies, Better Schools: Theories and Applications*, p. 286.

② Danny Weil, *Charter School: A Reference Handbook*, p. 17.

续表

	不重要 1	2	3	4	非常重要 5
先前的学校没有满足孩子的特殊需要	35.9	9.4	14.6	13.4	26.7
便利的位置	31	19.5	27.9	11	10.7
我更喜欢私立学校，但是没有能力支付学费	40.9	12.5	20.5	11.5	14.6
我的孩子在先前的学校表现很糟	45.8	9.5	16.5	9.2	19.1
我孩子先前就读学校的教师和官员的推荐	63.1	9.4	15.6	6	5.8

（说明：以上项目是根据密歇根州特许学校家长的满意度来区分等级的。 资料来源：Gary Miron, Christopher Nelson, *What Public About Charter Schools?: Lessons Learned About Choice and Accountability*, California: Corwin Press Inc, 2002, p. 92.）

上面已经提到，家长们认为特许学校的优势在于小的班级规模、安全的学习环境和家长参与度较高等。对于班级规模，他们认为，班级规模越小，学校内组织民主合作和人性化决策的机会就越大。他们甚至相信，只有在小规模班级里，教师才更有可能知道学生的名字和更好地了解学生的需要，从而最终帮助学生完成个性化的学习过程。对于安全的学习环境，家长们渴望能在特许学校中寻求安全的就学环境。对于家长参与，在特许学校中，特别是在城市特许学校中，家长们认为自己获得了更多的参与权。

一位母亲，在自己的两个男孩就读于特许学校后，对家长参与给予了这样的评论：

> 当他（儿子）第一次进入特许学校就读时，我想："一些新事物又一次出现了"。后来，我看到他是如此朝气蓬勃，教师对他又是这样地感兴趣，也包括对我感兴趣。他们打电话给我，请我参与他们的工作。我答应了，然后我们一起工作。特许学校给了我一些新的联系，通过它我变得对学校真正感兴趣。这就是为什么我愿意在我们中学的管理委员会工作的部分原因。现在我感到它就是我的学校。①

① Michelle Fine, *Chartering Urban School Reform: Reflections of Public High Schools in the Midst of Change*, New York: Teachers College of Columbia University, 1994, p. 13.

（二）学生满意度调查

学生对特许学校的满意度也是相当高的。一项哈得逊学院关于特许学校的研究发现，当特许学校学生被问及他们喜欢特许学校什么方面时，最经常出现的答案是：“好教师”的占 58.6%；“他们耐心教学直到我学会”的占 51.3%；“他们不会让我掉队”的占 38.5%。这项研究也发现，当把特许学校的教师与学生先前就读学校的教师比较时，被调查的 5 个学生中有 3 个（60.7%）认为特许学校的教师“更好”。[①]

据密歇根州公立学校协会的统计，在密歇根州内的评估测验中，学生对几乎一半特许学校的一门或多门学科表示了双倍或者三倍的满意。在得克萨斯州，超过 2/3 的危机学生说，他们就读的特许学校提供了小规模的班级、更多的个人关注、更高素质和更关心学生的教师；有 75% 的危机学生发现，特许学校比他们曾经就读的公立学校要好；近 80% 的学生对特许学校表示满意，给了特许学校“A”或“B”的高分。在新泽西州的一项关于特许学校的研究中，被采访的 17 个学生中就有 12 个相信他们就读的特许学校比以前就读的公立学校要好。

（三）教师满意度调查

特许学校教师对他们所在学校的很多方面均表示满意。佛罗里达州一项关于教师流动的研究表明，学校系统中有着流动倾向的教师多会选择流向特许学校，而非公立学校。[②] 在俄亥俄州，特许学校教师离开的原因更多的是出于对教书的厌倦而选择放弃教职，他们不会愿意去其他任何学校。[③] 一项对于特许学校与公立学校教师流动的比较研究发现，重建公立学校系统的特许学校运动导致了公立学校师资水平的下降，从而抬升了特许

---

① Gregg Vanourek & Bruno V. Manno, Chester E. Finn , et al. , “Charter Schools as Seen by Those Who Know them Best”, In *Charter Schools in Action Project Final Report* Ⅰ *of Hudson Institute* , No. 6, 1997, p. 3.

② Harris D. , “Should I stay or should I go? Comparing teacher mobility in Florida' s charter and traditional public schools”, *Peabody Journal of Education* , Vol. 82, No. 2 – 3, 2007, pp. 274 – 310.

③ The Ohio Collaborative, *Conditions of Teacher Supply and Demand in Ohio* , Columbus, O. H. : The Ohio Collaborative, 2003, pp. 3 – 25.

学校的师资水平。①

大部分教师在谈到他们所任教的特许学校时都普遍表达了欣慰之情。他们已经开始意识到应该给予学生新的尊重。费城一所特许学校的老师在评论对学生的经验时说：

你逐渐了解了孩子的每一件事，包括他们的血型。我们总是和孩子们在一起。每天从7：47到2：46的所有时间，整个四年的时间都如此。了解一小群学生能够深入改变我们和他们的关系。特许学校是一个地方，在那里，我们能够改变和接受对学生成就与失败责任的分担。

另一位教师在评论她的学生和对他们生活的新理解时，带着一丝担忧地陈述道：

好的，A. 米歇尔（A. Michele）老师，你告诉我你想逐渐了解这些孩子。现在，我们做了。我们知道什么将伴随他们。过去常常在后面屋里点亮灯光或者熄灭灯光的孩子不仅仅存在纪律问题。他是一个有着火爆脾气母亲的年轻人或者她是无家可归的。这些学生过着艰难的生活。除了带他们回家，我不知道如何处理他们。我们需要得到一些帮助。②

对于许多教师来说，特许学校已经给了他们一个更广阔地了解他们所生活的社会的机会，使他们知道他们的许多学生还在被迫过着狄更斯小说里所描绘的悲惨生活。

在相当长的一段时间内，公立学校的教师常常哀叹缺乏在一起的规划

---

① Harris D., "Should I stay or should I go? Comparing teacher mobility in Florida's charter and traditional public schools", *Peabody Journal of Education*, Vol. 82, No. 2 - 3, 2007, pp. 274 - 310.

② Michelle Fine, *Chartering Urban School Reform: Reflections of Public High Schools in the Midst of Change*, p. 11.

时间。但是，在特许学校却不同，教师们每天都有机会就学生的问题展开互动讨论。有时还会和学生一起尝试，和同事们一道讨论，共同面对和处理特许学校的一些重大事件。许多教师已经发现合作在特许学校中得到了加强。①

作为费城特许学校协调者的一位教师这样描绘教师之间合作的经验：②

> 在特许学校内，特别是那些涉及社会工作的实习，已经改变了我全部的工作。因此，我和其他教师一起以学生支持者的身份出现。我是如此高兴地听到校长说，“学业应该驱动教职员，而不是教职员驱动学业”。

即使是特许学校的教师在教育哲学和课程方向上还存在着不同观点，但这并不影响教师们表达自己对特许学校的满意。一项哈得逊学院关于教师满意度和专业奖励的研究发现，超过90%的特许学校教师对特许学校的教育哲学、规模、教师和学生表示十分或者某种程度的满意。这项研究也发现，超过75%的接受面谈的教师对学校的管理者、教师决策水平和对创建一所新学校表示满意。仅有2.7%的特许学校教师说，他们将来“希望去其他地方”。③

在一定程度上可以说，特许学校取得了可喜的成就。截至2003年，全美被关闭的特许学校仅占特许学校总数的4%。④ 这一证据从反面肯定了受绩效合同制约和受家长、学生的满意度影响的特许学校的办学效果。一项调查的结果也显示，“在同样的情况下，特许学校要胜过其他传统公立学校，并且对学生付出更多，这就是为什么家长要求进特许学校的越来越多。”2003年9月17号，美国教育改革中心在发布的《研究特许学校的发

---

① Danny Weil, Charter school: A Reference Handbook, p. 24.

② Michelle Fine, *Chartering Urban School Reform: Reflections of Public High Schools in the Midst of Change*, p. 11.

③ Gregg Vanourek & Bruno V. Manno, Chester E. Finn, et al., *Charter Schools as Seen by Those Who Know them Best*, p. 4.

④ Maranto R. Lobbing, *in Disguise*, pp. 79 – 82.

现》报告的第三版中也证明了特许学校的全面效果。这个报告是 1995 年以来多项研究的汇编，其内容主要是调查特许学校对学生、教师和社区的影响。教育改革中心的主席珍妮·艾伦（Jeanne Allen）表示，大量的研究已经发现，特许学校是富有成效的。美国教育部、州教育部以及大学专门研究机构的研究都表明，特许学校的兴起让公立教育资源呈现出更加多样的特征，使全美数以万计的学生获得了不仅实用而且优质的教育机会。明尼苏达州教育委员会的总督学这样总结特许学校的成功之道：特许学校有梦想的自由，不必受教育行政过多的束缚，能满足教育消费群体的利益，这些是家长、教师和学生们对特许学校推崇有加的主要原因。总之，特许学校在一定意义上实现了合同中的承诺，在一定程度上引发了传统学区制度的改革，并为家长和学生提供了多样化的选择机会。

四、促进处境不利学生的发展

特许学校创办的初衷是为了能给中低收入家庭的孩子选择教育的机会。因为，对于富裕家庭的孩子来说，他们从来都不缺乏选择教育的机会；而中低收入家庭的孩子因为家庭经济能力的关系，在过去几乎没有什么选择权，只能是“就近入学”到公立学校中。特许学校正是以中低收入家庭的教育选择需要为基础，向教育机会不均等的现状发出挑战，从而增加了所有家庭的选择机会，特别是为那些处于劣势的家庭提供了选择学校的真实可能。另外，特许学校和其他传统公立学校一样，也为特殊教育学生或低收入家庭学生提供额外的款项，这笔经费会随学生的流动而流动。美国联邦教育部前部长罗德·佩齐（Rod Paige）认为，特许学校正在帮助那些被其他公立学校抛弃的学生提高学业成绩。

有研究表明，特许学校中有超过 1/3 的学生是有资格享用免费或优惠午餐的贫困学生，特许学校能给予那些最需要帮助的孩子最好的帮助。据得克萨斯州教育局 1998 年公布的第一年特许学校成绩资料显示，在接受评估的 17 所特许学校中，9 所虽然主要注册了危机学生，但因其成绩显著仍被判定为可以接受。

以加州为例，2002 年 3 月，加州大学一个研究团队对为低收入家庭孩子提供服务的特许学校和其他公立学校做了全面的比较研究，调查了三年内加州所有这样的学校。结果表明：加州特许学校在提高危机学生的学术成就方面（根据 API 测验成绩）比非特许学校做得好。加州特许法案的一个主要目的是扩大低学术成就儿童的学习机会。

预备大学联盟下属的 16 所特许学校主要招收低收入黑人和拉丁裔学生，教学严格遵照州制定的课程标准。以其下属第四学校为例，该校的 325 名学生中有 97% 来自贫困家庭，校舍仅是几排平房，位于两条高速公路交叉处的废弃地带。就是这样一所条件简陋的学校，当年的学业表现分达到 846 分，比同类学校高出 200 分。

2006 年，一项对以往研究的分析发现：在 33 项研究中，有 7 项研究发现特许学校在某些领域，例如小学、高中或者服务危机（at – risk students）学生方面，成绩高于其他公立学校。

2009 年美国国家经济研究局和斯坦福大学学者的联合研究发现：就弱势学生而言，在特许学校就读时间越长，成绩优势与传统公立学校的同类学生相比就更为明显。应该说，特许学校在一定程度上极大地缩小了富裕家庭孩子和贫困家庭孩子之间的成绩差距。

另外，全美最好的两所特许学校的服务对象皆为中下阶层家庭孩子的事实可以部分地证明：特许学校的建立是为了促进那些处境不利的儿童的发展。这两所学校在得克萨斯州，一所是 YES，全称翻译过来是“服务中的年轻人”，另一所是 KIPP，意为“知识就是力量”。这两所学校都位于休斯敦市中心的贫困社区。目前，YES 已成为休斯敦地区最好的公立学校，在《美国新闻和世界报道》的排名中跻身全美前 10 名。KIPP 发展至今，已拥有自己的基金会网络和教师资格培训体系，并在美国 19 个州开设了近 90 所学校，帮助更多原本可能辍学、没有生活技能的贫困学生进入大学殿堂。

五、促进种族平等

特许学校的支持者认为，特许学校不但没有扩大种族隔离，而且还拉近了种族距离。根据支持者的一项研究：70% 的特许学校的种族/民族构成与学校周边地区的种族/民族构成一致，17% 的特许学校的有色人种比例高于周边地区，14% 的学校低于周边地区。[①]

有研究表明，特许学校招生总数中 55% 是非洲裔或西班牙裔学生，个别州这一比例更高。以纽约市为例，位于纽约市布鲁克林区的威廉斯堡学院特许学校，99% 的学生为非洲裔和西班牙裔。在每年的标准化测验中，该校平均成绩都高出当地平均水平。2010 年，威廉斯堡学院特许学校中有 78% 的五年级学生通过了数学测试。该校负责人布雷特・佩泽指出，在去年纽约州的统一测验中，特许学校的 1000 名 3—8 年级学生中有 98% 通过了数学测验，89% 通过了英语测验，他们几乎全部是贫穷的少数族裔学生，这两项测验的成绩比白人学生的平均成绩还好。他表示，“如果我们的目标是缩小成绩差距并帮助学生为大学学习做准备，那么很显然我们正朝着正确的方向迈进”。

2007 年，一项对 35 个州的特许学校和非特许学校的比较研究表明：与传统公立学校相比，在特许学校就读的大多数非洲裔美国学生的成绩明显要好一些。就数学方面而言，特许学校中 57% 的非洲裔美国学生的数学成绩能达到优异，而传统公立学校中非洲裔美国学生的这一比例仅为 40%；就英语成绩而言，特许学校中 40% 的非洲裔美国学生能达到“熟练”程度，而传统公立学校仅为 29%。

六、成就归因

大多数国外学者的研究认为，特许学校的成功归功于以下几点：独特的办学理念；教师与学生更长的在校时间（包括周末和假期都要上课）；学校更严格的纪律和更多的成绩测试；学生更多的自我塑造的自由空间，而非逼迫学生成为学校想要的模样；更灵活的上课时间；炒掉差劲老师的权力；更自由的经费支配；教师对学生更高的期待；更小的班级；更融洽的师生关系；更安全的校园环境；更高的家长参与程度以及家长更关心学生的学习。

---

① Katrina Bulkley, “A Decade of Charter Schools: From Theory to Practice”, *Educational Policy*, July 2003, p. 331.

（一）教师的留守与勤奋

从总体上看，特许学校的教师在任职条件方面比不上传统公立学校的教师。与非特许学校的教师相比，特许学校教师的收入更低一些，待遇更糟一些。这种差距在特许学校的行政管理人员与非特许学校的行政管理人员之间表现得尤为明显。特许学校教师虽然拿着比传统公立学校更低的薪水，但是他们却更容易就选择奉献并留守于特许学校。

原因之一在于他们对特许学校办学理念的认可和接受挑战后获得的成就感。费城一所特许学校的教师指出："我总想以一名优秀教师的标准来要求自己。虽然教学工作并不总是具有创造性，但是我从来没有像现在这样享受教学。我从特许学校的同事那里学到了东西，并且最令人吃惊的是，我以前从未考虑过学生会希望我把他们作为学生来看待！我们都愿意将那些分裂班级的学生驱除出去。但是，现在学生们却告诉我'关上门让我们学习吧'"。

原因之二在于特许学校教师良好的专业发展前景使特许学校教师更愿意留在特许学校任教。特许学校的教师和行政人员宁愿早上起床去一所他们共同创造的，反映自己教育理念的学校，而不愿去实施其他人办学理念，加入教师工会，却有着高收入的公立学校。如果问特许学校的教师是否有"亲工会"的倾向，那么他们的回答是肯定的。但是，如果问特许学校的教师是否愿意回到过去他们工作过的加入工会的学校，那么他们的回答将是否定的。教育者的生活质量不是以收入多少和工作时间为依据，而是更多地依赖于教育的使命。①

原因之三在于特许学校教师在课堂上拥有更大的自主权。据2004年的有关调查，在接受调查的特许学校教师中，有2/3以上的教师认为教师在课堂上有自主权，但是，也有30%左右的教师认为实际的自主权与想象中的权利存在较大差距；88%的教师认为自己可以参与或影响学校的决策；67%的教师认同学校的教育宗旨。应该说，这与特许学校最初的假设也是一致的。既然特许学校教师是经过自己的选择以后来到学校的，那么与传

---

① Paul Skilton – Sylvester, "Eyes on the Curriculum: How One Charter School Resisted Test – Driven Pressures", *Dissent*, Fall 2011, pp. 52 – 58.

统公立学校的教师相比，他们必然会更认同学校的教育方式和教育理念。[①]

一位教师工会的成员曾指出，成功的特许学校主要依靠的是一群愿意每周工作60小时的年轻教师。纽约市威廉斯堡学院特许学校的斯基特正是这样一位教师，他每天从早上7点开始工作一直到下午5点半，比普通公立学校教师每天多工作3小时。虽然辛苦，但是斯基特表示，他在普通公立学校教书时感到在教学上受到很大束缚，而特许学校的教师在教什么和如何教方面有更多的话语权。

芝加哥大学的查尔斯·佩恩教授（Charles Payne）和提姆·诺尔斯教授（Tim Knowles）宣称一所成功的特许学校和教师的素质息息相关。他们指出："我们的观察告诉我们，真正高质量的特许学校不是那些痴迷于达到某个标准化测试成绩的学校，而是那些以教师素质为基本决定因素的学校"。[②]

（二）严格的纪律与更多的成绩测试

特许学校成就的取得也应归功于严格的纪律和更多的成绩测试。明尼阿波利斯市的"哈赢斯特预备学校"就是这样一所学校。在"哈赢斯特预备学校"（特许学校）一间教室内，一位老师对着一班学生喊道："大家现在都把铅笔，点在计数记号表的苹果上面！"教室里，试卷声、脚步声杂乱，一场考试即将来临。每隔六七个星期，学生就会有一场考试。老师们也要接受检测。因为学校的苦心经营，去年，"哈赢斯特预备学校"的数学成绩遥遥领先于明尼阿波利斯市学区的其他学校。在哈赢斯特预备学校，学年是连续的，学校采用频繁的短假来代替传统的长假，这种做法更能跟进学生的学习和防止学生惹是生非。

（三）家长的高度参与

特许学校家长的高参与度也与特许学校的成就息息相关。这种更高的参与度通常表现为：家长可以参与特许学校各个层次的活动，包括他们可

---

① Bruce S. Fusarelli & E. Vance Randall, *Better Policies, Better Schools: Theories and Applications*, p. 280.

② Paul Skilton - Sylvester, "Eyes on the Curriculum: How One Charter School Resisted Test - Driven Pressures", *Dissent*, Fall 2011, pp. 52 - 58.

以用电子邮件与教师进行交流，并且接受教师关于对家长每周的业务通讯和每一个电话在 24 小时内予以回复的承诺。[①] 据费城一所特许学校的教师反映，他在特许学校工作的最重要一条经验就是邀请家长真正参与特许学校管理。在一个“家庭之夜”晚会上，他就邀请了 22 名家长参加，其中 17 名家长在晚会上展示了自己。[②]

（四）安全的学校环境

另外，在一些低收入社区，特许学校能为学生提供安全的校园环境也促成了特许学校的成就。低收入社区内的城市特许学校常常被家长和教育者们看成是摆脱附近危险公立学校的一个安全避难所。[③] 罗莎·里瓦斯把她上六年级的儿子从传统公立学校转入特许学校。儿子在原来的学校时常受欺负，后来开始逃学。“让他上学简直成了一场持久战。”里瓦斯说，转入特许学校后，“那里学校规模较小，老师对学生有更多管束，我最看中的就是安全。”

所以，即使是在那些数学和英语统一测验成绩低于传统公立学校平均成绩的特许学校，学校招生数量仍旧不断增加。因为家长认为特许学校比当地其他学校的纪律更好。家长喜欢特许学校的感觉，他们说这里让他们感到安全，不必再担心孩子受到欺负。

总之，特许学校的成就取得正如预备大学联盟（一所特许学校）创始人朱迪·伯顿曾总结的那样：特许学校“这样的成绩完全是辛勤工作的结果，校方目标明确，对孩子有很高的期望，一旦定下目标，就持之以恒地努力去实现，不管学校领导层发生怎样的变化。”

第二节 特许学校运动的矛盾

特许学校运动也许并不总是如支持者们所宣称的那样，是“有魔力的

---

① J. Anderson, “Parent Involvement in a Charter School”, *Paper presented at the annual meeting of the American Educational Research Association*, Chicago, Vol. 4, March 1997, p. 11.

② Danny Weil, *Charter School: A Reference Handbook*, p. 25.

③ Danny Weil, *Charter School: A Reference Handbook*, p. 19.

子弹”。在特许学校运动中，往往矛盾交集、障碍丛生。事实上，支持者们也已经认识到了这些障碍的严重性。他们甚至认为，如果不克服这些障碍，那将会阻碍特许学校运动作为全面的、对学生生活施加广泛影响的合法教育改革通往成功的道路。这意味着，特许学校将面临被关闭的命运。在美国，有3%—5 %的特许学校已经被关闭了。虽然这个比例很小，并不足以对整个特许学校运动造成威胁，但它已引起教师足够的、必要的重视。①

2009 年，在第一所特许学校开办近 20 年以后，明尼阿波利斯市的《明星论坛报》发表的头条社论称，“特许学校改革未能兑现”。②《明星论坛报》的 T. 肯尼迪（Kennedy T.）分析道：“一些特许学校成功了，一些特许学校仍旧在挣扎，一些特许学校被关闭了。”③

特许学校运动的争议继续着，《明星论坛报》的社论专栏作家 N. 科尔曼（Coleman N.）写道：“特许学校作为一剂良药，感觉更像是一场疾病。”“特许学校运动已经发展得太迅速和太昂贵以至于难以解散。它吞噬了有限的经费，并且混淆了国家和教堂之间的界限。”④ 科尔曼把特许学校运动称为“圣牛，但是它现在成为国家教育问题的一个部分，而不是解决方案。”同时，明尼苏达州贫穷的少数族裔学生与白人学生之间的成绩鸿沟是全美最严重的之一，此差距 20 年来没有丝毫改变，也没有任何全面的有分量的证据显示明尼苏达的学生比 20 年前更好。

总的来说，特许学校在发展过程中遇到的矛盾可以归纳为：入学门槛的人为设定、管理上失误、创新性不足、自主权受制、功利性倾向、影响力有限以及监督不力。这几种矛盾在表 4 – 2 – 1 中都有所反映：

---

① Bruce S. Fusarelli & E. Vance Randall, *Better Policies, Better Schools: Theorics and Applications*, pp. 283 – 284.

② “Reform is overdue”, *Minneapolis Star – Tribune*, Feburary 2009.

③ Kennedy T., “Charter Schools Pitch Broad Reform to Prevent Abuse”, *Minneapolis Star – Tribune*, 2009 – 12 – 18.

④ Coleman N., “Charters, As a Cure, Feel Like a Disease”, *Minneapolis Star – Tribune*, 2009 – 08 – 09.

表 4－2－1　特许学校在实施过程中遇到的困难

障　　碍	总数（%）	障　　碍	总数（%）
缺乏启动资金	48.5	州教育厅的抵制	12.3
不充足的运作基金	37.4	内部的过程或者冲突	11.9
缺乏规划时间	34.5	学校行政和管理	10.7
不充足的设备	32	健康和安全条例	10.5
州或者地方的反对	20	雇佣职员	10.3
学区抵制或者管制	18.2		

（资料来源：Paul E. Peterson, David E. Campbell: *Charters, Vouchers, and Public Education*, Washington, D. C.: Brookings Institution Press, 2001, p. 36.）

一、入学门槛的人为设定

美国学者 A. 特伦恩斯特（Thernstrom，A.）和 S. 特伦恩斯特（Thernstrom，S.）这样描绘家长申请特许学校的入学程序：家长首先被邀请到一个开放的屋子里，在这里，学校负责人消极地向家长告知特许学校惯例，如保证每天晚上 2 小时的家长检查家庭作业时间，没有 7 月份的假期，每星期每天的上学时间从早上的 7：25 到下午的 5：00，包含星期六早上。如果家长不同意这些要求和限制，“那么，这所学校也许不适合你”。[①]

科罗拉多大学卵石教育学院的凯文·韦勒（Kevin Welner）教授在研究中揭示了特许学校操控学生注册的 12 种方式。这些学校操控学生的注册是为了学校的最大利益，而不是为了学生的最好发展。特许学校有注册不成比例的低数目的残疾学生、来自低收入家庭的学生、英语学习者或者高危险群学生。这些学生的比例在某些地区似乎是固定不变的，也许只有几所特许学校服务于英语学习者（常常是移民或者移民的孩子，主要来自于拉丁美洲，英语掌握程度较差）。周围地区的特许学校注册这类学生的比例会更小。

---

① Thernstrom A. & hernstrom S., *No excuses: Closing the racial gap in learning*, New York, N. Y.: Simon & Schuster, 2003, p. 47.

特许学校只想注册它们想要的学生。特许学校的注册过程是漫长且复杂的。韦勒得出结论认为，特许学校的注册过程似乎是专为剔除那些降低特许学校考试成绩的学生而设计的。特许学校通过漫长的申请过程来达到这一目的，如只能用英语申请，一年只有几个小时的有效申请时间，任何残疾和特殊需要必须事先告知。除此之外，一个家庭在被考虑注册前还需要参观学校，写相关的论文，面试和提供帮助。错过其中任何一项要求的家庭将被取消注册资格。这就让那些没有时间和资源满足学校要求的家庭知难而退，使他们的孩子不可能在特许学校注册。通过韦勒评论名单上的12种方法，特许学校已经发现了仅仅注册它们想要的学生类型的方法，而有争议性地无视他们不想要的学生的幸福。

这12种方法主要表现为：

一是限制高危险群学生的注册比例。特许学校更有可能鼓励那些高危险群学生的家长去最近的公立学校就读，因为在公立学校内他们会有更多的机会和支持。拥有更少财富的家庭倾向于选择家附近的学校，而富裕的家庭更有可能走得更远以接受更好的教育。一些特许学校在学生考虑是否注册以前，要求他们承诺更长的学校日。另外一个熟悉的惯例是“血汗产权”，即所有注册学生的家长必须以为学校提供贡献的形式给特许学校回报。如果一个家庭没有时间，如单亲家庭，既然他们不能够跟上学校增加的承诺需要，那么他们将在申请过程中备受煎熬，这是特许学校剔除他们不要想学生的另一种方法。

如果那些“没有预计的”学生仍然设法通过特许学校申请和注册过程中设置的障碍的话，仍然有多种方式将他们推出去。在学校职员的鼓励下，和教师和管理人员的面谈常常以学生的转学为结果。教师鼓励转学的一个例子是留级，这样该学生只有转到别的学校才能按时毕业。

最后，如果所有的这些方法都不能奏效的话，特许学校最后的依赖将是严厉的纪律和处罚。这包括更高的开除比率和一些非同寻常的处罚措施。如在芝加哥的一所特许学校，像《纽约时报》2012年报道的那样，该学校从课堂上犯错误的学生身上收取了成百上千的罚款。这些罚款包括不服从和粗鲁，如“不看老师的眼睛”这样小的错误也包括在内。控制学校氛围的能力过滤了捣乱的学生，但是同时也剔除掉了那些没有能力支付罚款的学生，让他们别无选择只能是转学。①

二、管理上失误

一般来说，特许学校的管理包括财政管理和行政管理两大块。就财政管理而言，主要包含经费来源和经费使用两个方面；就行政管理而言，则主要体现为内部管理和规划时间两个部分。因此，特许学校管理上的失误必然会通过财政管理上和行政管理上的失误来体现。其中，财政管理上的失误具体表现为经费来源的不充足和经费使用的不合理；而行政上的管理失误则通过内部管理的混乱和规划时间的不充足来体现。

（一）财政管理不善

自特许学校出现以来，财政管理失误已经成为埋设在特许学校运动中的一枚隐形炸弹，在任何时候都有可能被拉爆引擎而炸毁特许学校运动。没有人比芬恩更好地了解这一切，他在 2002 年的讲演中就警告特许学校的支持者，有必要仔细清理一下自己涉及财政问题的行为。他提醒经营者们注意，什么失误也比不上财政上的失误更能毁灭特许学校。这是特许学校被迫关闭的最普遍理由。②

以加利福尼亚州最大的特许学校系统加里夫公司（Calif.）的案件为例。2005 年 4 月，加利福尼亚州审计组织公布的一组数据显示，加州最大的特许学校系统——加里夫公司将州政府下拨给特许学校的大约 1.39 亿美元的资金并没有用于特许学校本身的教学创新等重要校内事务，而是将这笔款项挪作他用，用于投资其他产业、购买高价课本和为公司旗下员工发放丰厚薪金等与学校无关的方面。以加州特许高中（California Charter Academy）为例，该高中成立于 1999 年，2004 年因投资审查不过关被关闭。负责对该特许高中进行为期一年投资审查的公立学校高级督学杰克·O. 奥康奈尔（Jack O. Connell）说："审核中列出的该公司对教育资金的浪费是

---

① Julia Coryton, "Manipulating enrolment in charter schools", *Education Journal*, 2013－05－17.

② "The War on Charter Schools", *Speech Presented at National Charter School Clearinghouse Conference*, 2002－09－14.

骇人听闻的。”

负责特许学校经费管理的教育管理服务公司（Education Administrative Services Corp.，简称 EASC）执行经理斯蒂文·考克斯（Steven Cox）将 120 万美元的特许学校经费用于支付其家人的薪金和其他花费。考克斯还将特许学校专用经费用于购买课本和支付特许学校教师工资等。在购买课本方面，考克斯花 92 万美元购买高价课本；但是，在教师工资方面，支付的薪金却比其他学校低。总之，考克斯抓住一切机会利用学校资金为本人和公司、家庭、朋友和合作伙伴牟取暴利。

纽约州的金斯布里奇改革设计特许学校（Kingsbridge Innovative Design Charter School，KIDS）也因为在财政管理方面的经营不善和领导方面的问题，在开办了 8 个月之后，纽约州政府宣布将其关闭。根据该州的说法，“该学校缺乏适当的图书保存系统和财政管理记录”，财务压倒教育是其主要问题之所在。①

《洛杉矶时报》也披露，一所专为过失青年开设的特许学校的校长竟然用公款聘请私人保镖，购买价值近 4 万美元的高级轿车和高档设备，使得该校在关闭前，全校仅有 4 位教师应付着 200 多名学生。

在美国，由于财政管理不善，特许学校拨款被滥用的案例时有发生。2005 年 1 月，甚至有一名特许经营者因滥用学校资金被判监禁 8 个月。

（二）行政管理混乱

对一些特许学校来说，与财政危机密切相关的是管理上的混乱局面。在一定程度上甚至可以说，是管理的混乱导致了财政危机的爆发。特许学校的创办者有着不同的背景，来自不同的阶层，其中虽然不乏有经验的管理人才，但许多人在这方面的能力比较欠缺。正如亚利桑那州一所特许学校的创始人所说：“我们都有很好的教育理想，但是缺乏具体经营学校的人才。”这样就很容易造成学校规划时间不足，内部管理不善、滥用职权、权力斗争的混乱局面，让某些人利用。

和其他教育革新一样，不充足的规划时间一直是特许学校运动中出现

① Stephon Johnson, “Bronx charter school done after eight months”, *The New York Amsterdam News*, August 11 - August 17, 2011.

频率很高的矛盾。在新建的特许学校中表现得尤为尖锐，达到 37.4%；而在公立转制学校和私立转制学校中则不那么尖锐，分别为 28% 和 23.9%。这意味着，新建的特许学校经常受到日常管理问题的困扰，许多问题还不为特许学校经营者所熟悉，规划时间因而变得更加难以保证。首先对于新建学校的经营者而言，每一件事都是新的，包括管理、教育项目、教职员工的合作和实施管理的董事会等。各种关系不得不在完成共同教育使命的前提下从头做起。学校努力在建校初期就在教职员工、家长、学生和管理董事会之间形成一种不变的约定关系。在这样的情形下，大量的时间不得不被投入到学校的日常管理中，规划时间简直就成为一种奢侈。其次，由于家长管理董事会没有日常运作学校的经验，因而造成了部分权威决策权的分散，这就使得学校的日常管理变得更加困难。①

学校内部权力的斗争也是特许学校关闭的诱因之一。圣地亚哥市的约翰逊城市联盟学校于 1994 年年底开办，到 1996 年 11 月关闭。其关闭原因就是学校内部的权力斗争。教师和学校行政领导分成两派，教师站在一边，领导站在另一边。虽然约翰逊学校表面上还坐落在圣地亚哥市，但实际上这所学校已经名存实亡了。另据加利福尼亚州政府的一名审议员称，有一次他到洛杉矶市的埃德纯学校参观，结果见到的景象是教师们没有书本而行政人员却拥有很多特权。

此外，领导者的素质不高也使一些改革措施得不到落实，未能如期实现特许学校的目标，受到学区的警告，甚至被取消办学资格。近年来，特许学校新建的不少，关闭的也不少，其中有相当一部分是因为行政管理上的混乱局面造成的。

三、创新性不足

许多人支持特许学校的一个重要原因是公立学校的管理层不支持革新，而唯有在特许学校才有建立一种新的、革命性的学校教育的可能。特许学校作为教育实验和改革的产物，本应在创新性上有所突破，但一系列的研究却表明，特许学校并没有在创新方面发挥相应的作用。

---

① Anne Turnbaugh Lockwood, *The Charter Schools Decade*, p. 91.

实际上，美国各界人士对特许学校在课程和教学方面的要求并不高。他们并不期望特许学校能改革课程和教学的每个方面。他们认为，特许学校如果能系统地涉及教学或课程的一两个重要的问题，并有证据说明其新的尝试的价值，便可称之为学校革新。

但学者们指责，特许学校在课程及教学方面并没有什么革新，教师仍被排除在教学决策过程之外。在加利福尼亚州，有85%的特许学校仍采用传统的方法进行班级教学。另外，在一份关于亚利桑那州特许学校的调查报告中，调查者这样写道："从我们的分析中可以肯定，特许学校在教学方面几乎没有发生什么变化。"① 由此可见，一个不容否认的事实是，仍有相当一部分特许学校并没有实现其教学革新的承诺。

四、自主权受限

特许学校的一大特色是以自身的绩效换取学校的办学自主权。但是，在实际办学过程中，特许学校的办学自主权却常常会受到这样或者那样的人为限制。除了特许学校法对特许学校从目标到计划到评估、从招生到管理到建设等诸多方面的硬性规定外，各州还在特许学校的具体创办过程中附加种种限制性条件，从而使得特许学校的办学自主权大打折扣。另外，特许学校的绩效责任制本身也是一把双刃剑，在强调对结果负责的同时也限制了特许学校特有的弹性和自由。

以南卡罗来纳州为例，州颁布的特许学校法明文规定："开办特许学校的目的是……为所有学生创造一个全新的、具有创造性和灵活性的教育方式。"虽然南卡罗来纳州的特许学校法在总体上倡导申办形式与教育方式的自主与弹性，但是，随着特许学校法的修订，该州对特许学校的申请过程增补了一些限制性条件，主要体现在学生人数、经济审核程序、持教师资格证书的比例、学生的种族比例、管理机构的设置等等方面。而在美国的其他一些州，对特许学校的限制更是多种多样。有的州严格控制特许学校的数量；有的州只允许由教师创办特许学校；有的州通过财政或其他

---

① Thomas L. Good & Jennifer S. Braden, "Charter Schools: Another Reform Failure or a Worthwhile Investment?" *Phi Delta Kappa*, p. 12.

手段对特许学校进行控制。由此可见，各州教育委员会增加对特许学校限制的结果，势必会使特许学校与其他普通公立学校越来越接近。

虽然得克萨斯州公正基金会（The Texas Justice Foundation）[1] 主席阿伦·帕克（Allan Parker）一再强调，“在公立学校系统内，坏的学校一年又一年地给学生造成恶劣影响。这些特许学校有着最快的绩效速度。如果家长不喜欢这种学校，他们可以带领他们的孩子第二天就离开。”[2] 曼诺、芬恩、瓦诺瑞克等学者也极力推崇这种经过透明化达到绩效的过程。但是，其他学者对这种高度模式化、理性主义和以价值中立为前提的特许学校绩效责任制提出了质疑。美国教育改革者布鲁斯·S. 弗萨瑞利（Bruce S. Fusarelli）在运用批判的理论方法分析特许学校课程制定过程时指出，特许学校绩效责任制更多地是为政治考虑而不是行为结果所驱动。美国教师V. D. 奥普弗（V. D. Opfer）在运用后现代主义的分析方法分析特许学校的绩效责任制时，也得出了类似的结论。他发现，行为上的过度压力会限制特许学校自由和弹性的发挥，并最终导致特许学校和传统公立学校一样的命运。结果，为了追求“绩效制的全面效果”而减弱了特许学校运动所承诺的自由与弹性的象征意义。[3]

五、功利性倾向

按政府规定，学校只需与权威机构签订特许状便可成为特许学校，而不必与家长签订任何形式的合同。但是，部分特许学校为了办出特色，实现自己的教育理想和利益的最大化，想方设法地排除那些不符合条件的学生（这在特殊教育的特许学校模式中已经有所论述），还与家长签订了不平等合同。这样做的结果，不仅使家长像商品一样被贴上标签待价而沽，

---

① 得克萨斯州公正基金会（现在称公正基金会）成立于1993年。它成立的目的是为了维护美国社会基本的自由权利。该基金会是非营利性质的，由免税捐款支持的为维护公共利益而行使诉讼权力的组织。它可以代表当事人在限制政府、自由市场、私人财产、家长选择、家长教育权利和妇女健康等方面提起起诉。

② Bruce S. Fusarelli & E. Vance Randall, *Better Policies, Better Schools: Theories and Applications*, p. 284.

③ Bruce S. Fusarelli & E. Vance Randall, *Better Policies, Better Schools: Theories and Applications*, p. 284.

而且使整个特许学校渗透着功利主义的价值取向。当然，这样做的好处之一便是能潜在性地清除那些“不易相处的”家长。所谓“不易相处”的家长，是指那些“两无”家长。这样的家长既没有雄厚资金支持学校发展，又没有时间参与学校事务。在许多特许学校的合同中，都明确规定了要求家长需承担金融家的职责。以洛杉矶市的帕利萨得斯学校为例，该学校实施了一项所谓的“促进者”计划，赤裸裸地根据家长捐款的数量评出等级。其会员等级序列如下：“支持者（5—99美元）”“捐助者”“赞助者”“施主”“资助人”，最后是为超过1000美元的捐款人授予的“最慷慨的捐赠人”称号。另外，加利福尼亚州许多特许学校的主要入学要求是家长必须承诺支持他们的孩子和学校。当然，这种支持必须以具体的方式表现出来。家长们需承诺每学年参加学校会议，每月到学校为学生服务2—3小时，并以协议或合同的形式规定下来。美国教师G. 贝克尔（G. Becker）等人对加利福尼亚州特许学校的研究也证实，在吸引家长筹款、出席会议和担任领导职务方面，特许学校比大部分其他公费资助的学校有着更出色的记录。

家长和特许学校签订合同是一种极其不公平的现象，因为它人为地为实现所有家长的选择权筑起了一道屏障，造成了家庭与家庭之间在选择权方面事实上的不平等。特别是对于那些处于低收入阶层的家庭而言，他们工作时间长、交通工具的选择有限、英语水平又低，因而可能注定永远也不会成为特许学校社群的一部分。在管理学校方面，社群的作用和家长的代表性主要体现在行政和财政事务上。这意味着，学校认为某些理事和董事可能比其他理事、董事更为有用。彭内尔认为，相对于那些缺乏参与愿望和能力的家长而言，这种新体制加强了那些有能力的并准备解决‘制度带来的’复杂性的父母”的特权。由此，市场导致了家长的商品化，某些家长因其带给学校的职业特长、资金和态度服务而具有更大的价值。

六、影响力有限

美国政策研究统计公司组织了一项由美国教育科学研究院资助的长达六年（2004—2009）的研究，评估了特许学校的办学成效。此次研究有两个目标：一是揭示特许学校对学生和家长的一般影响；二是揭示被试特许学校的特征与对学生影响之间的关系。特许学校并没有对学生的学习成绩产生显著性的影响；特许学校显著地影响了家长和学生对于学校的满意度；特许学校对学生学习成绩的影响和学生的家庭收入密切相关；有一些数据表明学生的基础学习水平和特许学校对于学生学习的影响之间有着反向的关系；特许学校对于其他的学生亚群体分类没有显著的影响差别。经济条件不利学生居多的特许学校对学生成绩影响大；特许学校对平均成绩低的学生成绩影响大；坐落于大城市的特许学校对学生成绩影响大；特许学校与传统公立学校相比并无特别不同之处。总体来说，被调查的特许学校在改进学生的学习成绩、行为方式和学校进步方面并没有比传统公立中学好多少或者差多少。特许学校对于学生学习成绩的影响在不同学校之间有显著性差异；特许学校对不同经济状况的学生影响不同；特许学校的一些可操作特征对学生的学习成绩有着积极的或消极的影响。

七、监督不力

特许学校因为监督（包括对特许学校管理和财政上的监督）的不力，频繁遭受公众的批评，一些特许学校还因为财政的混乱状况而导致关闭。得克萨斯州的一名立法委员会委员这样评论道：“我认为任何缺乏监督项目的膨胀，州立公园也好，特许学校也好，都是不负责任政府的体现”。[①]

美国教育改革者芬恩提到，特许学校的权威机构也许会毁掉它自己。他控告那些低效率并随意考虑特许学校问题的权威机构，指责它们甚至不愿意承担起任何监督的职责。对于特许学校的权威机构来说，所有这一切在频繁发生着，批评家们纷纷指责权威机构只是作为特许学校改革的推进器，而没有起到调节器和监督者的作用。也就是说，权威机构更多地支持特许学校的兴办，而没有花心思去监控它们的发展。

美国《星期》杂志 2009 年 5 月 21 日发表了一篇题为“特许学校选择”的简报，认为“特许学校缺乏监督会导致麻烦。宾夕法尼亚州的一所特许学校因为学校的经营者雇佣家庭成员，并且定期地从自己的公司购买学校用品而在接受调查。”宾夕法尼亚州的另外一所特许学校因为与学校

---

① “Texas charter school moratorium urged”, *The Washington Post*, 2000 - 12 - 29, p. A6.

相关的高额的行政开支，包括数百万美元用于房屋租金、管理费和薪水流向盈利性公司也在接受调查。①

位于水牛城的一家由非营利机构管理的政府特许学校去年收到了来自纳税人的720万美元，用于对大约500名中小学生的教育。但到年底，它提交给政府的审计内容仅粗略列出了学校开支，包括130万美元用于租下这家公司名下的一栋房屋、97.6万美元的行政管理支出以及36.1万美元的专业费用。

2011年2月一场为数众多的州议会听证会上，来自纽约州教师协会的官员以水牛城联合学校为例，提出对政府特许学校的监控在全美范围都出现了问题。该协会表示，这个案例表明，如不能加强监管措施，就不该再允许开办任何一家新的政府特许学校。

纽约州立教师联合会的执行副主席安德鲁·帕罗塔问道："其中利润到底有多大？肯定很大，而我们不知道也无从知晓。"

教师联合会关注的是一整天的听证会上最乐于接受意见的人群。哈勒姆地区的议员比尔·珀金是此次听证会的发起人，他本人就公开批评过特许学校项目。各教师联合会基本上都不支持这些水平不一的特许学校。该州州立教师协会发表了反对特许学校的声明，认为它们带来利益冲突和赤裸裸的盗窃行为。他指出，位于贝德福德——斯泰弗森特的布鲁克林特许学校，曾把学校董事会主席名下的一家婚庆用品商店作为子公司收购。教师联合会还提到，有州立审计专员在给水牛城的另一所特许学校——纽约西部海洋学校审计时，查出大屏幕电视以及电脑、灯等设备被运到该校员工的私人住址。珀金表示，"腐败和政治处理是推进特许学校模式的致命弱点。"

纽约西部海洋特许学校的校长劳伦斯阿斯提克中尉是位退休的海军将士。他在一次采访中表示，他们学校自己的会计查出学校资金被挪用，董事会已采取法律手段。

纽约州教育厅的高级副处长约翰·B.金（John B. Kim）表示，"有不当行为的人曝光，这得算好事。我感觉这方面实际有很多共性，如果我们

---

① "The charter school alternative", 2009-05-29.

设立合适的对话机制，不仅能提高政府监督特许学校的水平，还能多设立几家特许学校。”负责特许学校的审批和监督工作的官员们表示，特许学校的问责制度和透明度还有提高的空间，但他们同时表示现有的监控措施是强有力的。

总之，特许学校如果不能克服上述矛盾，将会面临关闭的危险。但与企业不同的是，企业如果倒闭了，最多损失一大笔金钱，还能重新开始；而学校如果关闭了，损失的不仅是纳税人的金钱，最大的受害者将是学生，他们所失去的受教育的关键时间也许永远也不可能弥补回来。所以，努力克服前进过程中的障碍对特许学校来说意义重大。

八、失败教训审视

虽然美国教育市场对特许学校的需求非常巨大，经过20年的实践，特许学校的成功已经清晰可见，但要将特许学校的成功普及到其余96%的学生，还有很长的一段路要走。

特许学校的失败常常直接表现为被关闭。一般来说，特许学校遭到关闭命运的理由多种多样，其中包括：滥用资金，缺乏绩效责任，对特许学校的监控和管理不当，违反涉及公开会议、公共信息、不精确的学生出勤率记录以及联邦儿童营养项目的法律等等。芬恩一针见血地指出：“导致特许学校运动失败的主要原因是特许学校迅速地、不受控制地或者简单地、不适当地使用公共资金。差的考试成绩只会缓慢地毁灭特许学校运动，而财政上的欺骗会以最快的速度熄灭特许学校运动的火焰。”①

第三节　特许学校运动面临的挑战

尽管越来越受到欢迎，特许学校在某些方面仍旧存在争议，支持者们不断地用战斗性的话语总结特许学校运动的经验与失败，并一再暗示特许学校运动已经历经战争的洗礼而存活下来了。但是，存活下来并不意味着

---

① C. E. Jr. Finn, “The War on Charter Schools”, *Speech Presented at National Charter School Clearinghouse Conference*, 2002－09－14.

未来就是一片坦途，前进道路上依然布满荆棘与挑战。这也正如其他学校改革一样，特许学校试图同时满足多种价值观需要的特性决定了争议的长期存在。

特许学校经营者就经常抱怨他们在怀疑论者的监督下劳动，在州教育局、大学和专业教育组织，特别是教师工会的敌意下实施教育，这使他们的生活进一步复杂化了。更为可怕的是，这些怀疑论者会招引来媒体对特许学校关闭和不适合举动的注意。[①] 媒体的结论性文章会立即传真到那些对是否继续这一“实验”有疑问的政治家那里。这些都使得特许学校运动的未来发展困难重重、危机四伏。特别是由《不让一个孩子掉队》法案引发的思考和反对者们对特许学校合法地位的质疑，更是让特许学校运动面临前所未有的挑战。

一、《不让一个孩子掉队》法案引发的思考

《不让一个孩子掉队》法案一经颁布，立即在公立学校系统内激起了阵阵涟漪。首先引发了传统公立学校对特许学校的巨大冲击，接着又造成了其他形式的选择学校（包括以教育券为主的私立选择学校和家庭学校）与特许学校之间的激烈竞争。由此可见，特许学校如果想要在未来得到充分发展，应对该法案的挑战将是它们要采取的第一步行动。

当布什2001年就任美国总统时，他接受了来自保守主义者和试图完善国家学校的教育改革者的建议，决定在立法议程中对服务贫困学校的需要予以高度重视，并以此为宗旨推出了《不让一个孩子掉队》法案。2002年1月8日，在参议院获得绝对多数通过后，布什总统在俄亥俄州哈密尔顿中学的健身房里，当众签署了《不让一个孩子掉队》法案，并宣布它标志着一个“新时代”的开始。该法案追求进步与成就，奉行教育绩效责任制、灵活和地方控制、增加父母选择权和做有效的事的原则。

该法案把教育绩效责任制放在非常重要的位置，奉行《政府绩效与结果法案》（*Government Performance and Result Act*）的精神。它要求以成绩作为投资回报，要求在整个教育体系中建立绩效评价体系。它特别要求那

---

① Anne Turnbaugh Lockwood, *The Charter Schools Decade*, p. 104.

些接受联邦政府资助的组织必须对提高所有学生的成绩负责，特别是那些在传统公立学校中落后的学生。学校必须提供给所有学生高素质的教师和确保学生每年在学习成绩方面取得充分的进步，或者提供给家长希望能够被满足的广泛的学校选择机会。美国政府发言人网站还将该法案的宗旨归纳为：为整个美国数以千计正处于衰落或危险之中的学校及其学生的父母提供及时的新的选择。这些父母将可以得到把他们的孩子送到不同公立学校的机会，并获得用于为孩子提供校外家教或者其它项目的凭单。

该法案的颁布毫无疑问将会完成布什政府的两项基本目标：一是它将第一次给公众提供展示高质量学校和低质量学校相关资料的途径。例如，公众会知道没有教师资格证书的教师在哪里工作。也就是说，如果他们的孩子在课堂上接受没有教师资格教师的上课，学校有义务通报家长。希望从这样的环境中转学的家长在学区经费许可的范围内将有更大的权利选择就读于哪所公立学校。二是如果孩子通过“高质量学校”的考试，家长将会知道接受良好教育服务和不良教育服务的学生团体的范围。该法案要求学区为种族团体保留学生成绩的资料，以发展对学生的挑战。如果学校不能在所有的团体间展示出学生足够的年度进步，那么这样的学校教育将会被判定为不合格。①

该法案一经颁布立刻激怒了公立学校教师。他们担心，该法案只顾强调全面增加绩效，却又没有在怎样提高学生成绩方面作更多的指导。另外，该法案在鼓励传统公立学校和私有化教育发展的同时，必然会对特许学校的未来发展造成威胁，引发前所未有的挑战。

对于特许学校而言，该法案制造的最大挑战莫过于通过赋予传统公立学校同样绩效责任制使之成为特许学校的竞争对手，分享特许学校的资金和自治权。这在一定程度上对特许学校来说是不公平的。因为与传统公立学校相比，特许学校并不具备传统公立学校所拥有的学区支持优势。它的优势就在于，通过透明的绩效责任制，能获得更多的自治，为家长提供更多的选择。但是，该法案的颁布意味着传统公立学校也能采用特许学校的绩效责任制而获得更多的自治，这样，特许学校的绩效优势就在无形中被

---

① Anne Turnbaugh Lockwood, *The Charter Schools Decade*, pp. 39 – 40.

削弱甚至瓦解了。

对于传统公立学校而言，该法案的颁布使传统公立学校的发展重新受到重视，并开始占据中心位置；同时全面暴露传统公立学校的弱点。也就是说，将成绩表现差的公立学校暴露于大庭广众之下，接受全体社会公众的监督，同时，这些学校的学生将有权利离开。[①] 面对如此尖锐的冲突，传统公立学校为了确保自己能继续生存下去，就不得不按照法案的要求采取它们以前从未经历过的和特许学校相似的绩效责任制。这无疑意味着，公立学校可以满怀信心地向世人宣称："关于特许学校绩效责任制的一切，我们也能为公众提供。"[②] 既然传统公立学校也能提供和特许学校一样的绩效责任制，那么特许学校还有没有必要存在就成为一个问题，它的优势也就在这样的誓言中被无形瓦解了。

面对来自传统公立学校竞争的冲击，特许学校唯有发展得更好，才能夺回自己的优势，才能保证自身能继续生存下去。正如芬恩在2002年的讲演中所说的那样，特许学校能够以自己的冒险忽略《不让一个孩子掉队》法案。[③]

由于布什政府担心公立学校不能确保所有学生都能接受高质量的教育，因此，想通过《不让一个孩子掉队》法案给予家长更多的选择机会。该法案鼓励不论肤色、富有或者贫穷的家长都理所当然地有权为孩子选择学校，就像他们有权规划自己的家庭生活一样。布什政府想通过该法案使家长们能为他们的孩子选择更加适当的教育，从而改变公立学校垄断一切的局面。布什认为，给予家长选择权的最完美的方式就是发给孩子他们选择注册的学校的教育券。[④] 但是现实并不如布什总统想象中的完美。由于人们普遍担心教育券会使公立教育私有化和排斥特许学校，因此，各州都出现了极力阻止布什推行教育券的事件。

家长选择权的扩大导致家庭教育增长迅速和私立学校数目猛增的局

---

① Anne Turnbaugh Lockwood, *The Charter Schools Decade*, p. 93.

② Anne Turnbaugh Lockwood, *The Charter Schools Decade*, p. 108

③ Anne Turnbaugh Lockwood, *The Charter Schools Decade*, p. 105.

④ Anne Turnbaugh Lockwood, *The Charter Schools Decade*, p. 40.

面。所谓家庭教育，是指避开所有形式的社会教育机构，在家中由家长来承担子女全部的受教育责任的教育。其实质是一种最小规模的私人教育。由于法律的允许加上公立学校教育质量的下降，近年来家庭教育运动蓬勃兴起，目前已有200万学生接受家庭教育。在城市大面积的择校中，对私立学校的需求也不断增加。新的学校不断产生，仅密尔沃基市就超过了20所。择校打破了公立学校的垄断局面，把公立学校推向市场，学校必须满足顾客（学生）的需要，否则就要被淘汰。[①]

家庭教育和私立教育大力发展的结果，必然会导致特许学校的发展受到抑制。因为政府财力和物力总量是一个定数，鼓励私立教育和家庭教育的发展意味着对其投入更多的财力和物力，而分给特许学校的资源总量无疑会呈现下降的趋势，会使特许学校的发展受阻。

《不让一个孩子掉队》法案所赋予的特许学校的优先权势必将学校的目标局限于高的考试成绩，局限于一场仅仅以阅读和数学成绩为底线的竞争，局限于急于达成那些和深度学习相关的目标和一些与外部世界有意义的联系。自治让特许学校形成了唯一且统一的使命，并且鉴于特许学校仍旧处在公立学校系统中，允许特许学校坚持流行的机械的和还原的学习观点。《不让一个孩子掉队》法案对考试成绩的追求必然会导致：更狭隘的课程设置，更狭隘的教育学，对自然界的更少体验，对艺术的更少强调，更少的体育活动，更少的孩子坐在不同种族的或者不同社会阶层的孩子旁边，对社会和世界更少的批判性分析。学校必须能更好地帮助学生理解复杂的系统和培养学生非常规多角度解决问题的能力。[②]

二、政府财政拨款不足的难题

特许学校法规定，拨给特许学校的经费应该包括州和地方两部分。但是，在许多州，特许学校却只能得到州下拨的那一部分经费。凡是在特许

---

① *Strengthening Public Education by Empowering Patents with Choice, For Release*, 2003－04－14, http://www.ed.gov/.

② Paul Skilton－Sylvester, Eyes on the Curriculum: How One Charter School Resisted Test－Driven Pressures, *Dissent*, Fall 2011, pp. 52－58.

学校法中规定在经费方面须同学区商议的州，特许学校获得的经费往往低于州平均水平。另外，特许学校在根据入学人数计算经费方面也处于劣势。州政府通常是按照学年开始的40天或100天入学的人数来确定下拨的经费数额，而实际情况是特许学校的学生人数在每学年中都有增加。以纽约市为例，根据纽约独立预算办公室乔治·斯威廷（George Sweeting）的说法，纽约“特许学校每年每个学生获得1.3万—1.4万美元的经费”，而传统公立学校每个学生一般有1.9万—2万的经费。特许学校在开业的时候常常只有一个到两个年级，后来会逐渐增加。当学校的规模扩大时，更多教育局的公共经费也转到特许学校中。

除了经费的数额之外，州下拨经费的时间对特许学校来说也是不利的。以密歇根州为例，该州特许学校的经费下拨一般都是在每年的10月以后，但是每年的这个时候该州几乎所有的中小学都开学了，这就出现了特许学校的经费空挡。换言之，一般特许学校要在开学之后的6—8周内才能从州政府那里得到当年度的第一笔拨款。对于传统公立学校来说，它们往往有一些经费储备，短期的资金空挡尚可以勉强应付，但是对于那些规模较小，特别是新建的特许学校来说，由于缺乏资金储备，会让它们面临关闭的危险。为了顺利度过这样的财政危机，大部分特许学校的创办者不惜以私人房产为抵押申请银行信贷。在哈得逊学院调查小组调查的70多所特许学校中，有70%有资金短缺问题。

除了上述两种州对特许学校的资金限制之外，启动资金和运作资金的不充足也是特许学校经费中最为突出的问题。联邦一项对特许学校长达4年的研究表明，特许学校存在的问题排在前4位的依次是：缺乏启动资金、不充足的运作资金、缺乏规划时间和不充足的学校设施。① 据调查，59%的特许学校缺乏开办经费。这一点在新建学校和私立转制学校中尤为突出。根据估算，新建的特许学校有53.7%缺乏启动资金，而传统公立学校仅有26.5%存在此问题。另外，转制为特许学校的前私立学校缺乏启动资金的百分比为49.4%，几乎等同于新建特许学校的百分比。② 除了缺乏启

---

① Anne Turnbaugh Lockwood, *The Charter Schools Decade*, p. 84.

② Anne Turnbaugh Lockwood, *The Charter Schools Decade*, p. 87.

动资金，特许学校经营者也认为不充足的运作资金是一个障碍。这一问题在新建的特许学校中表现得更为突出。10 所新建的特许学校中，就有 7 所面临运作资金的问题。①

据纽约独立预算办公室统计，特许学校收到的公共经费少于传统公立学校的经费。这种经费的不足给特许学校运动的双方造成了混乱。据曼哈顿行政区委员会主席的指定代表帕特里克·苏里文（Patrick Sullivan）的研究揭示：和传统公立学校共用建筑的特许学校每个学生收到 300 美元的固定资产经费；而不和传统公立学校共用建筑的特许学校每个学生收到不足 3000 美金的固定资产资助。当然，独立预算办公室分析的特许学校经费仅包括公共资金，而不包括特许学校收到的私人资助。纽约特许学校中心首席执行官詹姆士·梅里曼（James Merryman）指出，特许学校收到比传统公立学校更少经费的原因主要在于特许学校没有设备资金。梅里曼说，“这意味着他们不能使用公立学校的空间。他们不得不使用他们的运营资金去支付建筑费。”②

资金的不足使学校的硬件设施得不到保障。许多特许学校认为不充足的设施也是存在的主要问题。新建的特许学校最糟糕，有 35.4% 的学校说它们的设施存在问题；近 24.4% 的私立转制特许学校抱怨学校的不充足的设施；公立转制学校因为能保留前公立学校的建筑与设施，所以在这一问题上比例最低，仅 21.5%，但这仍不能否认这一问题的存在。③ 由于场地的不足，一些特许学校的校舍建在了不适合建学校的地方。教学设备也达不到一般公立学校的要求。资金的不足也制约了特许学校招聘教师的质量和教师的待遇。与传统公立学校同等资历条件的教师相比，特许学校教师的薪水一般要低出 10%—20%。加上特许学校教师工作任务重、压力大或者较长时间内得不到提升，这些自然使得一些教师知难而退，不肯到特许学校任教。据密歇根大学调查，虽然特许学校因小班授课以及教师可以在

---

① Anne Turnbaugh Lockwood, *The Charter Schools Decade*, p. 90.

② Maryam Abdulaleem, "Debate continues over charter school funding", *The New York Amsterdam News*, March 18 – March 24, 2010.

③ Anne Turnbaugh Lockwood, *The Charter Schools Decade*, p. 92.

教学工作岗位上充分施展才干的优势确实吸引了一批有经验的教师，但总的来说，特许学校教师平均从事过教师职业的时间还不足 6 年。在密歇根州东南部的特许学校中，有 85% 的教师任职时间甚至不足 3 年。

此外，许多特许学校的经费使用不太合理，教学开支低于行政开支，即使是与传统公立学校相比也低出很多。美国学者大卫·阿森（David Arsen）对密歇根州特许学校的经费使用情况进行了调查，结果发现，1995—1996 学年，该州特许学校的生均经费是 6365 美元，公立学校是 6494 美元。但在教学方面，特许学校比传统公立学校人均少支出 1035 美元；在教学辅助方面，少支出 401 美元；而在行政管理方面，却多支出 721 美元。在波士顿市，已开办 2 年的罗克斯伯里高中就因为雇用校外企业管理人员不当而导致破产。由此可见，尽管特许学校运动的目的之一是减少官僚主义，把资金用于课堂教学，但事实上特许学校在这方面做得并不十分成功。

资金不足造成的最为严重的后果是导致学校的关闭。以得克萨斯州、洛杉矶市的埃德纯学校和波士顿市的罗克斯伯里高中为例。在得克萨斯州，有 7 所特许学校被迫关闭了，其中包括一所从来就没有开办起来的学校。关闭的原因并不是学生差劲的行为表现以及不能满足学生行为绩效的要求，而是由于不充足的财政造成的，大量的预算赤字是其表现形式之一。洛杉矶的埃德纯学校被关闭的原因也是财政不足造成的。这所学校创办于 1995 年 7 月，是为了那些处于辍学边缘或处境不利的十几岁儿童设立的。到 1997 年年底，已经有 500 名学生在此登记注册。学生数量的迅速增加给学校带来了资金紧缺问题。当这所学校被关闭的时候，它已经欠下了近 100 万美元的贷款。波士顿市的罗克斯伯里高中的唯一经费来源是从传统公立学校转学的生均补助，这直接导致该学校经费的紧张。目前该学校的入学率很低，只有 100 名学生，而按规定至少应该有 175 名学生。虽然学校的预算在下一学年将达到 30 万美元，但是这些钱还不足以维持学校运营。波士顿教育委员会负责人大卫·德里斯科尔（David Driscoll）在关于罗克斯伯里高中董事会的备忘录中写道："在对学校现有状况的评估中，我发现学校还存在很多问题，尤其是在财政稳定性以及学校发现和解决现有问题的能力方面问题依然严重。”①

三、建校空间获得的冲突

随着越来越多的特许学校的兴办，特许学校的建校空间，即特许学校校址的选择成为一个问题。特许学校不像传统的公立学校，传统公立学校不必担心自己的学校建在哪里，因为它们已经存在。目前困扰特许学校创办的一个最大问题就是“特许学校要建在哪里”？一方面政府对特许学校的拨款不包括学校场地、建筑的资金，另一方面特许学校因为其新建的特征而不拥有固有的场地。

近年来，特许学校为了生存下去，为了获得学校的办学场地，常常采取接管关闭的公立学校的方式。以纽约州为例，特许学校往往通过进驻公共空间或者与公立学校“协同定位”（co-location）的方式获得办学所需的场地。但是无论是进驻公共空间还是“协同定位”均引起了公立学校家长与当地居民的强烈反对，引发了公立学校家长与特许学校家长，当地居民与特许学校的激烈冲突，反对者甚至将纽约市教育局告上法庭，诉讼与反诉讼的战争不断。

以纽约市为例，纽约市哈勒姆区的两大代表性特许学校实验：哈勒姆成功学院（Harlem Success Academy，简称 HSA）和哈勒姆儿童区（Harlem Children’s Zone，简称 HCZ）就是特许学校进驻公共空间和通过“协同定位”获得办学场地的典型。

（一）进驻公共空间的冲突

哈勒姆儿童区缔造者和首席执行官杰弗里·加拿大（Geoffrey Canada）的哈勒姆儿童区的特许学校被作为国家服务于低收入和贫困社区的典型模式被颂扬。加拿大创办他的特许学校项目得追溯到 1997 年，目前哈勒姆儿童区特许学校能为 1.7 万名当地居民提供服务。加拿大已经成为了媒体的宠儿。加拿大被主流媒体看作教育改革灯塔，对于他少有批评和审查。哈勒姆儿童区已经被奥巴马总统作为教育儿童的典范。根据加拿大的观点，

---

① 李慧清编译：《美国的特许学校寻求“重生”的机会》，《比较教育研究》2005 年第 9 期，第 91-92 页。

特许学校是尝试新的教育革新的实验中心，以便在传统公立学校中实施这些新技术。他的目标是最终完全地修复纽约市的传统公立学校体系。“我完全相信我们能修复这个系统，”加拿大说，“我本质上相信已经发生，虽然我们甚至没法说出这些改革。当所有纽约市的学校在7 月份关闭的时候，我的学校依旧开放。我的学校需要开放，因为如果不这样做，我不能教育我的孩子们。”

尽管加拿大创办的哈勒姆儿童区特许学校非常成功，但是当加拿大试图将特许学校建在圣尼古拉斯公寓的公共区域时，却遭到了当地居民和家长们的强烈反对。201 年，在加拿大首次提出特许学校进驻圣尼古拉斯公寓，立刻遭到了哈勒姆居民的激烈反对。哈勒姆的居民和家长们就建筑期间的安全问题、停车问题和由于学校的兴建操场将会消失的问题提出了质疑。居民们甚至质疑纽约市政府花 100 万美元在圣尼古拉斯公寓附近建特许学校，为什么不将这笔钱用于改善周围公立学校的质量？而那些有特殊需要的父母则质疑新建的特许学校是否有他们孩子的一席之地。①

2011 年 7 月，23 个哈勒姆居民联合起来反对哈勒姆儿童区特许学校进驻圣尼古拉斯公寓。反对的最主要理由在于开放空间的失去。哈勒姆居民认为，在圣尼古拉斯公寓建造特许学校期间和之后会产生一些环境上的问题，如空气质量的问题、害虫控制的问题、两所公园消失的问题。保留圣尼古拉斯公寓支持者 L. 博（L. Ball）解释道：“如果公园都成了停车场，那么那些有哮喘和其他呼吸道疾病的人怎么办？那些年纪大的人怎么办？当你们大量的汽车尾气所产生的烟尘大量排入空气中，孩子们应该怎么办?”

2011 年 8 月，来自哈勒姆区圣尼古拉斯公寓的 150 名居民甚至提交了法律诉讼反对城市和联邦政府在他们的社区内建哈勒姆儿童区特许学校。最大的争议在于居民们认为社区公园被不合法地占领了。1.7 英亩公园的诉讼被提交了上去。法官否决了因为诉讼尚在庭审而暂时停止建特许学校的命令。城市公正中心的萨迪亚·拉赫曼（Sadia Rahman）指出，“这不是

---

① Cyril Josh Barker, “Harlem residents oppose charter school to be built near public housing”, *The New York Amsterdam News*, 2010 - 05 - 26.

三个或者四个人，这是整整一个社区反对这个项目。”拉赫曼解释道，“告诉居民们，这公园可以用于任何用途，独独除了‘未充分使用’。人们在公园里玩运动游戏、烧烤和家庭野餐。甚至在冬天的时候，孩子们在公园里堆雪人。”

居民们说开放街道将制造危险，并且会导致烟尘和拥挤的交通。加拿大认为在此地建造学校比公园更有价值。他补充道，这次诉讼不会阻止新学校的兴建。①

直到 2013 年 6 月，居民们反对哈勒姆儿童区特许学校进驻圣尼古拉斯公寓的呼声仍旧此起彼伏。圣尼古拉斯居民纱奈·爱德华兹（Shanai Edwards）这样评论社区内新建的哈勒姆儿童区新承诺学术特许学校，“他们拿走我们的公园把它弄到街上，他们带来了大量不住在这里的人，造成了许多交通阻塞。”一些居民质疑这所新的学术特许学校只在圣尼古拉斯中部社区招收三分之一接近 100 名学生，其余学生名额将拿到整个纽约市去抽签决定。居民 L. 格雷厄姆（L. Graham）说，“我们认为这将是一所为圣尼古拉斯居民的孩子开办的学校，但事实不是这样的。”对于这所新的学术特许学校，加拿大这样说，“社区居民对于特许学校有复杂的感情和观念”。纽约市市长迈克尔·布隆伯格（Michael Bloomberg）将哈勒姆地区的这一新进展看作“带领城市更多进展和给更多孩子更好机会的序幕”。加拿大也认为，“我们想给那些处于最劣势地位的孩子机会并能给他们一个冲击”。②

（二）“协同定位”的战争

上东区前议会议员伊娃·莫斯科维茨（Eva Moskowitz）于 2006 年建立了成功特许学校网，为哈勒姆区的低收入和有色人种家庭的小孩提供更好教育。作为哈勒姆成功学院缔造者和首席执行官的莫斯科维茨被她的批评者讽刺为“特许学校的女皇”。莫斯科维茨强烈支持特许学校在公立学校

---

① Cyril Josh Barker, “St. Nicholas Houses residents continue to fight charter school”, *The New York Amsterdam News*, July 28 – August 3, 2011.

② Mahogany Linebarger, “Harlem Children's Zone welcomes new Promise Academy charter school”, *The New York Amsterdam News*, June 13 – June 19, 2013.

建筑内“协同定位”。她反对学校的中央集权式的控制，主张去中央集权，实行分权。反对教师工会主导学校的一切事务。哈勒姆成功学院在哈勒姆区拥有7所特许学校。莫斯科维茨是特许学校在公立学校建筑内协同定位计划的前沿推手。

“协同定位”这一术语由纽约市教育当局制造。所谓“协同定位”是指将特许学校强行挤入公立学校建筑内部，并在那里安营扎寨的过程。当这些特许学校被安入公立学校建筑时，意味着多所学校将共用食堂、图书馆、体育馆和其他公共区域。特许学校在公立学校内的协同定位同时意味着公立教育中增加的私有化进程。特许学校仅仅服务10万名学生，而纽约市教育当局拥有1700多所公立学校和110万名学生，并且许多公立学校的班级已经拥挤不堪。如此众多的公立学校人口却还要和如此少数的特许学校学生“协同定位”，这如何保证公立学校学生教育资源的公平？

反对者对特许学校“协同定位”的质疑主要集中在：滑入私有化泥潭、制造种族隔离、引发公立学校家长与特许学校家长之间的战争、校园环境安全的担忧、否决家长对学校事务的发言权。

特许学校的协同定位多发生在黑人和拉丁社区。反对者认为，“协同定位”的消极影响在于，它们攻击公立学校的家长和他们的孩子，进驻关闭的公立学校，抢占那些没有被纽约教育局关闭的公立学校的空间。他们的目标就是稳步地朝着私有化教育系统的方向发展。

“纽约的特许学校法清楚地陈述了如果一个学区选择提供场地和服务给特许学校，那么特许学校必须为此支付资金。但是教育局仅象征性地向特许学校一年收取1美元。”班级规模事务局行政主任莉奥妮·赫姆森（Leonie Haimson）这样说，“引用纽约市独立预算办公室的数据，我们估计纽约教育局提供给特许学校的场地和服务的价值明年将达到接近960万美元”。

“这些是我们的公立学校急切需要的用于阻止毁灭性的预算缩减的资金，是阻止教师流失的资金，并且这样做会让公立学校的班级规模在明年迅速扩大。”海姆森补充道。[①]

---

① Craig D. Frazier, “NY Parents file lawsuit against Department of Education”, *The New York Amsterdam News*, June 28 – Aug 3, 2011.

纽约教育当局在实施“协同定位”政策的过程中遭到多个组织的反对。2011 年，全美教师协会和美国有色人种民权促进协会共同提交诉讼企图阻止纽约市关闭约两打学生没有达到预期成功目标的传统公立学校。此次公诉也试图阻止 19 所公立特许学校和已经存在的传统公立学校分享设备。美国有色人种民权促进协会纽约州会议主席黑兹尔·杜克斯（Hazel Dukes）说将特许学校放置在现存的公立学校中是一种形式的隔离。杜克斯的观点得到了家长、民选官员、工会成员和许多纽约市有色人种民权促进协会成员的支持。2011 年 6 月在纽约市 125 街的雷克诺斯大道（Lenox Avenue）举行了一场出版会议。在会上，杜克斯指出，“我们今天来开会不是为了反对特许学校而战，而是为所有孩子，不论种族、信仰和肤色，获得优质教育而战。”美国有色人种民权促进协会的国家办公室也支持杜克斯。该协会的总顾问金·基南（Kim Keenan）说特许学校的协同定位破坏了纽约州的法律。[①] 杜克斯还坚定地指出，当纽约教育当局将特许学校放置在公立学校的建筑内时，美国有色人种民权促进协会不会在公立学校系统的不平等战役面前退让。

纽约家长协会（The New York City Parents Union，简称 NYCPU）、班级规模事务局和公立学校家长也就纽约教育局倡导的会引发“种族隔离和不平等的”特许学校在公立学校建筑内的协同定位问题提出诉讼。纽约家长协会挑战教育局给予特许学校自由空间和服务的规定。他们说这会增加公立学校班级的规模和破坏宪法赋予孩子的合适教育的权利。纽约家长协会反对将特许学校的协同定位过程作为有意义的公立化过程。

2011 年，布鲁克林学校家长组织了一场反对一所特许学校协同定位克朗高地（Crown Heights）的集会。接近 40 名家长出席了这场在布鲁克林公园边举行的集会。家长们决定向纽约州教育局长大卫·斯坦纳（David Steiner）请愿，要求撤销 9 月份即将到来的 17 学区第二中学与特许学校协同定位的计划。家长们担心来自探索特许学校的 500 名学生会让第二中学 8 年来的成绩毁于一旦。第二中学为了照顾孩子的特殊需要已经同另一所

① Cyril Josh Barker, “NAACP defends position on charter schools”, *The New York Amsterdam News*, Vol. 102, No. 23, June9 – June 15, 2011.

学校协同定位了。协同定位在哈勒姆和纽约市的其他社区已经成为了一个问题。协同定位是不合法的，并且会制造隔离。①

反对关闭特许和协同定位的人们也认为这些失败的学校需要一个公平的机会去改善。反对者们认为，把特许学校作为公立学校放在同一座建筑中会为学生制造拥挤的和不安全的学校环境。②

2012 年 12 月，布朗斯维尔学术高中组织了一场静坐示威反对纽约教育局将布鲁克林第七成功学术特许学校协同定位到该高中的提案。参与这场静坐示威的人员包括：学生、学校教职人员、家长、宗教界领袖、政治领导和社区成员。但是尽管学生和社区的反对，这项提案还是获得了通过。布鲁克林第七成功学术特许学校是一所从幼儿园到 5 年级的特许学校。布朗斯维尔学术高中学生的年龄为 17—21 岁。

蒂龙·弗朗西斯科（Tyrone Francisco），布朗斯维尔学术高中一名 18 岁的学生这样说，“幼儿园到 5 年级的学校不能和我们的年龄段混合在一起，这对我们不公平，对那些小孩也同样不公平。”“他们抢走我们的空间是不公平的，市长布隆伯格不能毫无理由地强迫学校。”③

一封寄给《阿姆斯特丹新闻》的电子邮件中称：“市长布隆伯格建议成功学术特许学校与布朗斯维尔学术高中的协同定位 2013 年启动。”另外，到协同定位计划完成时，布朗斯维尔学术高中的班级将由原来的 34 个缩减到 8 个。最终纽约教育局撤销了这项计划，并且不再将布鲁克林第七成功学术特许学校与布朗斯维尔学术高中协同定位。④

行为艺术城市集会学校家长委员会主席凯思林·德尔加多（Kthleen Dalgado）也强烈反对“协同定位”，他指出，“一个人进入行为艺术城市

---

① Cyril Josh Barker, “Charter School co – location fight hits Brooklyn”, *The New York Amsterdam News*, June 23 – June 29, 2011.

② Jasmin K. Williams, “The NAACP and UFT lose bid to stop school closings”, *The New York Amsterdam News*, June28 – Aug 3, 2011.

③ Amber Tafari Laraque, “DOE approves co – location of charter elementary school at Brownsville Academy High School, despite community protest”, *The New York Amsterdam News*, December 27, 2012 – 29 – January 2, 2013.

④ Victoria L. Johnson, “Department of Education proposes to co – locate schools again”, *The New York Amsterdam News*, March 7 – March 13, 2013.

集会学校而不考虑其进入会对学校的家长产生什么影响，这是不公平的。”德尔加多和其他家长、教师、学生一道反对纽约市教育局协同定位该高中和包括5—8年级的成功学术第二特许学校的计划。德尔加多在写给《阿姆斯特丹新闻》的电子邮件中说：“我们家长不满意这点……好像学校内正在发生的事情与我们学校的学生家长或者其他学校的学生家长无关，我们家长不能就学校内发生的事表达自的己意见。那不是真的。”①

赫姆森指出：“将继续允许由营利性公司来经营特许学校，我不认为从我们的孩子身上获利的行为会被允许，特别是当学校的预算被剥夺得只剩下骨头时。继续阻止家长在特许学校的协同定位方面发声，这会继续允许纽约教育局挑起家长与家长之间的战争。”在协同定位过程中，应该需要更多的检查和平衡以确保创建公正平等的受教育环境（包括同时保证和学区学校分享建筑的特许学校学生和有空间分配问题的公立学校学生的公平）。② 纽约州议员巴伦也指出，特许学校的协同定位挑起了公立学校学生家长和特许学校家长之间的长久纷争，他们本来是可以共同合作，共同改革公立学校，使公立学校更好，而现在这场战争却会造成严重内耗。

四、反对者对特许学校运动成就的质疑

（一）对特许学校拯救公立教育的全方位质疑

自特许学校运动兴起以来，反对的呼声就一直伴随左右。随着时间的流逝，反对力量大有联合起来、逼迫特许学校关闭之势。

教师工会是特许学校运动中最大的反对者联盟。它从最初的限制特许学校立法发展到目前加入到质问特许学校合法性的行列之中。其中，以芬恩为代表的反对者和来自俄亥俄州、华盛顿州的个案清楚地反映了这一事实。

自称为“美国教育困扰者”的芬恩在早期对特许学校运动是极力推崇

---

① Victoria L. Johnson, “Department of Education proposes to co - locate schools again”, *The New York Amsterdam News*, March 7 - March 13, 2013.

② Maryam Abdulaleem, “Charter school cap raised by Senate now waiting in the Assembly”, *The New York Amsterdam News*, May 13 - May 19, 2010.

的。随着特许学校运动的发展，问题逐渐凸现出来。芬恩在历经特许学校运动早期的浮沉和面对特许学校未来的挑战时，措辞强烈地表达了自己的独到见解。芬恩在详尽叙述特许学校运动的进攻性和突发性之后，这样评价特许学校运动：[①]

> 如果把特许学校运动比作一艘船，那么从帆上吹来的一阵风使人们对它的政治支持弱化了，问题和批评逐渐掩盖了成功与赞扬……但是，我并不相信大规模地反对特许学校的战争已经打响，充其量只不过是一场争取狩猎权的战争、一场游击战和一场消耗的战争而已。

他在2002年9月14日所做的演讲中告诫特许学校经营者不要用做生意的方式运作特许学校。他说：[②]

> 特许学校运动本身并不是特别强有力。它也需要立法者、商界领袖、媒体人物、慈善家、高知识人士和民权领袖等各界人士的支持……对特许学校运动的最终评价不是取决于事情运作的好坏，而是取决于学校取得成功了吗？孩子们在学习吗？那才是我们面临的最大挑战，我们不敢轻言退缩。

他甚至严厉批评：[③]

> 国家的“特许学校运动”目前已经变得无领导和无方向，像一支松散的军队。无论是抢先占有教育者和家长的单个特许学校，还是有着执著事业心的分析家和理论家，他们都不擅长帮助公众充分理解特许学校理念，特别是不擅长理解贫穷孩子的需要。

---

① Anne Turnbaugh Lockwood, *The Charter Schools Decade*, p. 104.

② Anne Turnbaugh Lockwood, *The Charter Schools Decade*, p. 101.

③ Anne Turnbaugh Lockwood, *The Charter Schools Decade*, p. 104.

芬恩担心特许学校运动已经开始失去边界。他说："抓住早期承诺和特许思想逻辑的政治领袖已经日落西山。"① 最初的特许学校倡导者们也已经精疲力竭了。但对于那些特许学校的经营者来说，如果不能拥有课程专家、审计员和那些有着庞大作家队伍的大型中心公司的支持，那么即使是在最好的条件下经营一所学校也会变成一项艰巨的工作，其结果也许同样令人气馁。

在俄亥俄州，任何法案在被采纳的前两年，一系列凡是能考虑到的不同意见都会提供给公众参考。10 个教育团体在听到公众对于特许学校在物质上滥用的抱怨后，联合起来要求终止特许学校的开办活动。这些团体要求加大州对特许学校的监督力度，认为只有在保证州的监督力度增强的情况下，新的特许学校才能兴办起来。

俄亥俄州审计局在审查中揭露了特许学校的各种欺骗行为，包括谎称学校拥有并不存在的教科书和计算机。俄亥俄州的反对者组织主要包括一些教育机构，诸如俄亥俄州学校委员会、教师联合会以及学校管理者的代表。这些专业团体试图联合起来，督促俄亥俄州教育局和州的各种专业协会履行监督特许学校的义务和责任。

当俄亥俄州的特许学校被审核时，俄亥俄州教育委员会要求州立法部门重新检验和修订特许学校法。州审计人员在调查中发现，俄亥俄州教育局也面临着严峻的挑战。它们甚至没有履行好管理州 93 所特许学校的责任，完全经不起外部的监督。审计人员的议案揭示出了真相："在两个月内提高成就，否则将面临完全被剥夺特许学校监督权的危险"。这项议案收到了预期的效果。州教育委员会不仅在投票实施某些不要求得到立法许可的建议时表现得不一致，而且还要求州立法者在议案里"涵盖特许学校系统获得其他资助时的详细检查计划"。

2 年后，俄亥俄州学校委员会和俄亥俄州教师联合会虽然承担了特许学校监督者的角色，但他们对于俄亥俄州特许学校运动监督机制的改善状况仍然感到不满，但这一次他们不再要求州审计局调查审核，而是直接对

---

① *The War on Charter Schools, Speech Presented at National Charter School Clearinghouse Conference*, 2002 - 09 - 14.

特许学校提起了诉讼，要求法院来解决这一问题。在法庭上，起诉人指责特许学校“违背了州宪法，因为它们不能达到和传统公立学校一样的标准。另外，通过地方学校委员会管理公立学校和由地方财产税提供财政支持会篡夺公民的权力。”对于这两个专业协会的起诉，法官最后裁决：特许学校有权利去“创造和修缮学区”，并且“特许学校仅能花费州的资金去兴建”，但是对特许学校是否符合宪法的问题仍避而不谈，没有做出最后结论。

在华盛顿州，多数特许学校的学生来自低收入家庭，只有极少数的特许学校能招收到家境富裕的学生。哥伦比亚市市长安东尼·A. 威廉姆斯（Anthony A. Williams）为了吸引并留下中产阶层居民，颁布了一项建设特许学校优先权计划。但是，建立特许学校以吸引中产阶层家庭孩子的做法并没有受到普遍欢迎。具有讽刺意味的是，反对呼声最为强烈的恰恰就是那些特许学校优先权计划预设的未来受益人。在华盛顿州，有一个由在城市公立学校学习的学生家长们组成的组织，名为“拯救我们的学校”。该组织的主席是一位有3个孩子的中产阶级母亲丽贾娜·阿洛托（Regina Arlotto）。她非常反对建设特许学校优先权计划。她认为，特许学校优先权计划“只不过在为已经拥有很多选择权的人创造更多选择”。特许学校优先权计划的建设只会让“为穷人中的穷人设立的公立学校即将走到生命的尽头”。

2004年9月，“拯救我们的学校”组织向联邦政府提起诉讼，要求结束华盛顿公立学校体系的特许学校激进运动。该诉讼状的焦点在于批评特许学校运动会使公立学校体系“彻底的功能紊乱”。该诉讼状认为发展特许学校优先权计划会使学区“没有资金建立新的公立学校，或是改善现有的破破烂烂的公立学校”。这会导致学区的居民最终放弃公立学校。虽然此次诉讼并未获得成功，也未达到反对者们期望的效果，但无疑已经对特许学校产生了一种压力，成为悬在特许学校头上的一把明晃晃的“剑”，稍有不慎就会伤痕累累。

综观特许学校运动22年的发展历程，似乎可以用“跷跷板”上的平衡状态来概括它。特许学校运动在经历了或“上”或“下”的状态后始终保持着平衡。“上”意味着特许学校运动经历过的发展与繁荣；“下”则暗示着前进过程中的矛盾与障碍，导致特许学校在受欢迎程度、学校数量和注册人数等方面的滑坡。得克萨斯州教育委员会主席蔡斯·昂特迈耶

（Chase Guntermeyer）深刻了解这一点，并恰如其分地总结道："得克萨斯州全方位地向世界展示了处在高涨热情下兴旺发展的特许学校和那些面临被关闭命运的特许学校"。①

对于特许学校运动的未来，虽然不如支持者们所想象的那么乐观，但也不像反对者们所描述的那样完全没有希望。特许学校运动作为一个有着多个层面的复杂教育改革运动相对来说还比较新，因此，对其在公立教育系统内的效果和影响进行精确的评估和预测还为时尚早，此运动的将来意味着什么也难以确定。但有有一点是可以预测的，即包括特许学校在内的学校选择作为一项教育改革策略在美国已经占据了国家教育改革议程的主页，并且在未来一段时间内它的中心地位很有可能将继续保持下去。正如加利福尼亚大学教育学院汉森教授所预测的那样：在美国教育改革的未来潮流中，特许学校具有很大的发展潜力，这种势头应该可以保持到21世纪初的几十年。特许学校将会在一套完全不同于传统公立学校的理念基础上运作。特许学校仍旧会得到联邦政府强有力的支持，无论是共和党还是民主党都会将其作为教育改革政策中的一项重要举措。②

（二）对特许学校提升学生成绩的质疑

2004年，全美教师联合会公布了一项特许学校的教育进展评价报告。该报告就特许学校的总体教学成效、少数族裔学生的测试分数、特许学校中的贫困家庭学生的测试分数、特许学校的教学成绩等方面进行了分类评估。该研究得出结论认为：特许学校的教学成绩总体低于传统公立学校；只有少部分特许学校的教学成绩能与传统公立学校持平；没有任何数据证明特许学校的教学成效要高于传统公立学校。③ 在全美教师协会考察的60所特许小学和中学当中，48%的特许学校够能获得"A"和"B"。而与之形成鲜明对比的是，61%的学区公立学校能够获得"A"和"B"。女议员

---

① Bruce S. Fusarelli & E. Vance Randall, *Better Policies, Better Schools: Theories and Applications*, p. 285.

② 赵中建：《美国"学校重建"中的校本管理和特许学校——与美国学者之间的对话》，《全球教育展望》2001年第6期，第4页。

③ AFT, *Charter School Achievement on the 2003 National Assessment of Educational Progress*, 2003.

伊内兹·巴伦（Inez Barron）说，特许学校的成绩很清楚地摆在那里，城市应该在一窝蜂兴办特许学校方面紧急刹车，因为特许学校并没有制造什么不同。她告诫大家不要相信假设，应该在特许学校的办学绩效方面举行听证会。[①]

2010 年美国数学政策研究中心（The American Mathematical Policy Research Center）在考察了 15 个州的 36 所特许中学之后，发现特许学校学生成绩和那些没被抽中后回到公立学校就读的学生相比并没有区别。

关于特许学校学生成就的资料也是复杂的。2013 年 2 月 23 日，一场在得州首都奥斯汀举办的名为“拯救得州学校”（Save Texas Schools）的研讨会上，三一大学的迈克尔·索托（Michael Soto）教授根据毕克瑟郡（Bexar County）的数据资料，指出该郡的特许学校有 42% 的学生的学术表现是不合格的。得州大学简·灵可芙（Jane Lincove）教授的研究报告则显示，得州一年拨款两亿美元来鼓励特许学校更加进步，却没有看出正面的影响。她的研究指出，提供适度的激励可以对进步很有帮助，然而不适当的计划有可能令在严苛教学环境中的教学更加失败。会上，学者朱利安·维斯奎兹·海利格（Julian Vasquez Heilig）也抨击了许多教育改革者的言论漏洞。他说，许多教育改革者声称，在特许学校的努力之下，得州中学生的顺利毕业率已经增加了，从往年的 75.4% 一路上升到 86%。海利格指出，这仅仅只是个幻觉而已，就像安隆案里那些高层管理者把财务报表数据掏空作假一样。如果要证明这些数据为真，那么得先证明那 5 万名辍学的墨西哥裔学生都回到墨西哥去上私人学校，或是决定干脆自己在线上自学拿学位了。海利格指出的另外一个重点是：得州的教育改革看来似乎很成功，那是因为它使用它自己的测验以及标准，而不是一般美国学校使用的测验如 ACT、SAT 或 NAEP，所以才会看起来整体水平提升了。然而，若是将两者的测验结果做比较，会发现得州竟然是全美唯一一个阅读成绩退步的州，比全美平均水平低 8 个百分点。

套用圣地亚哥大学和亚利桑那州立大学的教授利·哈伯德（Lea Hub-

---

① Nayaba Arinde & Cyril Josh Barker, “Charter School not making the grade”, *The New York Amsterdam News*, October 7 – October 13, 2010.

bard）和如斯塔·库尔卡尼（Rucceeta Kulkarni）在文献回顾中的总结："坦白地说，特许学校在提升学生成绩方面可以用一句话概括：'我们仍然不知道'"。①

之所以造成特许学校学生成绩研究的不同结果，关键在于学者们采用的研究方法各不相同，研究对象的选择也没有定论。传统的特许学校学生成绩的研究多采用"随机实验研究"的方式。此研究方法的问题在于研究对象选择的范围有限。此类研究只选择那些潜在学生多于学位名额的特许学校。通常，这类特许学校通过学位制的淘汰后留下的学生皆为优秀者，如果以此类学校为实验样本将不可避免地抬升特许学校的总体绩效。另外，由于随机实验研究操作难、运行成本高、实验样本少的自身特点，也使得研究存在先天的局限性。

针对随机实验研究的局限性，2009年，美国斯坦福大学教育成果研究中心与16个州②合作，首次采用"虚拟双胞胎"方法对特许学校办学绩效进行国家层面的评估。所使用的样本来源于各相关州的学生信息数据系统和该州有关考试的技术报告，涵盖16个州2400多所特许学校不同年份的170多万个学生样本。在这项研究中，有84%的特许学校学生找到了"虚拟双胞胎"。下表是斯坦福大学采用"虚拟双胞胎"方法研究特许学校办学绩效的部分结果。

表4-3-1 特许学校与虚拟对照组的成绩水平比较表

成 绩 水 平	特许学校	虚拟对照组（传统公立学校）
特许小学和特许初中	高	低
特许高中	低	高

① Paul Skilton - Sylvester, "Eyes on the Curriculum: How One Charter School Resisted Test - Driven Pressures", *Dissent*, Fall 2011, pp. 52 - 58.

② 这16个州是：阿肯色州、亚利桑那州、加利福尼亚州、科罗拉多州（丹佛）、佛罗里达州、佐治亚州、伊利诺伊州（芝加哥）、路易斯安那州、麻萨诸塞州、明尼苏达州、密苏里州、新墨西哥州、北卡罗来纳州、俄亥俄州、得克萨斯州和哥伦比亚特区。这些州的学生数占美国从幼儿园到12年级的学生总数的一半以上，同时，其特许学校学生数占全国特许学校学生总数70%以上。

黑人和西班牙裔	低	高
贫困家庭与特殊教育学生	高	低

（资料来源：范元伟、孙穗：《特许学校“虚拟双胞胎”绩效评价法述评》，《外国教育研究》2013 年第 4 期。）

与随机实验研究相比，“虚拟双胞胎”法虽然较好地解决了研究对象的合理比对问题，也能充分关注个体差异与群体差异，重视对弱势群体的教育补偿因素，但是其研究对于经费变量、信息的不完善等因素却难以充分照顾到。

（三）对特许学校履行公立学校责任与义务的质疑

反对者指责特许学校作为公立学校，接受公共教育经费的资助，但是没有履行一所公立学校所应该履行的责任和义务。因为特许学校是依靠税收的公共机构，争议的焦点在于特许学校必须保持对更大的政治社会负责，而不仅仅是对它们服务的家长和学生负责。但是，太多的绩效责任会削弱特许学校的弹性，而校长和教师认为政策的弹性在满足学生需要方面起着重要作用。

美国学者利·丁吉森（Leigh Dingerson）在《谨守承诺？关于特许学校的争论》一书中指出，特许学校“违背了国家公共教育的价值承诺，这些特许学校没能提供公平的机会、追求公共责任或者公共目的等我国公立学校的标志性特征。”[①] 有些研究者认为，美国公立学校作为美国民主价值观念的载体，是美国公民社会存在的基础。由于公立学校强有力的公共指向性特征美国民众对它普遍采取包容和支持的态度。然而随着特许学校的出现，公立学校开始有了“责任内转”的倾向，这在美国民众眼中是对公立学校传统和优势的背离。由于特许学校合同制的特殊性，特许学校立法规定可以由任何人或者组织经营或创办特许学校，甚至营利性公司也有权利申请兴办特许学校。部分营利性组织经营和管理的特许学校虽然在短期内取得了一定的成效，但是其引来的美国社会各界的批评此消彼长。因为

① Leigh Dingerson, “Keeping the Promise?” In *The Debate over Charter Schools, Milwaukee: Rethinking Schools*, 2008, p. 3.

美国民众始终坚信，营利性公司与公共事业部门不同，它们不关心公立学校应尽的公共责任和义务，只关心是否赢利，这种追逐利益的行为将最终损坏特许学校学生和公众的利益。许多反对者指出，由赢利性组织来经营特许学校，必然会遵循以最低的成本获取最大的效益的准则，那么，一些与提高学生测试分数无直接关系的项目势必会因其无用而被大幅削减，这会对学生的长远发展带来不利影响。

（四）对特许学校实现教育公平的质疑

反对者认为，特许学校阻碍教育公平的实现主要体现在以下方面：

一是特许学校在教育市场中的信息不对等现象。由于特许学校在教育市场中存在着信息不对称的现象，家长和学生在获取特许学校的真实信息时常处于不利地位，这为特许学校实现教育公平在客观上制造了障碍。为什么会出现特许学校与家长之间信息不对称的教育不公平问题？主要原因有二：一是社会经济地位和知识程度的不同所造成的家长选择能力的差异。一般而言，处于高社会地位和拥有较丰富知识的家长分辨真实信息的能力和获取多源信息的渠道要大大超过那些处境不利的家长群体。这正如美国学者 H. 金蒂斯（H. Gintis）所言："只有在家长比社会中的其他代理人更有能力对孩子的教育需求作出理智的选择，也只有当家长比其他代理人更愿意花时间和更努力地将孩子放在适当的教育环境中时，学校选择的模式才是合理的。"① 二是家长是否具有充分的选择时间与足够的精力的差异。由于许多家长对自己孩子教育需求的了解不够充分，而且鉴于许多工薪阶层的家长没有足够的时间和精力来认真考虑孩子的教育需求和合适的教育环境，常常会使家长在获取学校信息时处于不利地位。总之，反对者相信，在这种家长既不具备分析信息的能力，也没有分析信息的时间和精力的前提下，是很难有选择的公平可言的，因而，特许学校能否实现教育的公平将被打上一个大大的问号。

二是特许学校潜在要求多，学生申请难。2013 年 2 月 16 日据路透社报道，学生申请特许学校时需要递交一份 15 页的打印研究报告、原创故事

① H. Gintis, "The Political Economy of School Choice", *Teachers College Record*, Vol. 96, 1995, p. 3.

或者一篇关于最想见到的历史人物的作文方能参加特许学校的申请。此外，申请特许学校的学生还需要经过校方的面试、考试，家长也要回答一系列的问题，如：如果学校批准您的儿子或女儿入学，您打算如何帮助学校？才能在特许学校拿到一席之位。

特许学校虽然在法律上定义为由纳税人资助开放给所有人的公立学校。但事实上，特许学校在筛选学生申请的时候非常挑剔，不但评估学生的学习成绩、家庭情况、学科史，而且还有申请动机、特殊需要和他们的公民身份，这些行为有时是违反联邦法律的。纽约儿童权益维护协会金·斯维特（Kim Sweet）女士说，她已经听到了很多类似的故事。“我们看看一个个案例，孩子们因为残疾而送离学校，”她说，“（我们发现，）涉及特许公办学校的投诉有点不成比例的高。”

从宾夕法尼亚州到科罗拉多州，再到亚利桑那州，不管是城市或是郊区，特许学校在学生、资金和教育情况方面的市场竞争都非常激烈，其结果往往取决于学生的考试成绩。在许多州，政府要求特许学校须以随机抽签的方式分配学校入学名额。但是事情并不像看起来这么简单，成千所特许学校并不提供津贴午餐，几百所学校要求家长为学校“义务”工作，否则孩子可能会失去学校名额，更有甚者需要家长必须为学校投资。

佛罗里达州、路易斯安那州、新罕布什尔州、俄亥俄州以及得克萨斯州的特许学校法中甚至明确表示允许一定特许学校来筛选申请者的学术表现。总之，美国有一半以上的特许学校的入学标准是相当模糊和挑剔的，表面上好似给予抽取入学名额的机会，实际上却是建立在一系列复杂要求基础之上。学生只有准确无误地完成所有要求，才能有机会入学。部分家长认为特许学校这样招生破坏了教育公平。他们认为特许学校所谓的对所有学生开放只是一个幌子。

（五）对特许学校能引发公立学校间竞争的质疑

特许学校得以存在的前提首先是能使特许学校的学生受益，其次是创造一个竞争的环境以提高传统公立学校学生的成绩，从而使他们间接受益。

目前几乎没有任何一项研究能证明特许学校能够影响其他公立学校学

生的成绩。近十几年来，市场机制引入公共机构的趋势见长。市场机制的倡导者们认为，市场的原则，如竞争能够在其他利益之间促成高质量的服务。他们认为，教育这样的公共事业是理想地引进竞争机制解除公立学校垄断状况的场所。如果特许学校通过竞争不能创造系统的效果，那么它们也许只能影响那些在特许学校就读的学生，让他们在教育中获益，但是目前特许学校就读的学生的份额只占整个公立学校系统的2%。这样，特许学校在整个教育改革中的意义非常有限。

另外，从校长对于特许学校的反应和附近特许学校的竞争是否影响公立学校学生成绩两个方面来检测特许学校是否能在传统公立学校系统内引发竞争的结果显示，传统公立学校的校长很少能感觉到来自特许学校的压力。类似地，对于学生成绩的分析也显示特许学校的竞争没有提高传统公立学校学生的成绩。2009 年，美国教育学者罗姆·齐默（Rom Zimmer）等人在加利福尼亚州进行了一项研究，该研究旨在说明特许学校的存在对周边传统公立学校的激励效能。该项研究的结果显示，加利福尼亚的特许学校对于传统公立学校氛围的改变影响甚微。[①] 下表的具体数据体现了这种影响：

表 4－3－2　特许学校对传统公立学校的影响

	特　许　学　校　影　响
传统公立学校校长	80%以上的校长否认特许学校对自身带来压力；80%以上的校长否认特许学校影响学校的教学和管理
传统公立学校教师	5%的校长担心特许学校的引入会影响他们招募或留住教师，或者影响教师的新陈代谢；
与传统公立学校学生成绩相关指数	特许学校与传统公立学校学生测试成绩的相关系数均低于 0.1；而新建特许学校与传统公立学校学生测试成绩的相关系数也在 0.1—0.2 之间

（资料来源：Rom Zimmer, "Is Charter School Competition in California Improving the Performance of Traditional Public Schools?", *Public Administration Review*, Sep/Oct 2009, pp. 835－842.）

---

① Ron Zimmer, "Is Charter School Competition in California Improving the Performance of Traditional Public Schools?" *Public Administration Review*, September 2009, p. 835－842.

特许学校为何难以引发公立学校之间的竞争？在特许学校是否能引发公立学校的竞争，从而提高公立学校学生成绩方面，公立学校总体来说没有感到太多的压力，仅仅是公立学校的某一个层面感受到了压力。首先感受到这种压力的是在公立学校中从教的一线教师。但是教师毕竟不是校长，只有校长感受到了这种压力，学校学生的成绩表现才可能得到提升。更有甚者即使校长与教师都感受到了来自特许学校的压力，对于传统公立学校学生成绩的提高也作用不大，其中一个重要原因就是大量的课程、教学和教职人员的决定都是由学区操纵的，校长和教师对此无能为力。另外，每一个公立学校的成员对竞争威胁的感受是不一样的，每一个人也有不同的能力去面对竞争威胁。应该指出的是，当一所特许学校出现在公立学校的广阔背景中或者当特许学校在公立学校体系中占据一定份额时，竞争的压力是否能被公立学校感受得到仍旧不是很清楚。

根据研究得出的复杂的综合效果可以确定一种真实的可能性，即特许学校在不同类型的环境中会产生不同的竞争效果。举个例子，全美公立学区目前流行一种做法，即通过开放注册提供学区间的选择机会，这样家庭可以在学区内的所有学校之间进行选择，或者也可以通过磁石学校实现选择。但是无论怎样，在许多学区学生入学注册的主要依据仍旧是地理居住地。特许学校在这些环境中也许会引发不同的竞争效果。对于那些已经存在学校选择的学区，其已经存在的竞争市场也许会削弱特许学校创造的竞争压力。与之相对，将特许学校引入到那些没有竞争市场，没有学校选择项目的学区也许就会产生引人注目的效果。

概括起来，特许学校能够引发公立学校竞争的因素取决于两个方面：一是特许学校和公立学校的距离。公立学校附近的特许学校也许会给公立学校竞争的压力。这些压力也许来自于学生转学到特许学校或者家长对孩子目前就读学校的更高标准要求。二是在 2.5 英里以内存在的特许学校或者其他可供选择的学校更容易引发附近公立学校的竞争。较之 2.5 英里附近的可选择学校，远距离的特许学校或者磁石学校也许引发的竞争效果更弱。尽管如此，即使是特许学校的支持者，对于特许学校对周边学校的激励效能，也没能拿出系统的研究成果。[①]

（六）对特许学校促进种族平等的质疑

2003 年，美国学者 E. 弗兰肯伯格（E. Frankenberg）和 C. 李（C. Lee）的哈佛大学民权项目的大量研究表明，特许学校实际上加剧了种族隔离。该项研究揭示了特许学校比公立学校或多或少存在着种族隔离。弗兰肯伯格和李在报告中这样写道：

在 16 个拥有特许学校且特许学校学生人数超过 5000 人的州，大部分特许学校不匀称地注册了高百分比的少数族裔学生。白人学生就读于高比例少数族裔学生学校的几率仍旧很少。[②]

其中一项最为重要的发现是：与就读于公立学校的 34% 的非洲裔学生相比，特许学校 70% 的非洲裔学生，无疑加剧了美国学校学生间的种族隔离。这种高层次的种族隔离，弗兰肯伯格和李将其解释为特许学校自由市场的逻辑。

美国学者 T. 科布（T. Cobb）的一项研究也得出结论认为：大多数的特许学校在种族构成上不同于邻近的其他公立学校，后者有更高比例的白人学生。[③]

以纽约市为例，根据纽约市及州网站上公布的人数，每所传统公立学校（同时给特许公办学校提供校舍）接受了更多的的特殊教育学生以及英语为第二语言的学生。特许学校认为，接收特教学生会降低学校总的学习成绩。

根据公开的数据，在纽约市的第三成才学校（公立特许学校），有 10% 的学生接受特殊教育；2% 的学生是英语学习者；摩西预备学院（Mosaic Prep Academy）是一所与第三成才学校共享校舍的区属公立学校，有 23% 的学生接受特殊教育；13% 的学生以英语为第二语言。在第 75 公立学

---

① Ron Zimmer, "Is Charter School Competition in California Improving the Performance of Traditional Public Schools?" pp. 831 – 840.

② Frankenberg E. & Lee, C., *Charter School and Race: A lost opportunity for integrated education*, 2005 – 06 – 15.

③ Katrina Bulkley, "A Decade of Charter Schools: From Theory to Practice", p. 331.

校，有17%的学生在接受特殊教育，17%的学生英语是第二语言。2009年，第75公立学校有76%的普通教育学生语文成绩优秀，但是如果将特殊教育学生的分数因素考虑进去的话，优秀率就降到了69%。

另外，据美国教育部网站的数据显示：纽约市的传统公立学校接受了残疾程度最重的学生，而成才学校却不接受。在摩西预备学校内，有58%的特教学生（共有46人）需要使用“最具限制性的”环境并要在单独的教室学习。而在成才学校，尽管其中两所宣称会在2011年9月份为特教学生特设班级，但是在其余学校，特殊教育学生都需要接受“最不具限制性的环境”并和正常孩子同班上课。

纽约州议员巴伦谴责道：“虽然纽约特许学校的上限增加到了460所，但是其仅向110万学生中的10万学生提供服务。80%的黑人和拉丁学生不能进入这类学校。即使部分学生能有幸进入特许学校，但是他们常常由于较差的学术成绩被踢出学校或者根本就不能入读特许学校。这是非常主观的。”

（七）体现反对者质疑的特许学校个案

马修（H. Matthew）的个案

马修离开了一所特许公立学校去了一所公立学校。在公立学校他很优秀。2008年，凯瑟琳·斯仆罗尔（Katherine Sprowal）的儿子马修通过抽签的方式进入了哈勒姆成才第三特许公立学校（Harlem Success Academy 3 Charter school）。她当时很振奋。“我感觉像进入了最好的私立学校，而且我们还不用花钱，”凯瑟琳回忆到。这是前市议会女议员莫斯科维茨在哈勒姆区和布朗克斯区（Bronx）开办的7所成才特许公立学校中的一所，所以当她希望斯仆罗尔女士参加一个学校展示录像片的拍摄时，斯仆罗尔女士便很高兴地参加了。

马修聪明伶俐，但是他爱捣乱并且很容易分心。很显然，马修不是特别合适上这所学校，因为成才学校是以纪律严格和在校时间长出名的。斯仆罗尔女士说，从上幼儿园[①]的第一天开始，小马修就因演出时捣乱而受到老师的惩罚。“他们在放学后还让马修在走廊里练习走步。”她说。

有好几次，她接到老师电话让她早点把孩子领走，她说，在第三周的时候，因为总是影响其他孩子，幼儿园有3天没让他去上学。

在此之前3年的学前班里，斯仆罗尔女士说，自己的儿子从来没有因为行为问题而遭到老师告状。“但是在贵校仅仅12天的时间里，”她给校长写了一封信说，“你们就评估并得出结论说我们的儿子是有缺陷的并且不符合你们学校的标准。”

5天后，斯仆罗尔女士收到了莫斯科维茨女士的一封邮件。在斯仆罗尔女士看来，这算是一封辞退信。“我对具体情况不太清楚，”莫斯科维茨女士写道，“但是极其重要的是，学生们要能有成功的感觉，而且一天里要有9个小时和23名同学在一起学习（这是我们最小的班级人数了）。如果老师总是（因为某些学生而）不断地要求同学们集中注意力的话，学生们会不知所措而且会形成一个不好的学习氛围。”

第二周，学校的心理辅导师评估了马修并得出结论说，可能别的学校更适合他：“他可能更适合小班教学，但这是我们这所学校满足不了的。”

那些日子，马修大多数早上都会呕吐，并且问妈妈是不是他要被学校开除了。斯仆罗尔女士被搞得身心疲惫，于是她请求学校帮助她儿子寻找其他学校。成才学校的负责人非常高兴地把马修推荐到了位于曼哈顿上西城（Upper West Side）的第75公立学校。

那时，斯仆罗尔女士也开始相信她的儿子确实难以管教，所以当听说有学校能接纳马修时，她感到很幸运。她写了好几封邮件感谢莫斯科维茨女士，说她希望有一天马修能够品学兼优回到这所“非凡的”学校。

3年后，再回过头来看，斯仆罗尔女士说，她感到她儿子在成才学校受到了不公正待遇。马修这个曾经被诊断为注意力紊乱的孩子，在第75公立学校却茁壮地成长着。二年级老师约翰娜·洛佩兹（Johanny Lopez）和钱特·马丁代尔（Chante Martindale）采取了多种教学方式让他平静下来，

---

① 美国的幼儿园是属于小学教育序列的，一般是一年，类似我国的学前班，大约在5岁左右。一般此前3年为学前教育班，类似于我们的幼儿园。

包括安排他在课间锻炼时到走廊里活动等。他上个月的成绩单全是3s或者4s，是（班里的）最高分，老师们这样评价他，“马修是个可爱的男孩，班里的人因为有他而感到高兴。”

马修的经历也许引发了对特许公办学校最严厉的责问：他们是在优选学生吗？如果不是以游戏方式招生入学，然后通过咨询的方式剔除教学成本高或者难教的学生的话，谁会拉低他们的考试分数、升学率和安全记录呢？

诺贝尔特许学校联盟个案

有研究指出，快速发展的诺贝尔特许学校联盟（Noble Network of Charter School）从低收入学生和他们的家长身上，收取了近40万美元的纪律惩戒费。许多诺贝尔联盟的学生在进入高年级之前就离开学校，其中有些人是因为被迫选择要付清校车费用，还是把这笔钱拿来支付违反不准携带土豆片上学，或是不准嚼食口香糖等纪律规范的罚款。

芝加哥教育青年之声（Voices of Youth in Chicago Education）学生领袖贾思敏·萨明多（Jasmine Sarmiento）和负责任教育家长联合组织（Parents United for Responsible Education）执行长朱莉·伍士德霍夫（Julie Woestehoff）向《芝加哥论坛报》投书指出，许多学生和家长纷纷投诉罚款所造成的财务困难。家长抱怨，有时学生甚至连“让铅笔在课桌上滚动”都要被罚款。

一名家长表示，该校罚款最高金额是因为上“行为矫正课程”需交高达280元美金的费用，这不只造成家庭财政上的困难，更造成她儿子的自尊心受损。就因为他无法随时随地盯着老师，在3小时长的课后察看中睡着，或是懒散地坐在椅子上，他一直被老师处罚，甚至开始觉得自己是个“坏孩子”。

令人难过的是，诺贝尔特许学校联盟的创办人和执行长迈克尔·米尔基（Michael Milkie）并没有教导孩子合宜的举动，也没有努力帮助这些最需要帮助的孩子，反倒是与市长拉姆·艾曼纽（Rahm Emanuel）说了一样的话语：如果你不喜欢，你可以离开。

芝加哥的学生太常听见这句话了。与公共教育的目的相违背的一点是，最常听到这句话的学生多是那群被官员们认为没有上大学希望的学生：最穷的学生、还在学习英语的学生，以及有学习障碍的学生。

把这些学生赶离学校的，不仅仅只有诺贝尔集团。由于面对提高全校测验平均分数的压力，各校开始使用各种极端的管教方式赶走不适应的学生。这些管教方式包括：停学多周、校内逮捕及强迫转学。

芝加哥的家长和学生都了解，学界也证明了，这些极端的管教方式造成了灾难性的后果：低学业成就、高辍学率、学生和教师间的疏远。

诺贝尔联盟的拥护者说，只有靠着严峻的管教方式才能保持学校的安宁。但上述例子证明了，诺贝尔联盟提供给大众的是个错误的选择。他们暗示大众，如果不选择极端的处罚方式，就只剩下混乱和恐惧。

没有人比家长和学生更想要一个安全的学校。然而，要有一个安全的校园，就要以一个新的管教制度取代现行于诺贝尔联盟和所有芝加哥公立学校的制度。这个新制度要真的能有效管理学生。

所有研究都指出，芝加哥教育青年之声和负责任教育家长联合组织过去的经验也证实了，让校园安全的唯一方式，就是让教师、学生和教职员间建立起质量良好的关系。

无论是因为学生忘记皮带就施行罚款，或是逮捕一名 11 岁的孩子，就因为他当众大发脾气，这一切极端的管教手段都摧毁了能让师生间相互信任、尊重、支持的关系，也就无法让校园安全。

萨明多和伍士德霍夫表示，现在应该停止这些玩弄年轻人生命的骗局游戏。他们呼吁市政府应强制要求各校通报目前所使用的管教方式，检视是否过当。并呼吁市政府投入发展人性化的管教策略，还要支持已获研究证实有效的方法。他们说，“这是学生应得的。”

结　语

一、特许学校运动是教育改革的组成部分

特许学校运动作为美国教育改革的一个重要组成部分，它的产生不是孤立的，而是与各种教育改革运动有着千丝万缕的联系。其中，关系最为密切的当数可选择学校运动和校本管理运动。它们的发展共同奠定了特许学校运动的基础，吹响了特许学校运动的前奏。

可选择学校运动的最大贡献是为特许学校运动提供了成熟的选择基础。可选择学校运动兴起于 20 世纪 60 年代末，是如今开展得如火如荼的学校选择运动的前身。它的发展经历了 3 个时期：自由学校运动时期、磁石学校运动时期和学校选择运动时期。

自由学校运动产生于 20 世纪 60 年代末，在经历了 20 世纪 70 年代的发展与繁荣后开始逐渐衰亡，如今已不复存在了。自由学校运动虽然消失了，但是它却为特许学校运动的选择提供了可能。同时，自由学校的充分发展也为特许学校模式的形成积累了丰富经验，并打下了一定的基础。自由学校与特许学校的相似之处在于：第一，经费使用的等量性，自由学校和特许学校在经费使用上都采取与传统公立学校一样的标准；第二，创办者的多样性；第三，入学的开放性；第四，家长参与权的广泛性；第五，校址选择的随意性。虽然自由学校与特许学校拥有如此多的相似之处，但是它们之间的区别仍然是显著的。其中，最大的不同在于自由学校是与公立学校平行存在的学校。它独立于公立教育系统之外而为学生提供另一种选择。这意味着自由学校是公立教育系统外的非宗教私立学校。而特许学校作为公立学校的一种类型，由公共经费提供资金，其性质是公立的。这一点构成了特许学校和自由学校的本质区别。

磁石学校运动为特许学校运动奠定了在公立学校范围内成功选择的基础。磁石学校和特许学校二者之间的诸多相似之处证明了这种关联性，具

体表现在：其一，学校的公立性；其二，学生成员种族构成上的多样性；其三，年级阶段的任意性；其四，招生上的开放性。磁石学校与特许学校的不同之处在于：一是磁石学校能获得更多的资金支持。二是磁石学校更具特色。办学特色是每所磁石学校的生命力源泉。而特许学校则不同，虽然也有许多特许学校具有特色，但这并不是特许学校的核心特征。三是磁石学校有入学考试和要求，而特许学校不能选择学生。四是磁石学校实施的是精英教育，而特许学校更倾向于平民路线。五是磁石学校不存在绩效责任制，而绩效责任制是特许学校赖以生存的基石。六是磁石学校的创建者比较单一，往往是由学区单独兴办的；而特许学校则可以由任何与权威机构签署特许状的个人或团体来承建。

学校选择运动与可选择学校运动是同一个概念，只不过学校选择运动代表的是 20 世纪 80 年代之后的形态，而可选择学校运动反映的是 80 年代以前的形态。学校选择运动的兴起以明尼苏达州的学校选择立法为标志。第一部学校选择法的颁布刺激了学校选择运动的迅猛发展，到 20 世纪 90 年代时，已经出现了许多不同的选择类型，如教育券、家庭学校和契约学校等等，特许学校也包括在其中。由此可见，特许学校运动既是学校选择运动的新形态之一，也是其不可或缺的组成部分。

校本管理运动作为美国学校重建运动的一部分，构成了学校重建运动的中心议题。校本管理运动对特许学校运动的最大贡献在于提供了特许学校内部管理的范式。这一点可以从校本管理学校与特许学校的相似之处中得到证实。具体来说，特许学校与校本管理学校的共同之处在于：第一，基本目的相同。校本管理学校和特许学校都是为了把学校和教师从科层制的枷锁中解放出来，实现学校拥有一定程度办学自主权的目标。校本管理学校拥有 3 个方面的自主权：财政自主权、课程自主权和人事自主权。而与校本管理学校相比，特许学校拥有更大程度和更广范围的自治权。第二，权力和责任的关系相同。首先，权力下放是校本管理的基本概念。在这种管理体制下的学校，实际上可以不受学区的控制，这与传统公立学校相比，发生了权力与责任上的根本性变化。同样，特许学校为了能拥有摆脱学区控制的权力而对结果负责，责权界限分明，实现了权力与责任的动态平衡。第三，参与方式相同。无论是校本管理学校还是特许学校，都强调教师、家长和学生的参与式民主，而不是代表式民主；都强调他们不是学校的旁观者和观众，而是学校管理的积极参与者与决策者。第四，校本管理是特许学校的内部管理形式。对大多数特许学校来说，校本管理与这些学校怎样组织决策和解决涉及教育的问题息息相关，在特许学校内部常常采用以校为本的管理方式。第五，接受一定的国家标准。在校本管理中，教育行政当局制定标准并控制结果，要求校本管理学校必须接受这些标准。同样，特许学校也必须接受一定范围的州评估标准。

校本管理学校与特许学校的相异之处在于：其一，自治的程度与范围不同。校本管理学校和特许学校在摆脱科层束缚的程度和范围上的差异是十分明显的。校本管理只是造成了传统官僚体制结构的松动，但实际上并未从根本上改变原有的教育制度，学校仍然处于民主层级控制体制中的从属地位。而特许学校则不同，特许学校完全打破了传统公立学校官僚主义体制的传统，可以完全不顾及那些制约公立学校的民主层级控制体制的影响，彻底地拥有自己对学校管理的决策权。特许学校在传统的法律和政策之外发挥作用，独立于它们而存在，只需付出对结果负责的代价即可。其二，政府管埋模式的不同。分权化的校本管理学校和非校本管理的公立学校一样，还是以地方垄断的方式进行运作。这样的垄断保证学校有生源、有政府经费，学校不存在来自市场的压力，唯一改变的只是学校的发展机会比以前大大增加了。而特许学校则不同，由于竞争机制的引入，特许学校压力剧增，它们必须以自己的质量和特色来吸引学生，稳定生源。特许学校的生源从不固定，一切全凭学校的办学质量和特色说话。如果学校质量高有特色，自然能引来大量学生入学，也随之带来了丰厚的办学资金；如果质量低无特色，入学学生少，那么学校获得的公共资金也就减少，甚至导致关闭。其三，有无绩效责任制的不同。绩效责任制是特许学校存在的基石，但是对于校本管理学校来说则没有绩效的要求。特许学校之所以能获得脱离官僚主义体制的权力，之所以能完全独立于学区而存在，唯一的原因就是它的绩效责任制，即以承诺对提高学生的学业成绩负责而换取额外权力的机制，如果特许学校不能达到预期结果则面临着关闭的危险。而对于校本管理学校而言，既然它们的自主权不是通过绩效责任制获得的，那么也就不需要对学生的成绩提高负责。

二、特许学校是公立学校理念的创新发展

"公立学校"似乎是一个约定俗成的概念，大凡论者通常不会在研究之前对"什么是公立学校"以及"公立学校的属性如何"等涉及公立学校的基本概念做出解释或加以界定。事实上，伴随当代世界教育的发展与改革，公立学校在很大程度上表现出一种概念争议性和边界模糊性的态势。美国教育学者弗雷德里克·M.赫斯（Frederick M. Hess）指出，传统界定公立学校的方法随着社会经济政治的发展已经变得不合时宜。如果对此再不做适应性的调整，必然会造成公立学校概念的混乱，导致难以对其进行清晰定义。

从历史的视角考察，公立学校概念是一种动态理念，在历史的长河中经历了一个不断发展变化的过程。"整个公立学校的发展历史可以说是人们通过思想、法律、行为等各种方式不断对公立学校作出界定的历史"。[①]

论及公立学校概念，还得先从英国"公学"（public school）说起。公学在英国有着四五百年的历史，它是一种提供中等教育的私立学校。最早的公学被称之为"public school"，这里的"public"一词主要是为了表明公学对招生对象没有限制。公学的招生范围不是地方性的，而是面向全国。英国各地的贫穷学生，抑或富家子弟都可入学就读公学。公学属于非营利组织，与营利性的私立学校或家庭教育不同。从英国的公学开始，公立学校确定了招生对象的开放性，即面向所全体学生的原则。这也是公立学校最早的一个属性。

随着美国公立学校运动的开展，人们赋予了公立学校更多的内涵，公立学校的概念逐步确立起来，并且在很长的一段时间内成为人们公认的公立学校概念。在美国的公立学校运动中，以贺拉斯·曼为代表的改革派人士认为，公立学校应该具备四大基本属性：一是公立学校应该面向所有儿童，实施普及教育；二是公立学校是以公共税收为主要财政支持，属于公共教育财政；三是公立学校是非宗派的，不受任何教会控制；四是公立学校由政府统一管理，形成完整的学校体系。换句话说，公立学校是由国家

① 季苹：《美国公立学校的发展研究》，高等教育出版社2002年版，第225页。

或公众设立，按照某种民主体制进行运作，受到国家或公众监管，所有公民皆可因其公民身份获得公共资助而平等进入的非宗教学校。按照上述公立学校属性，区分公立学校的标准就主要锁定在学校的资金来源、学校的组织与管理方式、学校的非宗教性质以及学校的招生对象上。凡是符合国家和公众提供资金、政府开办与管理，面向全体学生的非宗教性质属性的学校皆为公立学校，反之则为私立学校。

但是随着20世纪60年代学校选择运动的兴起和20世纪80年代公立学校教育改革的展开，传统公立学校的概念和属性遭到了来自社会各界的质疑。人们开始重新审视传统公立学校概念，并尝试着从公立学校基本属性方面来重构公立学校概念。

从公立学校运动兴起到学校选择运动萌芽的近150年里，人们一提到公立学校，就会自然联想到公立学校的平等性和资金来源的公助性属性。

在平等性属性方面，首先体现为公立学校以机会均等观念为基础，对所有公民平等开放。当然，在很多时候公立学校还存在着实际上的入学标准，但是不管怎么说，这种标准主要已经不再是血缘、种族、地缘、性别和贫富等方面的特质，而是某种或某些对个人来说都有公平获取机会的特质。这可以称之为公立学校的共享性、平等性或开放性。其次，公立学校平等性的目的不是对贫困者进行施舍以求得道德上的宁静，而是基于对平等的公民身份的尊重、对彼此唇齿相依的民族情感和共同生活的维护、对良好的社会公共秩序的追求、对人类文化科学与共同价值的认同以及对教育质量与效益的严正承诺。① 这意味着对大家都有同等好处，而不是对弱势民众的一种道德施舍。

在资金来源的公助性属性方面，强调公立学校由国家或公众依靠公共经费设立，并按照某种民主体制（直接的、代议制的或民主集中制的）而为国家或公众所监管。这种共有性和共治性可以称之为公立学校的民主性。

20世纪70年代，随着政治与经济危机的爆发以及新自由主义、新保

---

① 康永久：《公立学校的制度特性及其缺陷》，《教育科学研究》2005第5期，第5页。

守主义和新公共管理理论思潮的出现，人们开始重新审视公立学校理念。

新自由主义者认为，教育不应该是政府提供的一项公共服务，而应该是属于自由市场体系的一部分。公立学校的最大弊端在于政府的垄断。政府可以是教育资源的供给者，但不应同时又是管理者。如果这样，必然会造成教育垄断，因而降低教育质量和效率。相反，如果政府仅仅是教育资源的提供者，而允许政府之外的个人、团体或企业作为独立法人的办学者为争取教育资源进行公开、公平的竞争，就会最有效地发挥其投资效益，提高教育质量和水平，进而打破公立学校制度的国家垄断性。在新自由主义者看来，政府只需承担资助教育的国家责任，但并不一定要由政府直接提供这种教育。新自由主义者主张将学校置于教育市场之中，以教育服务的消费者为中心，强调“自由”“个性”“选择”和“竞争”。新保守主义者也明确支持公立学校实现从政府干预到市场调节转向的过程；他们甚至坚持下放教育管理权、开放教育选择权，主张私人力量进入公立学校制度。新公共管理者一再重申，由国家通过民主的方式管理公立学校和由公众对公立学校进行民主管理的理念应该被彻底抛弃，而代之以市场间接管理公立学校的逻辑。新公共管理者认为，对学校实行传统的民主管理不可避免地会培养官僚主义的科层制，这必然会降低公立学校的效率和扼制公立学校所拥有的自治，而市场自身的特性恰好弥补了这一缺陷，通过市场的调节作用能够提高公立学校的效率和维护公立学校的自治。

公立学校应该具有公益性，这是一个不争的事实。所以不论是美国教育家杜威还是美国总统布什都非常强调公立学校的公益性质，在他们眼里，公立学校应该从服务于公共利益并对公共机构承担最终责任的原则出发，根据公立学校的目的和最终责任来进行定义。约翰·杜威（John Dewey）在思考公立学校理念时提到：“在受到尊重的公立教育运动中，私立机构也许会服务于公共目标，而公立机构也许不能那样做。”[①] 杜威的认识暗示着，公立学校的本质应该存在于学校服务于公共教育目的、接受公共机构监督和承担责任上。学校只要服务于公共教育目的、接受公共机构监

① Frederick M. Hess, “What is a Public School? Principles for a New Century”, *Phi Delta Kappa*, Feb. 2004, pp. 433 – 439.

督和承担责任，那么我们就可以认定它是公立学校。布什总统也指出："一所学校，无论是由私人教育者、宗教组织还是地方政府开办，只要是服务于公众并对公共机构负责，就是在提供公共教育。"①

虽然在杜威和布什的眼里公共利益被定义为掌握公共权力的人所刻意追求的利益之和。但在市场经济的背景下，人们对"公共利益"有了新的理解："公共利益（Public Interests）是指在特定的制度架构内追求个人利益的产物。私益之和便是公益。但是，掌握公共权力的人所刻意追求的私益之和，却未必是公益。而刻意追求公益的结果往往只会有益于特殊利益。"② 这就意味着在市场机制下，具有公益性质的不一定是公立学校，公立学校包含的公益性质也未必就比私立学校更多、更大。

从贺拉斯·曼最初从平等性、公助性、国有性和公益性四个方面规定公立学校四大基本属性至今，美国公立学校理念已经发生了巨大变化，人们尝试着通过公立学校的改革对其进行全新的诠释。平等性和公助性作为公立学校的本质属性，得到人们的广泛认可并得以保留。公立学校的国有性特质却遭到了普遍质疑。当代美国的教育改革者们纷纷把矛头指向于此。国家是否应当成为公立学校的唯一兴办者和管理者成为当代美国公立学校改革的突破口，出现了多方兴办和管理公立学校的局面。因此，如今如果想要区分公立学校，仅仅考量学校的兴办者和管理者显然会让我们误入歧途，不能得出正确的判断。最后，公益性也不足以区分公立学校的公立性质。在市场经济的大环境下，私立学校同样也可以具有公益性的性质，但是此公益性是否与彼公益性（公立学校的公益性）等同，谁更具有公益性特征，这些都成为公立学校悬而未决的问题，也让公立学校的根本属性——公益性蒙上了一层不确定的因素。

特许学校是公立学校概念创新与发展的产物，没有公立学校概念的扩展，也就没有特许学校的理念。特许学校作为公立学校的一种新类型，受到了来自市场和政府的双重影响，一方面市场对特许学校的作用强大而深

---

① Jeffrey R. Heig, *Rethinking School Choice: Limits of the Market Metaphor*, p. 94.

② 樊纲：《作为公共机构的政府职能，引自市场逻辑与国家观念》，三联书店 1995 年版，第 24 页。

远，另一方面政府对特许学校的责任也在不断加强。这两股力量共同作用完成了对特许学校概念的界定。特许学校运动的根本目的是要运用市场方式重建美国公立学校制度，其具体目标是提高教育质量和效率，充分满足各种教育需求。与过去教育改革不同的是，它试图通过自由择校来引进竞争和市场机制，为基础教育的发展找到新的动力。特许学校运动的核心观念之一就是要废除地方公立学校系统对于它们服务区域的学生所拥有的“垄断特权”，把市场与竞争引进教育领域。与此同时，政府对特许学校的影响力也在不断增强。特许学校呈现出自上而下的发展特点，由政府用法令、最高级教育会议、大额度联邦经费资助等方式推动。在新的公立学校理念下，特许学校不仅继承了平等性和资金来源的公助性特征，也满足了服务于公共教育目的、接受公共机构监督和承担责任的要求。

就平等性特征而言，特许学校的平等性主要体现在广泛的社会参与以及服务对象的全民性方面。一方面，各地参与特许学校运动的不仅有专家学者、教育界人士，而且有平民百姓，甚至社会基层人士；另一方面，特许学校采取开放的注册方式，既没有任何入学要求，也不能选择学生，面向全体学生开放。在面向全体学生的总原则下，特许学校还特别注重面向贫困儿童和少数族裔儿童，在提高他们行为成就方面做出了突出贡献。就资金来源的公助性特征而言，特许学校领取与其他公立学校一样的生均费用，并且免费让学生在特许学校就读，不得收取任何费用，但是，要求特许学校在教育成本不变的条件下提高教育质量，增加教育效益。就公共教育目的而言，特许学校服务的公共教育目的主要体现在：教给学生基本的权利义务常识以获得民主和保护自由；教会学生尊重宪法秩序和个人权利；教给学生那些之所以成其为公民的基本技能和知识，如读、写、算知识等。就接受监督和承担责任而言，在特许学校中，“资助者”和“提供者”的角色分离。政府仅仅扮演特许学校资金资助者的角色，而特许学校教育的提供者则可以是家长团体、教师、学校管理人员、非营利性组织以及商业团体。特许学校通过绩效责任制的方式保证提高学生成绩，如果未能达到绩效要求，则面临关闭的危险。

总之，特许学校运动所包含的自由、责任、平等和竞争的思想将是重建和巩固美国公立教育的重要原则。其背后隐藏着所谓的“美国精神”，即对革新型教育工作的尊重、对希望的坚定信念以及面对问题、挑战和机遇时主动从制度上进行改革和适应的能力。

三、特许学校运动在美国发展的不平衡性

特许学校运动在美国的发展是不平衡的。其原因主要在于，美国是实行地方分权的国家，各州都有自己不同的政治传统，形成了颇具地方特色的政治体系，很难要求各州在步调上达成一致。这种政治传统表现在教育上，则是以地方和州为中心制定本州的教育政策。因此，特许学校政策就是这样一种以州为中心制定的教育政策，联邦政府对此并没有统一规定。这样，由于各州的情况不同，必然造成其特许学校政策各异；而政策导向的不同，又必然会引起实践领域的差别，使得特许学校运动的不平衡发展变得不可避免。特许学校运动的不平衡性可以从特许学校运动的时期划分、特许学校的立法过程以及特许学校的实践发展中得到验证。

首先，很难对特许学校运动进行准确的时期划分。其原因主要在于以下两个方面：一是特许学校运动历时太短，难以根据标志性的事件来划分时期；二是特许学校运动在地区发展的不平衡性，导致了难以对特许学校运动进行统一的时期划分。虽然我们按照每一时期的典型特征把特许学校运动大体划分为兴起、发展和展望三个时期，但是，这三个时期的确切起始时间却始终难以断定，它们总是重叠交织在一起，仿佛都是发生在同一时期似的。就特许学校运动的兴起而言，特许学校运动的兴起是以州通过特许学校法为标志的。1991 年，第一部特许学校法在明尼苏达州获得通过意味着特许学校运动的兴起。而最近的一部特许学校法的通过却是在 11 年之后，也就是说，特许学校运动 2002 年才得以在田纳西州兴起。但这一时间对于明尼苏达州的特许学校运动来说已经进入了展望时期。由此可见，特许学校运动在各州的发展是极不平衡的。往往是一个州的特许学校运动刚刚兴起，另一个州的特许学校运动已经蓬勃发展起来；一个州的特许学校运动进入发展期，另一个州的特许学校运动已经开始展望未来。这样交替共存的不平衡局面使得对特许学校运动进行确切的时期划分变得不可能。

其次，就特许学校的立法过程而言，情况更是千差万别。特许学校立

法过程中的不平衡性主要体现在立法时间、立法内容和立法力度三个方面。特许就立法时间而言，特许学校法的通过时间存在不平衡性。从1991年第一部特许学校法到2002年最近一部特许学校法的颁布，总共历时11年，在这11年的时间内，美国各州陆陆续续地通过了特许学校法，数量也从当初的1个州增加到了40个州。

就立法内容而言，各州的立法内容五花八门。一般来说，各州的特许学校法都对特许学校兴办者、审批机构、特许学校类型、教师、自治权、种族和数量等七个方面的内容进行了规定。各州特许学校法内容的不平衡性也是通过这七个方面来体现的。以特许学校兴办者和审批机构为例，有一些州的法律规定营利性组织不得经营特许学校，而一些州则对此没有特殊限制；有一些州规定只有州委员会有权力审批特许学校的申请，有一些州则允许州委员会、州教育委员会以及大学董事会共同决定申办者能否能获得特许学校地位，有一些州允许申办者在申请被驳回时可以向上一级审批机构提起上诉。这些立法内容在充分体现多样性的同时，也反映出各州特许学校运动发展的不平衡性。

就立法力度而言，各州特许学校法的强弱程度差别很大。在目前通过立法的40个州中，通过强硬特许学校法和软弱特许学校法的州各占一半，强弱等级也是从A到F不等。强硬的特许学校法常常赋予特许学校更多的自治权，使它们能摆脱传统公立学校法律法规的限制，在课程、教学和实践操作方面拥有更广泛的自由权利。此外，强硬的特许学校法在规定特许学校申办者的人员构成和特许学校最大数量方面限制更少。既赞同通过广泛的社会团体来创建特许学校，也认可特许学校由学校董事会之外的实体兴办。许多通过强硬的特许学校法的州对于州内能兴办的特许学校的最大数量没有限制。与之相比，软弱的特许学校法常常致力于限制特许学校兴办者的人员构成，并且赋予地方学校委员会对特许学校的申办过程行使否决权。此外，在那些通过软弱的特许学校法的州，课程革新和独立课程的自由空间十分有限，并且还要限制特许学校的兴办数量。一些通过最软弱的特许学校法的州，特许学校的自治权利甚至不能逾越传统公立学校的范围。

最后，特许学校运动在实践中的发展也是大相径庭。当然，特许学校运动在实践中发展的不平衡起因于各州立法的不平衡。首先，不平衡的特许学校法必然导致特许学校运动起点的不平衡，同时作为特许学校运动终点的特许学校实践在不平衡特许学校法的指导下自然也就难以保证平衡。这种不平衡性可以从各州特许学校的发展状况中得到验证。以 1999 年为例，全美有 36 个州通过特许学校法，但是，特许学校在这 36 个州中的发展是非常不平衡的。其具体表现为：有 5 个州（阿肯色州、新罕布什尔州、怀俄明州、弗吉尼亚州和俄勒冈州）通过了特许学校法，但在这些州内却无法找到一所特许学校；内华达州和密苏里州至今各仅有一所特许学校；夏威夷州、罗得岛州和俄克拉何马州各州仅有 2 所特许学校；早在 1993 年就通过立法的新墨西哥州在开办 6 所特许学校后又关掉了 3 所。与之相比，有 6 个州（亚利桑那州、加利福尼亚州、科罗拉多州、麻萨诸塞州、密歇根州和明尼苏达州）开办的特许学校数量相对较大，并且在接收学生方面也表现得特别积极。以亚利桑那州为例，该州有接近 20% 的公立学校都是特许学校，这一比例与全美 1% 的特许学校相比是相当高的。

综上所述，特许学校运动在美国的发展是十分不平衡的。这种不平衡性必然会影响到特许学校运动的未来发展，因此，克服特许学校发展的不平衡性已经成为解决好特许学校发展问题的当务之急。

四、公立转制是特许学校运动的未来趋势

一般来说，特许学校存在 3 种类型：新建特许学校、公立转制特许学校和私立转制特许学校。由于特许学校的公立性质，使得新建特许学校和公立转制特许学校的数量在整个特许学校系统中占据绝对优势，而私立转制特许学校的数量则少到可以忽略不计。纵观特许学校 15 年来的发展历程，在特许学校运动早期，新建特许学校曾因其突出的创新性特征而发展迅猛，一度成为当时特许学校运动的主流发展趋势。但随着特许学校运动向纵深发展，许多难以克服的矛盾逐渐在新建特许学校中显现出来，使得新建特许学校的未来发展面临着严峻挑战。而此时，公立转制特许学校却利用其先天就具有的诸多优势，有了长足进步，成为特许学校运动的未来发展趋势。

公立转制特许学校的诸多先天优势主要是通过与传统公立学校和新建

特许学校的比较体现出来的。与传统公立学校相比，公立转制特许学校能够从官僚主义的规章制度中获得自由，并发挥它们对公立学校的影响。与新建特许学校相比，公立转制特许学校不仅具有新建特许学校的显著特征，而且也拥有它们所不具备的优势。与新建特许学校相比，公立转制特许学校具有新颖、创新和灵活性的一面。它们能够成为真正有意义和有价值的学校，能够满足全体学生的需要，提升成绩分数，使家长感到满意，吸引有素质的教育者。相对新建特许学校不具备的优势，公立转制特许学校的最大优势在于能充分享受学区的庇护，甚至有些公立转制特许学校本身就是由学区兴办的。公立转制特许学校常常因为与学区的特殊关系能获得学区的更大支持；而新建特许学校却由于和学区关系疏远，因此获得的学区支持也相对较少。

学区对公立转制特许学校的支持涉及办学过程的方方面面，包括财政支持、对校长和教师的支持以及后勤支持等等。其中，财政支持是学区支持的一个主要方面。

自 1992 年第一所特许学校开办以来，聚集充足的税收以维持学校经营已经成为棘手问题。新建特许学校在资金方面的问题尤为突出，而公立转制特许学校趋向于享受着更好的财政状况。以启动资金、运营资金和学校设施为例。就启动资金而言，在新建特许学校中有 53.7% 的学校缺乏启动资金，而公立转制特许学校仅为 26.5%。从运营资金来看，平均 10 所新建特许学校就有 7 所缺乏运营资金，约占特许学校总数的 40.4%；而仅有 27% 的公立转制特许学校把运营资金的不足作为一个问题。从学校设施来说，多达 35.4% 的新建特许学校的学校设施存在问题，而仅有 21.5% 或者更低的公立转制特许学校的学校设施不充足。之所以造成新建特许学校和转制特许学校在资金方面的巨大差别，除了公立转制特许学校原有的基础以外（如现成的学校建筑及相对较少的启动资金需求等），学区庇护是一个最重要的原因。学区的一个明显优势就在于它保留着公共教育资金。而公立转制特许学校由于在学区保持着先前的地位以及与学区联系的持续性，它们可以充分利用学区的资源，因此享受着更多的财政支持。这些转制公立学校能够依靠学区的购买力来实现自身费用的缩减，从中受益；它们还能通过法律手段获得最低限度的经费保留权。

在学校内部管理方面，公立转制特许学校由于得到学区的大力支持，因此仅有28%的学校的规划时间不足，而新建特许学校则高达37.4%。在校长和教师方面，现在大多数特许学校的校长都被排除在各种研讨会、集会和公立学校校长聚会之外，但这种局面绝不可能发生在公立转制特许学校校长身上。因为他们作为学区管理队伍的成员，享受着与传统公立学校校长相同的待遇。另外，公立转制特许学校教师和学区内其他公立学校教师一样也有资格拥有同样的专业发展机会。在后勤管理方面，学区仍负责管理公立转制特许学校的书籍，安排学校送学生上下学的校车路线，给学生提供午餐服务，以及将学校的人事注册进公立学校退休系统。

当然，公立转制特许学校在享受学区庇护的同时，也会为此付出适当的代价。其中，公立转制特许学校付出的最大代价是它们必须忍受学区对其使命的限制。在公立转制特许学校中，最有可能出现的局面是它们会为了某种政治目的而获得特许地位，但是其实际改革水平或者革新程度却十分有限，完全无法与新建的特许学校相媲美。公立转制特许学校也常常因为与学区过强的联系导致它们成为传统“公立学校的复制品”，而无法成为真正意义上的具备创新性的特许学校。

总之，公立转制特许学校具有公立学校和特许学校的双重优势。在公立学校方面，它拥有财政支持、学区庇护和参与公立学校系统决策的优势；在特许学校方面，它能摆脱州和学区法律法规的限制，自主地安排学校的人事和课程以及财政预算等。正是由于公立转制特许学校具有诸多优势，它也许会在特许学校运动中脱颖而出，成为美国特许学校运动未来发展的主流趋势。

参考文献

一、中文文献

（一）著作类

[1] [澳] 欧文·E. 休斯：《公共管理导论》，彭和平译，中国人民大学出版社2001年版。

[2] [奥] 哈耶克：《个人主义与经济秩序》，贾湛、文跃然等译，北京经济学院出版社1989年版。

[3] 陈玉琨、钟海青、江文彬主编：《90年代美国的基础教育》，广西师范大学出版社1998年版。

[4] 国家教委发展与政策研究中心编：《发达国家教育改革的动向与趋势》第二集，人民教育出版社1988年版。

[5] 樊纲：《作为公共机构的政府职能，引自市场逻辑与国家观念》，三联书店1995年版。

[6] [法] 阿瑟·奥肯：《平等与效率》，王忠民、黄清译，四川人民出版社1988年版。

[7] [法] 亨利·勒帕热：《美国自由主义经济学》，李燕生译，北京师范大学出版社1985年版。

[8] 冯大鸣主编：《沟通与分享：中西教育管理领衔学者世纪汇谈》，上海教育出版社2002年版。

[9] 冯增俊、唐海文主编：《新世纪学校模式》，中山大学出版社2001年版。

[10] 顾明远、梁忠义主编：《世界教育大系·中等教育》，吉林教育出版社2000年版。

[11] 顾明远、梁忠义主编：《世界教育大系·美国教育》，吉林教育出版社2000年版。

[12] 季萍：《美国公立学校的发展研究》，高等教育出版社2002年版。

[13] 纪晓林：《美国公共教育的管理与政策》，北京师范大学出版社 1997 年版。

[14] [加] 迈克·富兰：《变革的力量——透视教育改革》，中央教科所译，教育科学出版社 2000 年版。

[15] [加] 本杰明·莱文：《教育改革——从启动到成果》，项贤明、洪成文译，教育科学出版社 2004 年版。

[16] 梁建峰著：《美国教育》，中国科学技术大学出版社 2002 年版。

[17] 刘军宁、王焱、贺卫方：《市场逻辑与国家观念》，三联书店 1995 年版。

[18] 刘军宁等编：《经济民主与经济自由》，生活·读书·新知三联书店 1997 年 6 月版。

[19] 卢海弘：《当代美国学校模式重建》，中山大学出版社 2004 年版。

[20] 吕达、周满生主编：《当代外国教育改革文献（美国卷）》第四册，人民教育出版社 2004 年版。

[21] 马骥雄主编：《战后美国教育研究》，江西教育出版社 1991 年版。

[22] [美] 雷·马歇尔、马克·塔克著：《教育与国家财富：思考生存》，顾建新、赵友华译，教育科学出版社 2003 年版。

[23] [美] S. 斯特林费儿德、S. 罗斯、L. 史密斯著：《重建学校的大胆计划——新美国学校设计》，窦卫霖译，华东师范大学出版社 2003 年版。

[24] [美] 迈克尔·阿普尔：《官方知识——保守时代的民主教育》，曲囡囡、刘明堂译，华东师范大学出版社 2004 年版。

[25] [美] 迈克尔·阿普尔：《文化政治与教育》，阎光才等译，教育科学出版社 2005 年版。

[26] [美] 约翰·E. 丘伯、泰力·M. 默著：《政治、市场和学校》，蒋衡等译，教育科学出版社 2003 年版。

[27] [美] 戴维·波普诺：《社会学》，李强等译，中国人民大学出版社 1999 年版。

[28] [美] 欧内斯特·L. 博耶：《关于美国教育改革的讲演 1979—1995》，涂艳国、方彤译，教育科学出版社 2002 年版。

[29] [美] 约翰·罗尔斯：《正义论》，何怀宏等译，中国社会科学出版社 1988 年版。
[30] [美] 米尔顿·弗里德曼：《资本主义与自由》，张瑞玉译，商务印书馆 1986 年版。
[31] [美] 弥尔顿·弗里德曼：《货币稳定方案》，宋宁等译，上海人民出版社 1991 年版。
[32] [美] 布坎南：《自由、市场和国家》，吴良健等译，北京经济科学出版 1988 年版。
[33] [美] 戴维·T. 康利：《谁在管理我们的学校——变化中的角色和责任》，侯定凯译，华东师范大学出版社 2005 年版。
[34] 瞿葆奎、马骥雄：《美国教育改革》，人民教育出版社 1990 年版。
[35] 单中惠主编：《外国素质教育政策研究》，山东教育出版社 2004 年版。
[36] 史静寰主编：《当代美国教育》，社会科学文献出版社 2001 年版。
[37] 商继宗：《中小学比较教育学》，人民教育出版社 1989 年版。
[38] 吴文侃、杨汉清主编：《比较教育学》，人民教育出版社 1989 年 1 月版。
[39] 王承绪主编：《高等教育新论——多学科的研究》，浙江教育出版社 1988 年版。
[40] 王炎主编：《公共论丛——自由主义与当代世界》，三联书店 2000 版。
[41] 吴中仑：《当今美国教育概览》，河南教育出版社 1994 年版。
[42] 杨慧敏编：《美国基础教育》，广东教育出版社 2004 年版。
[43] [英] 斯蒂芬·J. 鲍尔著：《教育改革——批判和后结构主义的视角》，侯定凯译，华东师范大学出版社 2002 年版。
[44] [英] 杰夫·惠迪、萨莉·鲍尔、大卫·哈尔平著：《教育中的放权与择校：学校、政府和市场》，马忠虎译，教育科学出版社 2003 年版。
[45] 张斌贤：《社会转型与教育改革》，湖南教育出版社 1998 年版。
[46] 张维平、伍晓鹰：《经济自由主义思潮的对话》，上海三联书店 1989

年版。
[47] 郑文编著：《当代美国教育问题透视》，中山大学出版社 2002 年版。

（二）论文类

[1] 陈建莹：《美国特许学校绩效研究——从特许学校法角度所作的分析》，硕士学位论文，华南师范大学教育系，2005 年。
[2] 陈朋：《美国特许学校办学影响评估——来自美国政策研究统计公司的总报告》，《外国中小学教育》2011 年第 4 期。
[3] 杜亮、康晓伟：《美国特许学校改革与教育公平研究》，《清华大学教育研究》2009 年第 2 期。
[4] [法] 亨利·勒帕热：《我们的弊病在于团家干预太多》，《世界经济译丛》1980 年第 3 期。
[5] 冯大鸣、赵中建：《美国学区管理体制改革的第三里程——特许学区的产生原因、运作特征及经验评价》，《教育发展研究》2004 年第 4 期。
[6] 冯惠：《美国特许学校教师专业发展研究》，硕士学位论文，西北师范大学教育系，2006 年。
[7] 丰继平：《美国特许学校教育绩效责任制初探》，硕士学位论文，华东师范大学教育系，2004 年。
[8] 古冬梅：《美国教育政策解读——<不让一个孩子落伍>（NCLB）法研究》，硕士学位论文，福建师范大学教育系，2010 年。
[9] 国家教委教育管理信息中心、中国国际资料服务中心编：《世界教育信息》1994 年第 3 期。
[10] 韩伏彬：《美国特许学校研究》，硕士学位论文，河北师范大学教育系，2003 年。
[11] 胡庆芳：《美国新兴特许学校的现状研究》，《外国教育研究》2002 年第 4 期。
[12] 胡蓉蓉：《美国特许学校研究》，硕士学位论文，四川师范大学教育系，2012 年。
[13] 黄学军：《美国特许学校政策：论争与走向》，《比较教育研究》

2010 年第 12 期。金添：《美国特许学校法解析》，《比较教育研究》2008 年第 3 期。

[14] 蒋国华：《西方教育市场化：现论、政策与实践》，《全球教育展望》2001 年第 9 期。

[15] 康永久：《公立学校的制度特性及其缺陷》，《教育科学研究》2005 年第 5 期。

[16] 李慧清译：《美国：加州特许学校滥用学校拨款》，《比较教育研究》2005 年第 7 期。

[17] 李慧清编译：《美国的特许学校寻求“重生”的机会》，《比较教育研究》2005 年第 9 期。

[18] 罗尔夫·布兰克：《磁石学校的教育影响》，1989 年在威斯康星大学召开的美国教育“择校与控制”大会上发表的论文。

[19] [美] 迈克尔·阿普尔：《市场、标准与不平等》，《教育研究》2004 年第 7 期。

[20] 潘岭岭：What decide Charter Schools? 硕士学位论文，四川大学外语系，2005 年。

[21] 平晓丽、刘剑虹：《美国特许学校运营机制初探》，《教育与经济》2012 年第 2 期。

[22] 马健生、孟雅君：《九十年代美国教育改革的一个新动向——特许学校运动述评》，《比较教育研究》1997 年第 6 期。

[23] [日] 大野健一：《市场经济导入的基本问题》，载《社会科学研究》（东京大学社会科学研究所纪要）1993 年第 2 期。

[24] 王淑娟：《解析美国特许学校的经费制度》，《当代教育科学》2008 年第 4 期。

[25] 吴慧平：《力争上游，美国开展全国性教改竞赛》，《中国教育报》2009 年 9 月 22 日第 9 版。

[26] 张萍：《美国特许学校教师状况研究》，《教育导刊》2012 年第 11 期。

[27] 周红霞：《构建美国全面而有竞争力的教育体系——奥巴马在拉美裔商会上关于全面教育改革计划的讲话摘编》，《全球教育展望》2009

年第4期。

[28] 赵中建:《今日美国特许学校》,《教育发展研究》2000年第7、8、9期。

[29] 赵中建:《美国需要21世纪的教育革命——克林顿总统2000年国情咨文教育内容述要》,《教育发展研究》2000年第3期。

[30] 赵中建:《美国“学校重建”中的校本管理和特许学校——与美国学者之间的对话》,《全球教育展望》2001年第6期。

[31] 张人杰:《西方“教育民主化”初探》,《高等教育学报》1986年第1期。

[32] 庄平:《论女性教育的社会回报》,《社会学研究》1996年第2期。

[33] 曾晓东:《“特许”中的“管制”——特许学校改革中政府的作用》,《比较教育研究》2004年第12期。

[34] 曾晓洁、蒋曦:《特许学校:美国公立学校制度变革的新途径》,《比较教育研究》2002年第5期。

二、英文文献

(一) 著作类

[1] Ahearn, E. M., *Public Charter School and Students with Disability: A national Study*, Washington, D. C.: U. S. Department of Education, 2001.

[2] Apple, Michael W., *Official Knowledge: Democratic Education in a Conservative Age*, New York: Routledge, 1993.

[3] Arsen, D., Plank, D. N. & Skykes G., *School Choice Policies in Michigan: The Rules Matter*, East Lansing: Michigan State University, 1999.

[4] Brouillette, Liane, *Charter Schools: Lessons in School Reform*, New Jersey: Lawrence Erlbaum Associates, Inc., 2002.

[5] Bryan, Hassel, *The Charter School Challenge: Avoiding the Pitfalls, Fulfilling the Promise*, Washington, D. C.: Brookings Institute, 1995.

[6] Clinchy, Evans, *Creating New Schools: How Small Schools Are Changing American Education*, New York: Teacher College, Columbia University, 2000.

[7] Cookson, Peter W. Jr., Schneider, Barbara, *Transforming Schools*, New York: Garland Publishing. Inc., USA. 1985.

[8] Cooper, Bruce S., Fusarelli, Lance D. and Randall, Vance E., *Better Policies, Better Schools: Theories and Applications*, New York: Pearson Education, Inc., 2004.

[9] Council of Urban Boards of Education, *The Basics of Charter Schools*, Alexandria, V. A.: National School Boards Association, 1997.

[10] Dewey, John, *The Public and Its Problems*, Athens: Ohio University Press, 1927, reprint, 1954.

[11] Dingerson, Leigh, "Keeping the Promise? The Debate over Charter Schools", Milwaukee: Rethinking Schools, 2008.

[12] Duke, Daniel Linden, *The Retransformation of the Schools: The Emergence of Contemporary Alternative Schools in the United States*, Chicago: Nelson – Hall, 1978.

[13] Evers, Williamson, Lance, M. T. Izumi, Riley, Pamela A., *School Reform: The Critical Issues*, California: The Board of Trustees of the Leland Stanford Junior University, 2001.

[14] Fine, M., *Chartering Urban School Reform: Reflections of Public High Schools in the Midst of Change*, New York: Columbia University Teachers College, 1994.

[15] Finn, Chester E. Jr., Manno, Bruno V. and Vanourek, Gregg, *Charter Schools in Action: Renewing Public Education*, New Jersey: Princeton University Press, 2000.

[16] Fuller, Bruce, *Inside Charter Schools: the Paradox of Radical Decentralization*, Cambridge, Massachusetts, and London, England: the President and Fellows of Harvard College, 2000.

[17] Good, Thomas L. & Braden, Jennifer S., *The Great Debate: Choice,*

Vouchers, and Charters, Mahwah , New Jersey and London: Erlbaum Associate Publishers, 2000.

[18] Goodlad, John I. , *A Place Called School: Prospects for the Future* , New York: McGraw – Hill, 1984.

[19] Green, Preston C. , III, & Julie F. *Mead.* 2004. *Charter Schools and the Law: Establishing New Legal Relationships* . Norwood, M. A. : Christopher – Gordon Publishers.

[20] Hakim, Simon, Ryan, Daniel J. , Stull, Judith C. , *Restructuring Education: Innovations and Evaluation of Alternative Systems* , Simon Hakim, Daniel J. Ryan, Judith C. Stull, 2000.

[21] Hassel, B. , *The charter school challenge : Avoiding the pitfalls, fulfilling the promise* , Washington, D. C. : Brookings Institution Press, 1999.

[22] Henig, Jeffrey R. , *Rethinking School Choice: Limits of the Market Metaphor* , New Jersey: Princeton University, 1994.

[23] Henry, Giroux, *Teachers as Intellectuals: Toward a Critical Pedagogy of Learning* , Granby, M. A. : Bergin and Garvey, 1999.

[24] Hill, Paul T. , *Reinventing Public Education* , Chicago: The University of Chicago Press, 1997.

[25] Hill, Paul T. & Lake, Robin J. with Celio, Mary Beth, *Charter Schools and Accountability in Public Education* , Washington D. C. : Brookings Institution Press, 2002.

[26] Hochschild, Jennifer L. & Scovronick, Nathan, *The American Dream and the Public School* , USA: Oxford University Press, 2003.

[27] Honderich, Ted, *Conservatism* , Boulder, CO: Westview Press, 1990.

[28] Horn, Raymond A. Jr. , *Understanding Educational Reform: A Reference Handbook* , California: Raymond A. Horn, Jr, 2002.

[29] Hudson Institute, *Charter Schools in Action Project* , Final Report from Part Ⅰ to Part Ⅵ, Washington D. C. , 1997.

[30] Jack Buckley. *Charter Schools: Hope or Hype* , Princeton University Press, 2009.

[31] Jeffrey R. Heig, *Rethinking School Choice: Limits of the Market Metaphor, New Jersey: Princeton University Press*, 1994.

[32] Junge, E. R., *Zero Chance of Passage: The Pioneering Charter School Story*, Minnesota, M. N.: Beavers Pond Press, 2012.

[33] Ladd, Helen F., *Holding Schools Accountable: Performance—Based Reform in Education*, New York: Brookings Institution Press, 1996.

[34] Lange, C. M., *Charter School and Special Education: A Handbook*, Alexandria, VA: Natioal Association of State Direction of Special Education, 1997.

[35] Leube, R. Kurt. (eds.), *The Essence of Friedman*, Stanford, California: Hoover Institution Press, 1987.

[36] Levin, Henry M., *Privating Education: Can the Marketplace Deliver Choice, Efficientcy, Equaity, and Social Cohesion?* Boulder, C. O.: Westview Press, 2001.

[37] Lockwood, Anne Turnbaugh, *Charter Schools Decade*, M. D.: Scarecrow Education, 2004.

[38] McLaughlin, M. J., K. Henderson & H. Ullah, *Charter Schools and Students with Disabilities: Issue Brief*, Alexandria, V. A.: Center for Policy Research on the Impact of General and Special Education Reform, ERIC ED, 1996.

[39] Medler, A., & Nathan, Joe, *Charter Schools: What are they up to?* Denver, C. O.: Education Commission of the States, 1995.

[40] Metz, Mary Haywood, *Different by Design: The Context and Character of Three Magnet Schools*, New York: Routledge and Kegan Paul, 1986.

[41] Miron, Gary & Nelson, Christopher, *What's Public About Charter Schools?* California: Corwin Press, Inc., 2002.

[42] Murphey, Joseph & Beck, Lynn G., *School – Based Management as School Reform: Taking Stock*, Thousand Oaks, C. A.: Corwin Press, 1995.

[43] Murphy, Joseph, & Shiffman, Catherine Dunn, *Understanding and*

Assessing the Charter School Movement , New York: Teacher College, Columbia University, 2002.

[44] Nathan, Joe, *Charter School: Creating Hope and Opportunity for American Education* , San Francisco: Jossey - Bass Publisher, 1996.

[45] Neumann, Richard, *Sixties Legacy: A History of the Public Alternative Schools Movement,* 1967—2001 , New York: Peter Lang Publishing, Inc. , 2003.

[46] Perterson, Paul E. , & Campbell, David E. , *Charters, Vouchers, and Public Education* , Washington, D. C. : Brookings Institution Press, 2001.

[47] Ravitch, Diane, Viteritti, Joseph P. , *New Schools for a New Century: The Redesign of Urban Education* , New Haven: Yale University Press, 1997.

[48] Sarason, Seymour B. , *Charter Schools: Another Flawed Educational Reform?* New York and London: Teachers college, Columbia University, 1998.

[49] Sarason, Seymour B. , *Political Leadership and Educational Failure* , San Francisco: Jossey - Bass Publishers, 1998.

[50] Schorr, Jonathan, *Hard Lessons: The Promise of an Inner City Charter School* , New York: Ballantine Books, 2002.

[51] Smith, Vernon, Barr, Robert, Burke, Daniel, *Alternatives in Education: Freedom to Choose* , Bloomington, I. N. : Phi Delta Kappa Foundation, 1976.

[52] Solmon, L. C. , Paark, K. , & Garcia, D. , *Does Charter School Attendance Improve Tests Scores? Comments and Reactions on The Arizona Results* , Phoenix, A. Z. : Goldwater Institute, 2001.

[53] Steel, L. & Levine, *Educational Innovation in Multiracial Contexts: The Growth of Magnet Schools in American Education* , Palo Alto, C. A. : Prepared for the U. S. Department of Education, 1994.

[54] Ted, Kolderie, *The Charter School Idea: Update and Prospects* , MN: Center for Policy Studies, 1995.

[55] The Ohio Collaborative, *Conditions of Teacher Supply and Demand in*

Ohio, Columbus, O. H.: The Ohio Collaborative, 2003.

[56] Thernstrom, A . & Thernstrom, S., *No excuses: Closing the racial gap in learning*, New York, N. Y.: Simon&Schuster, 2003.

[57] Weil, Danny, Charter Schools: A Reference Handboo, California: ABC & CLIO, 2000.

[58] Well, Amy Stuart, *Where Charter School Policy Fails: the Problem of Accountability and Equity?* New York: Teachers College, Columbia University, 2002.

（二）论文类

[1] Abdulaleem, Maryam, "Debate continues over charter school funding", *The New York Amsterdam News*, March 18 – March 24, 2010.

[2] Abdulaleem, Maryam, "Charter school cap raised by Senate now waiting in the Assembly", *The New York Amsterdam News*, May 13 – May 19, 2010.

[3] Arnold F. Shober, Paul Manna and John F. Witte. "Flexibility Meets Accountability: State Charter School Laws and Their Influence on the Formation of Charter Schools in the United States", *The Policy Studies Journal*, No. 4, 2006.

[4] Anderson, J., "Patent Involvement in a Charter School", *Paper presented at the annual meeting of the American Educational Research Association*, Chicago, March 4, 1997.

[5] Arinde, Nayaba, & Cyril Josh Barker, "Charter School not making the grade", *The New York Amsterdam News*, October 7 – October 13, 2010.

[6] Ascher, Carol & Greenberg, Arthur R., "Charter Reform and the Education Bureaucracy: Lesson From New York State," *Phi Delta Kappa*, Vol. 83, March 2002.

[7] Ayres, W., "Navigating a Restless Sea: The Continuing Struggle to Achieve a Decent Education for African – American Youngsters in Chicago", *Journal of Negro Education*, Vol. 63, 1994.

[8] Barker, Cyril Josh, "Harlem residents oppose charter school to be built near public housing", *The New York Amsterdam News*, May 26, 2010.

[9] Barker, Cyril Josh, "NAACP defends position on charter schools", *The New York Amsterdam News*, Vol. 102, No. 23, June9 – June 15, 2011.

[10] Barker, Cyril Josh, "Charter School co – location fight hits Brooklyn", *The New York Amsterdam News*, June 23 – June 29, 2011.

[11] Barker, Cyril Josh, "St. Nicholas Houses residents continue to fight charter school", *The New York Amsterdam News*, July 28 – August 3, 2011.

[12] Bruce D. Baker & Jill L. Kickerson, "Charter School, Teacher Labor Market Deregulation, and Teacher Quality", *Educational Policy*, Vol. 20, No. 5, 2006.

[13] Buddin, R. & Zimmer, R., Academic outcomes. In *Charter school operations and performance: Evidence from California*, R. Zimmer, R. Buddin, D. Chau, G. Daley, B. P. Gill, C. Gaurino, L. Hamilton, C. Krop, D. McCaffrey, M. Sandler & D. J. Brewer (eds.), Santa Monica: RAND, 2003.

[14] Carl, Jim, "Parental Choice as National Policy in England and United States", *Comparative Education Review*, Volume 38, No. 3, 1993.

[15] Cara Stilling, "Charter Schools and No Child Left Behind: Sacrificing Autonomy for Accountability", *The Journal of Education*, Vol. 186, No. 2, 2006.

[16] Cobb, Casey & Glass, Gene, "Ethnic Segregation in Arizona Charter Schools", *Education Policy Analysis Archives(peer – reviewed scholarly electronic journal)*7, No. 1, 14 January 1999.

[17] Coryton, Julia, "Manipulating enrolment in charter schools", *Education Journal*, 17 May, 2013.

[18] Chubb, John E., "Why the Current Wave of School Reform Will Fail," *Public Interest*, Vol. 90, 1988.

[19] Farber, P., "The Edison Project Scores—and Stumbles—in Boston", *Phi Delta Kappa*, Vol. 78, No. 7, 1998.

[20] Frazier, Craig D., "NY Parents file lawsuit against Department of Education", *The New York Amsterdam News*, June28 – Aug 3, 2011.

[21] Frederick M. Hess, "What is a ' Public School' ? Principles for a New Century", *Phi Delta Kappa* , Feb. 2004.

[22] Fox, Jeannine L. , "Organizational Structures and Perceived Cultures of Community – Charter Schools in Ohio", *Phi Delta Kappa* , March 2002.

[23] Fuller, Bruce, "The Public Square, Big or Small", in *Inside Charter Schools* , Cambridge, M. A. : Harvard University Press, 2001.

[24] Gajendragadkar, Suhrid S. , "The Constitutionality of Racial Balancing in Charter Schools", *Columbia Law Review* , No. 12, 2005.

[25] Garn, Gregg, "Moving From Bureaucratic to Market Accountability: The Problem of Imperfect Information", *Educational Administration Quarterly* , October 2001.

[26] Geogre W. Bush. "National Charter Schools Week" , *FDCH Regulatory Intelligence Database* , 2005 – 04 – 28.

[27] Gintis, H. , "The Political Economy of School Choice", *Teachers College Record* 3 , Vol. 96, 1995.

[28] Green, Andy, "The Peculiarities of Ehglish Education", in *Education Limited, Education Group* Ⅱ *(eds.)* , London: Unwin Hyman, 1991.

[29] Good, Thomas L. , "Charter Schools: Another Reform Failure or a Worthwhile Investment?" *Phi Delta Kappa* , June 2000.

[30] Hadderman, "Margaret, Charter Schools", *ERIC Digest,* No. 118, 1998 – 02 – 01.

[31] Hanushek, Eric A. , "The Productivity Collapse in Schools", *Working Paper* 8 , University of Rochester, W. Allen Wallis Institute of Political E-conomy, December 1996.

[32] Harry, Brighouse, "March of the Vouchers", *Against the Current* , September – October, 1999.

[33] Harris, D. , "Should I stay or should I go? Comparing teacher mobility in Florida' s charter and traditional publicschools", *Peabody Journal of Education* , Vol. 82, No. 2 – 3, 2007.

[34] Hess, Frederick M. , "What is a ' Public School' ? Principles for a New

Century", *Phi Delta Kappa* , No. 6, Feb. 2004.

[35] Heubert, J. P., "School Without Rules? Charter Schools, Federal disability Law, and the paradoxes of deregulation", *Harvard Civil Rights—Civil Liberties Law Review* , Vol. 32, No. 2, 1997.

[36] Huerta, Luis A. & Andrew Zuckerman. "An Institutional Theory Analysis of Charter Schools: Addressing Institutional Challenges to Scale", *Peabody Journal of Education* , Vol. 84, 2009.

[37] Hughes, T. J., "Magnets' Pull Weakens in Suburbs", *St. Louis Post Dispatch* , 25 February 1988.

[38] Johnson, S. M. & Landman, J., "Sometimes bureaucracy has its charms: The working conditions ofteachers in deregulated schools", *Teachers College Record* , Vol. 102, No. 1, 2000.

[39] Johnson, Stephon, "DiNapoli starts audit of charter schools", *The New York Amsterdam News* , April 14 – April 20, 2011.

[40] Johnson, Stephon, "Bronx charter school done after eight months", *The New York Amsterdam News* , August 11 – August 17, 2011.

[41] Johnson, Victoria L., "Department of Education proposes to co – locate schools again", *The New York Amsterdam News* , March 7 – March 13, 2013.

[42] Kaplan, George R., "Friends, Foes, Noncombatants: Notes on Public Education' s Pressure Groups", *Phi Delta Kappa* , November 2000.

[43] Katrina Bulkley, "A Decade of Charter Schools: From Theory to Practice", *Educational Policy* , July 2003.

[44] Laraque, Amber Tafari, "DOE approves co – location of charter elementary school at Brownsville Academy High School, despite community protest", *The New York Amsterdam News* , December 27, 2012 – 29 – January 2, 2013.

[45] Leithwood, Kenneth & Menzies, Teresa, "Form and Effects of School – Based Management: A Review", *Educational Policy* , No. 12, 1998.

[46] Linebarger, Mahogany, "Harlem Children' s Zone welcomes new Promise A-

cademy charter school", *The New York Amsterdam News* , June 13 – June 19, 2013.

[47] Loveless, Tom, "The Structure of Public Confidence in Education", *American Journal of Education* , 1997.

[48] Lyden, J. , "Profile: Criticism of the No Child Left Behind Act by Schools and Educators", *Education Weekend* , No. 7, 2003.

[49] Manno, Bruno V. , Finn, Chester E. Jr. , Bierlein, Louann A. , Vanourek, Gregg, "How Charter Schools Are Different: Lessons and Implications From a National Study", *Phi Delta Kappa* , March 1998.

[50] Manno, Bruno V. et al. , "Beyond the Schoolhouse Door: How Charter Schools Are Transforming U. S. Public Education", *Phi Delta Kappa* , June 2000.

[51] Maranto, R. Lobbing, "in Disguise", *Education Next* , Vol. 3, No. 1, 2003.

[52] McKinney, J. R. , "Charter schools: A new barrier for children with disabilities", *Educational Leadership* , Vol. 54, No. 2, 1996.

[53] Nathan, Joe, "Progress, Problems and Prospects with State Choice Plans", in *Public Schools by Choice* , Joe Nathan(eds.), St. Paul: Institute for Learning and Teaching, 1989.

[54] Nathan, Joe, "Possibilities, problems, and progress: Early lessons from the Charter Movement", *Phi Delta Kappa* , Vol. 78, 1996.

[55] Nathan, Joe, "Heat and Light in the Charter School Movement", *Phi Delta Kappa* , March 1998.

[56] Natriello, Gary, "Diverting Attention from Conditions in American Schools", *Educational Research* , November 1996.

[57] Rose, Lowell C. , Gallup, Alec M. , "The 33rd Annuel Phi Delta Kappa/Gallup Poll of the Public' s Attitude Toward the Public Schools", *Phi Delta Kapp* , September 2001.

[58] Rose, Lowell C. , Gallup, Alec M. , "The 34th Annuel Phi Delta Kappa/Gallup Poll of the Public' s Attitude Toward the Public Schools", *Phi Delta*

Kappa, September 2002.

[59] Schwartz, W., "How Well Are Charter Schools Serving Urban and Minority Students?" *ERIC/CUE Digest*, Novermber 1996.

[60] Scheraq, Peter, "' F' Is For Fizzle: The Faltering School Privatization Movement", *The American Prospect*, Issue 26, May – June1996.

[61] Sizer, Theodore R., "Rebuilding: First Steps by the Coalition of Essential Schools", *Phi Delta Kappa*, Vol. 68, 1986.

[62] Smetanks, Mary Jane, "Charter Schools", *Star Tribune*, No. 4, 1996.

[63] Snider, William, "Second Wave of Reform Buoys Prospects for Alternative School", *Education Week*, No. 4, 1987.

[64] Sylvester, Paul Skilton, "Eyes on the Curriculum: How One Charter School Resisted Test – Driven Pressures", *Dissent*, Fall 2011.

[65] Swanson, Elizabeth A., "Special Education Service in Charter Schools", *The Educational Forum*, Vol. 69, 2004.

[66] Tanner, Daniel, "Manufacturing Problems and Selling Solution: How to Succeed in the Education Business Without Really Educating", *Phi Delta Kappa*, November 2000.

[67] Tedin, Kent L. & Gregory R. Weiher, "General Social Capital, Education – Related Social Capital, and Choosing Charter Schools", *The Policy Studies Journal*, No. 4, 2011.

[68] Timzzi, Gerald N., "Speeches and Testimony on Charter Schools before Representatives", *ED Initiatives*, April 17, 1997.

[69] Vergari, Sandra, "The Regulatory Style of Statewide Charter School Authrizers: Arizona, Massachusetts, and Michigan", *Educational Administration Quarterly*, December 2000.

[70] Walsh, Mark, "Baltim or Vote Ends city′s Contract with EAI", *Education Week*, December 6, 1995.

[71] Waks, Leonard J., "Dewey' s Theory of the Democratic Public and the Public Character of Charter Schools", *Educational Theory*, No. 6, 2010.

[72] Welsch, David M., "Charter School Competition and its Impact on Employ-

ment Spending in Michigan' s Public Schools", *Contemporary Economic Policy*, *No.* 3, July 2011.

[73] Wells, Amy Stuart, Lopez, Alejandra, Scott, Janelle, Holme, Jenniffer Jellison, "Charter Schools as Postmodern Paradox: Rethinking Social Stratification in an age of Deregulated School Choice", *Harvard Review*, Summer 1999.

[74] Williams, Jasmin K., "The NAACP and UFT lose bid to stop school closings", *The New York Amsterdam News*, June 28 – Aug, 3, 2011.

[75] Witte, John F., Arnold F. Shober, Paul Manna, "Analyzing State Charter School Laws and Their Influence on the Formation of Charter Schools in the United States", *Paper prepared for the American Political Science Association* 2003 *Annual Meeting*, Philadelphia, P. A., August28 – 31, 2003.

[76] Wells, Amy S. Grutzik, Cynthia Carnochan, Sibyll Slayton, Julie and Vasudeva, Ash, "Underlying Policy Assumptions of charter school Reform: the multiple meanings of a movement", in *Teachers College Record* 3, 1999.

[77] Zimmer, Ron, "Is Charter School Competition in California Improving the Performance of Traditional Public Schools?" *Public Administration Review*, Sep/Oct 2009.

[78] Zollers, Nancy J., Ramanathan, Arun K., "For – Profit Charter Schools and Students with Disabilities", *Phi Delta Kappa*, December 1998.